Severien Bouman

Friedrichstädter Predigten

Severien Bouman

Friedrichstädter Predigten

Fromm Verlag

Impressum / Imprint
Bibliografische Information der Deutschen Nationalbibliothek: Die Deutsche Nationalbibliothek verzeichnet diese Publikation in der Deutschen Nationalbibliografie; detaillierte bibliografische Daten sind im Internet über http://dnb.d-nb.de abrufbar.
Alle in diesem Buch genannten Marken und Produktnamen unterliegen warenzeichen-, marken- oder patentrechtlichem Schutz bzw. sind Warenzeichen oder eingetragene Warenzeichen der jeweiligen Inhaber. Die Wiedergabe von Marken, Produktnamen, Gebrauchsnamen, Handelsnamen, Warenbezeichnungen u.s.w. in diesem Werk berechtigt auch ohne besondere Kennzeichnung nicht zu der Annahme, dass solche Namen im Sinne der Warenzeichen- und Markenschutzgesetzgebung als frei zu betrachten wären und daher von jedermann benutzt werden dürften.

Bibliographic information published by the Deutsche Nationalbibliothek: The Deutsche Nationalbibliothek lists this publication in the Deutsche Nationalbibliografie; detailed bibliographic data are available in the Internet at http://dnb.d-nb.de.
Any brand names and product names mentioned in this book are subject to trademark, brand or patent protection and are trademarks or registered trademarks of their respective holders. The use of brand names, product names, common names, trade names, product descriptions etc. even without a particular marking in this work is in no way to be construed to mean that such names may be regarded as unrestricted in respect of trademark and brand protection legislation and could thus be used by anyone.

Verlag / Publisher:
Fromm Verlag
ist ein Imprint der / is a trademark of
OmniScriptum GmbH & Co. KG
Heinrich-Böcking-Str. 6-8, 66121 Saarbrücken, Deutschland / Germany
Email: info@frommverlag.de

Herstellung: siehe letzte Seite /
Printed at: see last page
ISBN: 978-3-8416-0461-3

Copyright © 2015 OmniScriptum GmbH & Co. KG
Alle Rechte vorbehalten. / All rights reserved. Saarbrücken 2015

Gottesdienst 29 Januar 2012

Psalm 25: 1 – 5.

Gebet.

Lieber Gott,
wir denken nicht immer nach
über was Vertrauen sein kann,
wir vertrauen einfach,
auf dich, auf den Menschen den wir lieben;
wir vertrauen darauf daß du da bist,
daß du das Gute mit uns vor hast,
daß du uns Wege weisest in unserem Leben
die fruchtbar sind und auf so etwas wie Heil gerichtet
wenn Menschen in Frieden zusammenleben können.
So vertrauen wir auch auf den Menschen den wir lieben,
mit wem wir so viele gute Erfahrungen haben,
mit wem wir erfahren haben wie gut das Leben sein kann,
auch wenn wir erfahren haben daß das Leben nicht immer gut ist;
sie aber haben uns gestärkt und Hoffnung gegeben
daß das Leben gut ist mit einander,
daß es Freude gibt, und Mut für soviel
das wir gemeinschaftlich unternehmen können.
Nicht immer gelingt es uns, lieber Gott,
dieses Vertrauen aufrecht zu halten,
das Leben geht anders als gehofft,
wir machen Fehler in unserem Leben,
wir wissen manchmal nicht was wir am besten tun.
Wir bitten dich
daß du dann bei uns bist,
daß du uns Wege weisest
die wir aufs neue mit Vertrauen gehen können,
die dich erreichen können
und den Menschen die wir im Leben drohen zu verlieren.
Sei bei uns allen, Gott,
zeige uns deine Wege,
damit wir deine Menschen sind.
Amen.

Lesung: Gen. 50, 14-22

Predigt

Wir alle kommen früher oder später vor die wichtige Frage zu stehen, ob wir imstande sind, jemandem zu vergeben: für was er oder sie oder ein ganzes Volk uns angetan hat. Oder auch umgekehrt: um Vergebung zu fragen für was wir anderen angetan haben. Um das wirklich tun zu können, in beide Richtungen, ist mehr nötig, als nur eine leichte Redeweise, will es ernst gemeint sein.
Vergebung ist immer eine ernste Sache: um einander mutig in die Augen zu sehen, schwierige Dinge zu sagen, damit man unbelastet zusammen weiter gehen kann. Deshalb habe ich heute die Geschichte von Josef und seinen Brüdern vorgelesen über die Frage der Vergebung.
Diese Frage wird immer gestellt in schwierigen Umständen: hier nach dem Tode des Erzvaters Jakob. Er starb in Ägypten, wohin er geflohen war wegen der Hungersnot in seinem eigenen Land, nicht wissend, daß er dort seinen geliebten und tot gewähnten Sohn Josef wiedersehen sollte, der dort aufgestiegen war zu einer wichtigen Stelle am Hof. Dort haben sie dann alle gelebt: der alte Vater, die schuldigen Brüder unter der Beschützung ihres mächtigen Bruders; mit der großen Frage im Hintergrund, was alles passieren könnte, wenn ihr Vater nicht mehr lebte: sein Leben beschützte sie noch; was aber würde passieren, wenn er starb? Würde Josef sich an ihnen rächen für alles, was sie ihm angetan hatten? Das ist -kurz- die Vorgeschichte; jetzt ist Jakob wirklich gestorben, und sie gehen den langen Weg nach Kanaan, um ihn dort nach seinem Wunsch zu begraben. Der Moment der Wahrheit ist damit gekommen: die Brüder warten in großer Spannung ab, was jetzt kommen wird.

Der damalige Friedensnobelpreisträger Elie Wiesel, der als Junge das Lager in Auschwitz überlebt hat - es ist passend, diese Woche daran zu denken- er schreibt über Josef unter dem Titel "Die Lehrschule eines Gerechten" als einer, der in seinem Leben gelernt hat Gerechtigkeit zu zeigen; um sich so mit Menschen zu verhalten wie Gott selber unter Menschen sein könnte. Auch wenn er immer ganz gut weiß, daß er Gott nicht ist. Josef ist das Vorbild eines Gerechten, eines chaddik, der immer sucht, wie man am besten mit Menschen umgehen kann im Namen Gottes- auch wenn das Wort ʼGottʼ kaum fällt. Elie Wiesel zitiert eine alte Geschichte über Josef:
"Als Josef zurückkehrte vom Begräbnis seines Vaters, machte er einen Umweg und blieb an der Stelle stehen, wo er früher den Boden des Abgrundes gesehen hatte; am Rande des Brunnens blieb er stehen und sah die düstere Tiefe. Seine Brüder dachten, daß er das tat um sie an ihre Untaten zu erinnern, aber in Wirklichkeit wollte er mit seinen eigenen Augen seine eigene Vergangenheit

erleben, um seine Erkenntnis vor Gott auszusprechen: sein Lebensweg hat ihn mit Dankbarkeit erfüllt."

Eine solche Geschichte lehrt uns (glaube ich), wie wichtig bestimmte beladene Momente unseres Lebens sind und vor allem, daß wir immer verschiedene Möglichkeiten haben um darin zu handeln. Um nicht bei einer Rache zu bleiben, die manchmal selbstverständlich ist; um nicht mit einer blinden Wut oder mit Haß unser eigenes Leben zu vergiften und das Zusammenleben mit anderen Menschen. Wir haben immer die Möglichkeit anders zu reagieren, wie in einer Lehrschule der Gerechtigkeit, die möglich ist. Auch wenn das uns noch zu schwierig scheint, vorbehalten an einer höheren Stufe. Und auch, wenn das Wort ´Gott´ uns noch fehlt in diesen Verhältnissen. Wohl wissend manchmal auch, wie sehr wir ihn brauchen um Ordnung zu schaffen in unseren Gefühlen und Gerechtigkeit in unseren menschlichen Verhältnissen.
Die biblische Geschichte selber ist ein bißchen anders als die Legende, die Elie Wiesel erzählt. In der biblischen Geschichte stehen die Brüder nicht zusammen am Brunnen als dem Tiefpunkt eines Lebens von wo aus der Aufstieg begann. Sie sind überhaupt nicht zusammen. Die Brüder hatten Angst vor dem Zusammentreffen. Sie ziehen sich zurück nach dem Begräbnis und senden eine Botschaft zu ihrem Bruder mit der Frage um Vergebung. Selbst kommen sie nicht, sie fürchten seine Ablehnung zu sehr um in einer persönlichen Begegnung um Vergebung zu bitten- aber kann man so um Vergebung fragen?
Josef ist nicht imstande zu antworten auf diese indirekte Bitte. Er weint, als man ihm die Worte seiner Brüder überbringt. Weinen ist so wichtig! Immer wenn man das bei Menschen sieht, davon hört, oder das selber tun muß. Es ist hier, wie so oft, ein Zeichen einer Machtlosigkeit. Ein Nicht-Wissen, was man dann noch sagen oder tun kann. Wie kann man Vergebung schenken, wenn die anderen nicht da sind? Wie kann man über diesen Abstand hinweg die anderen erreichen? Josef weiß es nicht, er weint.
Als seine Brüder davon hören, meinen sie, daß ihre Bitte abgewiesen wurde und bieten sich selbst als seine Sklaven an. Das ist noch besser als sterben, denken sie. Sie haben vor ihm gekniet, aber er muß sie aufgerichtet haben, denn er spricht zu ihnen aus einem Gefühl von Gleichwertigkeit heraus: von Unterwerfung will er nichts wissen. Aber auch nicht vom Wort "Vergebung". Josef spricht die unglaublich wichtigen Worte aus: "Ihr habt Böses gegen mich im Sinne gehabt, Gott aber hatte dabei Gutes im Sinn." Eine andere Bibelübersetzung, die von Zwingli, sagt es vielleicht noch etwas deutlicher: " Ihr habt zwar gedacht mir Böses zu tun, aber Gott hat es zum Guten gewendet." Es kann -glaube ich- sehr tröstlich sein um zu hören oder selber zu bedenken, dass das Böse, das wir in unserem Leben erfahren haben, nicht immer etwas Böses bleibt, sondern wirklich die Möglichkeit hat, etwas Gutes zu werden. Oder von Gott zum Guten gewendet zu werden. auch das kann man nie leicht sagen, genauso wenig, wie man leicht um Vergebung fragen kann. Aber es gibt

diese Möglichkeit, dass Gott das Böse zum Guten wendet. Wenn man das realisiert, so wie Josef es getan hat, kann man, sein Leben überblickend, wirklich sagen, dass so etwas passiert ist. Oder man kann selber an erster Stelle davon wissen, daß es auch jetzt wieder passiert. Dann kann man seinen Brüdern in die Augen sehen - auf gleicher Höhe- und wirklich meinen, daß es gut ist so, und fruchtbar mit einander weitergehen. Dann ist das Wort "Vergebung" fast überflüssig geworden.

Nicht nur die Anderen haben Fehler gemacht, oder schlimmer noch: Untaten begangen. Es ist leider manchmal notwendig zu bedenken, dass auch wir selber Fehler gemacht haben- bei vollem Bewußtsein oder eben unbewußt. Dann kann es wichtig sein, Andere um Vergebung zu fragen. Aber es kann auch wichtig sein, uns selbst zu verzeihen. Nicht als eine "billige Gnade", sondern als eine Art Bedingung, um den schwierigen Weg zu dem Anderen zu gehen.

Ich komme darauf durch ein Fragment aus den Tagebüchern eines holländischen jüdischen Mädchens- Etty Hillesum-, das -28 Jahre alt- in Auschwitz gestorben ist. "Das denkende Herz" heißt das Buch auf deutsch. Sie schreibt darin: "Nach diesem Krieg wird außer einer Flut des Humanismus auch eine Flut des Hasses über die Welt gehen. Und dann wußte ich es wieder: ich werde gegen diesen Haß zu Felde ziehen. Man muß mit sich selbst leben als lebte man mit einem ganzen Volk von Menschen und an sich selbst lernt man dann alle guten und bösen Eigenschaften kennen. Und man muß zuerst sich selbst die eigenen schlechten Eigenschaften vergeben, wenn man den andern vergeben will." (S. 180)

Es ist nicht immer einfach, mit sich selbst zu leben. es ist auch nicht immer einfach gut mit anderen zu sein und in Frieden miteinander zu leben, aber wir können und müssen es immer wieder versuchen, mit allen Möglichkeiten, die wir alle haben, uns in der Lehrschule der Gerechtigkeit zu üben. Damit wir Hoffnung tragen auf Vergebung, in der Hoffnung auch, daß wir selber - dennoch- das Gute zustande bringen, oder daß Gott das Böse zum Guten wendet. Hoffentlich können wir alle dieses Vertrauen, diesen Glauben haben. Amen.

Gebet

Lieber Gott,
wir bitten dich
daß Menschen imstande sind
eine gewisse Größe in sich zu entdecken,
daß wir nicht klein machen was groß sein kann,
eine Großzügigkeit in uns bewahren
und auch anderen zeigen können,
wie schwierig das manchmal auch ist;
wir bitten dich
daß Menschen imstande sind
eine gewissen Größe in anderen zu entdecken,
daß wir sie nicht klein machen, erniedrigen,
auch wenn sie nicht immer an unsere Hoffnung beantworten;
laß uns ihre Größe sehen, ihre Besonderheit,
die Qualitäten die sie haben.
Wir bitten dich für all die Menschen
die sich in ihrem Leben bewähren
als Menschen von guter Wille,
die aufkommen für eine Gerechtigkeit
     die notwendig ist im Leben von Menschen,
die erfinderisch sind im Entdecken neuer Möglichkeiten,
     um Frieden zu stiften zwischen Menschen
     auch wo Unverständnis herrscht und Hass;
gib daß wir alle imstande sind
um uns selber zu kennen und anderen zu sehen
wie wir wirklich sind, und uns dennoch lieben;
sei du dabei, als Einer
der uns hilft zu entdecken was wir tun können,
für uns selber und für all diejenigen, in der Welt,
auf wen wir uns bezogen wissen,
die du uns weisest, als unseren Nächsten,
damit es Liebe gibt, und Frieden, für uns alle.
Wir kommen zu dir und beten die alte Worte:
Vater unser...
Amen

Gottesdienst 26. Februar 2012 - Taufgottesdienst

Gebet:

Lieber Gott,
wie danken dir für das Kind das wir eben getauft haben,
für die Liebe ihrer Eltern, die Liebe für einander,
die Liebe für das Kind das sie empfangen haben;
für all die Freude die es gibt, um sie herum,
für Eltern und Großeltern,
für alle Freunde die es gibt.
Gib, Gott, daß wir, in all das Glück das wir erleben,
etwas erfahren können von dir,
wie du schöpferisch bei Menschen bist,
wie du uns Aussicht gibst auf Leben,
so wie es gemeint ist von dir,
so wie wir das hoffen können.
Wir danken dir
wie du uns immer wieder zeigst
wie wir so etwas wie ein Wunder erfahren können
im Leben von Menschen, die uns anvertraut sind,
im Vertrauen das Menschen an uns geben,
in ihrer Offenheit und Treue,
in ihrer Anteilnahme an unseren Sorgen.
Wir danken dir
für die Schönheit die uns umgibt,
die wir entdecken können in der Natur die sich erneuert,
in Menschen die ihre Freude mit einander teilen.
Wir bitten dich,
bleibst du bei uns
als die Hoffnung in all unsere Tätigkeiten,
als die Weisheit in all unseren Überlegungen.
Sei du bei uns
damit wir deine Menschen sind.
Amen.

Psalm 8

Heute steht ein Kind im Mittelpunkt unserer Andacht, jedenfalls am Anfang: Ein Kind, das erwartet wurde, geboren ist, geliebt von Eltern und Großeltern, und das dann heute getauft wurde. Eine Taufe als Zeichen der Dankbarkeit und der Hoffnung. Als ein Zeichen auch einer Verwunderung darüber, wie das Leben eines anderen Menschen- Euch- (und uns) anvertraut wird, damit wir alle eine Rolle spielen in einer Entwicklung an deren Anfang sie jetzt noch steht.
Diese Verwunderung kennen wir alle, hoffentlich. Sie überfällt uns in besonderen Momenten unseres Lebens und, so muß man sagen, es ist außerordentlich wichtig, diese Verwunderung festzuhalten und zu bewahren; als ein Moment, das uns inspiriert, uns die Kostbarkeit des Lebens entdecken läßt und die Schönheit von Menschen und Welt. Wenn wir die Kunst der Verwunderung verlieren, wird das Leben grau und einsam, erfahren wir nur noch die Eintönigkeit der Tage und Jahre, verlieren wir die Kraft, das Leben zu genießen und die Macht Widerstand zu leisten gegen diejenigen, die Leben und Gesellschaft verunreinigen und vernichten. Eine Verwunderung darüber, was wir sehen und hören, ist eine kostbare Quelle des Lebens, die wir immer brauchen; die wir immer wieder entdecken oder erinnern müssen, als eine Fähigkeit, das wirkliche Leben zu entdecken.
Heute haben wir einen Psalm gelesen, Psalm 8, der diese Verwunderung mit einer gewissen Prägnanz aussingt (eigentlich). Dieser Psalm jubelt darüber, daß ein Mensch zu dieser Verwunderung imstande ist. Dieser Jubelgesang kann aber erst beginnen nachdem der Dichter auch gesehen hat, wie klein und verletzlich ein Mensch ist. Er erfährt das an zwei wichtigen Erfahrungen seines Lebens: Im Anblick eines kleinen Kindes, vielleicht eben geboren, das schreit und angewiesen ist auf die Hilfe anderer, aber dennoch ein Wunder repräsentiert, das unvergeßlich ist. Jeder Mensch, der diese Erfahrung gemacht hat, wird die rührende Verwunderung über das Leben, das uns anvertraut wird, nie vergessen. Diese bleibt uns auch dann, wenn noch viele andere Erfahrungen dazu kommen. Die andere Erfahrung, die in diesem Psalm ausgedrückt wird, entdeckt am Nachthimmel, an Mond und Sternen, ist die Verwunderung eines Menschen, der die Unermeßlichkeit des Kosmos sieht. Sich selber so klein darin weiß, aber dennoch gleichzeitig seine besondere Stellung darin erfährt. Er ist dennoch da! Wir sind dennoch da, mit allen Kostbarkeiten unsere Lebens, mit allem, was wir tun können, mit allen Menschen (und auch Tieren), die uns im Leben gegeben sind. Auch diese Erfahrung kennen wir alle- hoffentlich: die Entdeckung des Nachthimmels als Quelle einer Verwunderung über unser eigenes Dasein, so

klein und dennoch so reich. So demütig und dennoch so stolz, so voller Bescheidenheit und dennoch im Bewußtsein unserer eigenen Würde.
Der Dichter des Psalms ist sich bewußt, diese Würde von Gott empfangen zu haben mit dem Geschenk seines Lebens, mit aller Hilfe bei seiner Entwicklung, mit allem Beistand im Auftrag dessen, was wir alle im Leben zu tun haben.
So wird in diesem Psalm eine Verbindung hergestellt zwischen Kleinem und Großem, dem eben geborenen Kind und dem großen Kosmos der uns umgibt. Sie beide können eine Verwunderung wecken, die wir nicht wirklich verlieren, wenn wir sie auch manchmal vergessen können. Aber wichtig ist, daß sie als Verwunderung immer wieder geweckt werden kann in diesen oder anderen Zusammenhängen; aber immer als eine Möglichkeit, die uns zu der Erkenntnis von der Kostbarkeit des Lebens und von uns selbst und von allen, die uns anvertraut sind, bringt.
In diesem Psalm über die Verwunderung, beim Kinde und beim Nachthimmel, - in diesem Psalm stehen die Worte: "Aus dem Mund der Kinder und Säuglinge schaffst du dir Lob." Was kann das bedeuten?
Die Gelehrten, die diesen Psalm ausgelegt haben, sind sich nicht ganz einig darüber was hier genau gesagt wird. Geht es hier nur um Kinder, die eben geboren sind, um Säuglinge mit ihrem ersten Schrei? Kann das als ein Lob Gottes verstanden werden, dieser erste Schrei im Leben? Ode geht es im Psalm auch um etwas ältere Kinder, die z.B. im Spiel miteinander schreien, vielleicht auch die Freude des Lebens herausschreien? Oder geht es vielleicht um Kinder, die im Gespräch mit anderen etwas sagen, das so unendlich weise ist, oder treffend, wie das von Eltern und Großeltern gern festgehalten und immer wieder erzählt wird?
Vielleicht kann man tatsächlich sagen, daß diese Lebensfreude und Lebensweisheit von Kindern eben durch ihre Arglosigkeit und Unschuld so etwas wie ein Lob Gottes ist. Daß es Gott sei Dank in unserer Welt so etwas wie eine Schuldlosigkeit gibt, die uns ganz nah ans Herz geht, über die wir uns wundern können, daß es sie gibt; die wir als ein Vorbild nehmen können, um unser eigenes Leben zu gestalten.
In diesem Sinne ist ein unschuldiges Kind, das uns zu einer Verwunderung bringt über das Leben, das uns gegeben ist, so etwas wie ein Spiegel des eigenen Lebens. Die Freude und Weisheit eines Kindes kann uns die wichtige Frage erörtern, wie wir selbst zum Leben stehen; zu einer eindeutigen Lebensfreude; zu einer Weisheit, die wir auch einmal gezeigt haben, aber auch manchmal verloren. Auch wenn wir wußten, diese Weisheit dringend zu brauchen.
Vielleicht kann man sagen, daß die Verwunderung über ein Kind uns zurückbringt zu einer Verwunderung über uns selbst, was wir selbst in aller Einfalt sind.

Es gibt ein gewagtes Beispiel dazu in einer alten Legende vom mittelalterlichen Mystiker Meister Eckart, das vielleicht etwas darüber sagt: Meister Eckart begegnete ein schöner nackter Knabe. Da fragte er ihn von wannen er käme.
Er sprach: "ich komme von Gott."
"Wo ließest du ihn?"
"In tugendhaften Herzen."
"Wo willst du hin?"
" Zu Gott."
"Wo findest du ihn?"
"Wo ich von allen Kreaturen ließ."
"Wer bist du?"
"Ein König."
"Wo ist dein Königreich?"
" In meinem Herzen."
"Gib acht, daß es niemand mit dir besitze!"
"Ich tu´s."
Da führte er ihn in seine Zelle und sprach:
"Nimm welchen Rock du willst!"
"So wäre ich kein König!"
Und verschwand.
Da war es Gott selbst gewesen und hatte Kurzweil mit ihm getrieben (445)

In dieser symbolischen Geschichte kann man lesen, wie sehr es im Leben auf cine tugendhafte Einfachheit ankommt in unserem Herzen. Wir können uns dazu anregen lassen durch unsere Verwunderung über das Kind außer uns, oder über das Kind in uns, damit auch unser Leben zum Lob Gottes dienen kann.
Amen.

Gebet.

Wir bitten dich
daß wir Menschen erkennen wie kostbar das Leben ist,
das Leben das du uns anvertraut hast,
das Leben derjenigen die uns zuvertraut sind,
das Leben von anderen die wir nicht kennen
aben auch uns zum Herzen gehen;
wir bitten dich
daß wir Menschen lernen, immer besser lernen,
um zu sehen wie es anderen geht,
was wir anderen antun;
daß wir immer besser lernen auch
um unsere Möglichkeiten zu entwickeln
um bei anderen zu sein, gut für sie,
um ihre Möglichkeiten zu entwickeln um zu leben,
ihre Fähigkeiten zu sehen, und wachsen zu lassen.
Gib uns, Gott, eine Aufmerksamkeit
um das Leben zu entdecken wo es uns gegeben wird,
die Gefahren zu bemerken die uns Mneschen bedrohen,
eine Hoffnung zu bewahren, auch für all die Menschen
in unsere Welt, die von Gewalt bedroht sind,
oder von einer Mutlosigkeit die das Leben vergiftet.
Gib daß wir unser Glauben bewahren
in die Würdigkeit von Menschen,
in ein Verlangen nach Frieden,
in eine Bereitschaft zur Mut der Liebe
die wirklich Frieden stiften will zwischen Menschen.
Sei du bei uns, Gott, damit wir zeigen
wie groß der Wert des Lebens ist
das wir von dir empfingen.
Vater unser...
Amen.

Sorgfalt mit Ostern

Immer wenn ich mich vorbereite auf Ostern,- und das heisst immer auch auf den Zusammenhang zwischen Tod und Auferstehung Jesu, - dann lese ich die ganze Geschichte darüber in den Evangelien. Und immer wieder fällt mir dabei ein Aspekt auf, das mir äusserst wichtig scheint. Es ist das Thema der Sorgfalt, die die Geschichten über das Begräbnis Jesu und seine Auferstehung mit einander verbindet.

Es ist eine rührende Geschichte, über sein Begräbnis. Es wird so etwas wie eine Stille spürbar, nach allen schrecklichen Begebenheiten davor. Jesus wird von einem gewissen Josef aus Arimathäa in ein Grab gelegt "das er für sich selbst in einen Felsen hat hauen lassen", schreibt Matthäus. In allen Geschichten der Evangelisten kann man lesen, wie mit grosser Sorgfalt alles gemacht wird. Bei Johannes wird erzählt wie besonder die Salben sind womit man Jesus salbt. Oder, wieder bei Matthäus, wie rein das Leinentuch.

Dieselbe Sorgfalt kann man auch finden bei der Geschichte über die Auferstehung. Markus erzählt wie die Frauen am frühen Morgen nach den Sabbat mit ihren wohlriechenden Öle kommen. Sie haben sich auf das genaueste vorbereitet um Abschied zu nehmen von ihrem geliebten Herrn. Dass ihnen dann eine ganz andere Erfahrung zuteil wurde, hat sie mit Schrecken erfüllt: so etwas wie eine Auferstehung von Toten konnten sie nicht verstehen. Es hat auch noch lange gedauert bis sie ein solches Wort in den Mund nehmen konnten.

Das Thema der Sorgfalt verbindet also diese beiden so wichtige Geschichten. Tod und Auferstehung Jesu ist mit der Sorgfalt von Menschen verbunden. Auch wenn sie nicht (oder noch nicht) verstehen können was eben passiert ist, bleibt diese Sorgfalt wichtig.
Als eine Verarbeitung dessen was sie erschüttert hat.
Als eine Vorbereitung auf ein neues Leben.
Als ein Zeichen einer Liebe für Menschen die bleibt; die vielleicht den Tod überwindet.

Vieleicht können auch wir diese Sorgfalt in unserem Leben ausüben.

Ich wünsche Ihnen frohe Ostern!

Gottesdienst 25 März 2012

Lesung: Psalm 121.

Gebet:

Wir kommen zu dir, auf unsere Lebensreise,
um deine Hilfe zu fragen,
um dasjenige zu bewältigen
was wir im Leben tun müssen.
Wir wissen nicht immer
wie sehr wir deine Hilfe brauchen,
wir denken alles selber zu können,
wir denken auch ohne die Hilfe von Menschen leben zu können,
und wissen manchmal nicht
wie wir um Hilfe fragen können,
wie gut es ist um Hilfe zu erfahren,
von Menschen und von dir.
Wir kommen zu dir, auf unsere Lebensreise,
weil uns manchmal das Leben beängstigt,
wir wissen nicht immer wohin wir gehen,
wir wissen nicht immer was uns bedroht,
wir wissen nicht immer wer unsere Mitreisenden sind,
mit wem wir ein gemeinsames Ziel haben,
mit wem wir durchs Leben gehen.
Wir bitten dich:
sei du uns nahe
in all unsere Unsicherheiten, in unsere Ängste,
sei du uns nahe
in alle Gemeinschaft die wir erfahren,
und auch in unsere Einsamkeit.
Sei du uns nahe,
uns Menschen in der Welt;
gib uns die Kraft die wir brauchen
um deine Menschen sein zu können.
Amen.

Bibellesung: Lukas 23: 26 – 32.

Predigt:

Heute möchte ich über das Kreuz sprechen, über das Kreuz Jesu. Etwas sagen über die Frage, was das für uns bedeuten kann.
Aber erst möchte ich eine Geschichte weitergeben, die Johannes Bobrowski erzählt.
Diese heißt: "Betrachtung eines Bildes", geschrieben im Januar 1965, im selben Jahr, als er, ziemlich jung, gestorben ist.
Das Bild, das er in seiner Geschichte betrachte, ist eine alte Lithographie, worauf ein kleines Dorf abgebildet ist an der Südküste von Russisch Lappland. Vom Wasser her sieht man das Dorf: 16 Holzhäuser, eine Kirche, und viele hohe Kreuze auf den Felsen hoch über dem Wasser.
Dieses Bild hat Bobrowski fast täglich gesehen, es hing in seinem Arbeitszimmer, und er hat sich vorgestellt, was damals passiert sein muß. So kommt er dazu, über einen Mann zu sprechen, der hier Schiffbruch erlitten hat, viele Jahre davor.
Als einziger hat er sich gerettet "bis auf den Strand, er allein", schreibt Bobrowski. Er hat die Leichen der anderen aufgesucht auf dem Strand und bestattet, oben auf der Höhe, und die ersten Kreuze gesetzt. Gedankenzeichen. Aber dabei ist es nicht geblieben. Er weiß jetzt für immer, wie gefährlich diese Küste ist, und hat deshalb auch noch andere Kreuze dazu aufgerichtet an der Küste.
Bobrowski schreibt: "Und dann stellte er so nahe an das Wasser wie es ging, ein hohes Kreuz, ein Warnzeichen, und nun kommen immer mehr Kreuze hinzu, die ganze Küste entlang, vom Kap her bis an das Dorf." Und in den Nächten legt er Feuer an, um die Reisenden auf den Schiffen dann vor dieser gefährlichen Küste zu warnen.
Aus dieser Geschichte möchte ich dieses Fragment herausnehmen:

"Was ist das für ein Mann?
Er hat die Kreuze errichtet, alle Kreuze, die wir vorher gezählt haben. Die 14 nahe der Kirche, das eine große allein stehende und die anderen, dem Kap zu.
Was ist das, ein Kreuz?
Ein Zeichen. Ein Gedächtnis. Eine Erinnerung. Etwas, das an Früheres gemahnt, an Vergangenes. Das aber das Gedächtnis an dieses Vergangene wach halten soll, nicht wahr. Also auch ein Warnungszeichen, und nicht nur gegen das Vergessen, auch vor der Unachtsamkeit.
Da muß es hoch sein und weithin sichtbar."

Soweit Bobrowski. Dieser Text macht vielleicht für uns alle klar, was ein Kreuz bedeuten kann, auch wenn noch nicht alles darüber gesagt wird. Hier geht es um zwei Bedeutungsebenen, zwei Momente dieses Zeichens, die auf jeden Fall wichtig sind. Das Kreuz als Erinnerung, als Gedächtnis. Und das Kreuz als Warnungszeichen, damit nicht wieder etwas so Schreckliches passiert, und wieder unnötig das Leben von Menschen vernichtet wird.

So richten auch heute Menschen ihre Kreuze auf, manchmal sehr kleine, an bestimmten Stellen, wo sie einen ihnen wichtigen Menschen verloren haben.- Stellen neben dem Weg z.B., oft mit Blumen geschmückt- als Erinnerung, als Warnzeichen auch: für diese bestimmte Stelle, oder allgemeiner noch: um zur Vorsicht zu mahnen im Verkehr.

Auch zu Hause tun Menschen etwas Vergleichbares, sie richten einen Hausaltar ein, mit Fotos und anderen Erinnerungszeichen, mit frischen Blumen auch- und manchmal ein Kreuz dabei, "Nicht nur gegen das Vergessen, auch vor der Unachtsamkeit", um nochmals Bobrowski zu zitieren.

Um mit der Erinnerung auch so etwas wie eine Botschaft, eine Mahnung ans Leben, von dieser bestimmten Person zu empfangen. Um immer wieder daran denken zu können, was eigentlich wichtig ist im Leben. Noch immer zusammen mit diesen Menschen.

Man kann sich die Frage stellen, wie diese Praxis - das Aufrichten von Kreuzen- sich zu dem Kreuze Jesu verhält.

Ist das nicht etwas ganz anders? Ist es nicht etwas ganz anderes, ob man ein Kreuz aufrichtet als Erinnerung an jemand, als Warnzeichen für sich selbst oder für andere, oder ob einer selbst gekreuzigt wird?

Natürlich ist das so. Es gibt einen großen Unterschied zwischen diesem Gekreuzigten und allen anderen, die den Gekreuzigten ansehen. Damals schon, die das Bild später betrachtet haben in der langen Geschichte einer christlichen Frömmigkeit. Wenn Menschen sich vor ein Bild gestellt haben, ein Kreuz, es in Innigkeit betrachtet haben. Sie haben sich vorzustellen versucht, was das heißt: gekreuzigt zu werden; versucht, sich einzufühlen in diesen Menschen; versucht, den Schmerz zu teilen, den dieser Mensch gelitten haben muß.

Aber sie haben auch immer versucht, zu bedenken, was diese Kreuzigung dieses Menschen für sie selbst bedeutet. Es war für sie nicht so sehr eine Strafe für diesen Mann, nicht nur eine Schmach, an dem Kreuz zu enden, was das Kreuz historisch war. Für sie ist diese Geschichte weiter gegangen, die Geschichte dieses Mannes. Ist das Kreuz aufgenommen in eine Bewegung Gottes, wobei die Hoffnung an Menschen zurückgegeben wurde als "Licht um dieses Kreuz herum" (wie der Holländische Theologe O.Noordmans je gesagt hat).

Seitdem, all die Jahrhunderte hindurch, haben Menschen versucht zu sagen, was dieses Licht um das Kreuz herum bedeutet, für sie, für andere, was das uns sagen kann; wie das uns unterstützt in unserem Leben, in unserer Trauer auch. Gewiß ist das eine Art Erweiterung: eine Erweiterung der Bedeutung des Kreuzes, über den Unterschied hinaus zwischen dem Gekreuzigten selbst und allen Betrachtern seitdem, in ihren Versuchen verstehen zu können, was das bedeutet.

Diese Erweiterung kann man vielleicht auch lesen in der Geschichte des Mannes, der gezwungen war, das Kreuz Jesu zu tragen. Sein Name ist bewahrt: Simon aus Kyrene, einer nordafrikanischen Stadt in der Nähe von Tripolis, im heutigen Libyen also, wo damals eine große jüdische Kolonie war.

Er wohnte dann offenbar in Jerusalem, arbeitete auf dem Lande, wie gesagt wird, und kehrte nach Hause zurück, vielleicht um dort die Osterfeier vorzubereiten. Aber dann wurde er angehalten, das Kreuz zu tragen, höchstwahrscheinlich nicht das ganze Kreuz (wie das meistens abgebildet wird), sondern den Querbalken, der schon schwer genug war; der Pfahl des Kreuzes war schon zur Stelle. Jesus selber muß nach seiner Geißelung so schwach geworden sein, daß er das nicht mehr tun konnte.

So wurde dieser Simon gezwungen, das Kreuz Jesu an seiner Stelle zu tragen. Wir wissen nicht, ob er gewußt hat, was das bedeutet, wer dieser Mann war, dessen Kreuz ertrug. Wir wissen nicht, ober später ein Christ geworden ist. Der Evangelist Markus schreibt, daß er der Vater von Alexander und Rufus war, zweier Männer, die später in der Gemeinde bekannt waren.

Vielleicht also ist der Weg dieses Simon weiter gegangen in den Spuren des Mannes, dessen Kreuz er getragen hat. Ist er von einem Glauben erfaßt worden, der auch ihm eine Erfahrung zuteil werden ließ vom "Licht um das Kreuz herum".

Vielleicht können wir uns in diesem Mann erkennen: der unerwartet mit einem Leiden konfrontiert wurde; der gezwungen wurde, das Kreuz mitzutragen; der vielleicht oft darüber nachgedacht hat, seinen Kindern davon erzählt, kopfschüttelnd- oder erfüllt von einer Erfahrung, die er nicht mehr losgeworden ist. Eine Erfahrung von Ehrfurcht und Liebe; ein Erfahrung der Ungerechtigkeit, eines Leidens, das unverdient ist. Eine Erfahrung auch einer Solidarität im Tragen des Leidens, die an sich schon Hoffnung fürs Leben gibt: das Wissen um eine Gemeinschaft von Menschen für welche das Leben ein von Gott gegebenes Geschenk ist, auch wenn es manchmal düster ist und schmerzhaft. Eine Erfahrung letztendlich von Licht, auch wenn der Tod das Leben uns verdunkelt.

So kann das Kreuz eines anderen schon dadurch, das wir mittragen müssen, das wir manchmal auch mittragen können, wozu wir eingeladen sind im Leben, uns eine Erfahrung vermitteln, die uns den Sinn des Lebens offenbart.

Um in der Nähe von Menschen zu leben, um in der Liebe zu ihnen Erinnerungen festzuhalten, um andere in Liebe zu warnen, wenn das Leben fehl zu gehen droht, um das Licht zu sehen und fest zu halten um das Kreuz herum.

Damit es uns weiter trägt in unserem Leben.

Damit wir Träger sind einer göttlichen Liebe und Hoffnung.

Amen

Gebet:

Wir bitten dich
für alle Menschen die ihre Kreuze aufgerichtet haben
um anderen zu gedenken,
um sich das Leiden zu erinnern das ihnen getroffen hat,
so unverdient, so ungerecht, so unerwartet manchmal
und all ihre Erwartungen durchkreuzend;
sei du bei ihnen, sei du bei uns,
als die Hoffnung auf eine gute Zukunft für uns alle.
Wir bitten dich
daß wir, in unserem Leben, den Mensch gedenken mögen
der in sein kurzes Leben den Menschen so nah sein konnte
daß sie seine Anwesenheit verstanden haben
als eine Nähe von dir: Jesus von Nazareth;
daß du bei Menschen bist, in der Tiefe ihres Leidens,
in all unsere aufrichtige Versuche
bei Menschen in der Nähe zu sein,
in Gerechtigkeit und Liebe;
sei du bei uns, damit wir glauben können
wie Menschen deine Kinder sind.
Wir bitten dich
für soviel Menschen die wir verloren haben durch den Tod:
für Kinder die auf ihre Heimfahrt sind,
Soldaten die gefallen sind,
Menschen getötet auf der Straße, mit Gewalt.
Wir bitten dich: sei du bei ihnen,
bei alle Menschen die wir gedenken;
daß die Erinnerung an sie auch für anderen
ein Warnungszeichen sein kann, für viele in der Welt,
damit es eine Zukunft geben kann
wo Frieden herrscht
in unsere Welt.
Vater unser.
Amen.

Gottesdienst 5 April 2012, Gründonnerstag,

Lesung: Jesaja 61: 1 – 3.

Gebet:

Lieber Gott,
wir sind an diesem Abend zusammen gekommen
als eine Gemeinschaft von Menschen
die versuchen zu verstehen
was ein Leben sein kann
inspiriert von dir;
ein Leben, so wie das gestaltet wurde
von so vielen Menschen in der Geschichte,
von so vielen Gemeinschaften auch
die sich versammelten um denjenigen herum
in wen sie deine Nähe zu Menschen erkannten: Jesus Christus;
sie haben ihn deinen Sohn genannt,
weil in ihm auf besondere Weise sichtbar wurde
wie du in Menschen lebst;
sie haben ihn den Gesalbten genannt
weil in ihm die Hoffnung von Menschen sichtbar wurde
auf eine helle Welt, auf Gerechtigkeit und Liebe,
sie haben ihn das Leben genannt und die Auferstehung
weil in ihm sichtbar wurde
wie gut das Leben sein kann, in einer liebevolle Nähe,
wie das Leben auch von dir bewahrt bleibt
wenn es durch den Tod hindurch geht.
Wir beten zu dir, in der Hoffnung,
daß du auch bei uns sein wirst,
in unserem Leben, wenn es schwer ist,
in unserer Gemeinschaft auch, wenn wir versuchen
im Geiste deines Sohns zu leben,
mit der Trost deiner Nähe,
mit der Kraft deines Geistes.
Amen.

Joh. 12: 1-8

Predigt:

Es ist ein Abschied, den Johannes beschreibt, mit der Geschichte der Salbung. Ein Abschied in einem Kreis von Vertrauten, einige seiner Jünger sind da, aber auch geliebte andere. Er findet statt in Bethanien, einem Vorort von Jerusalem, am Vorabend des Pessachfestes. Wo er schon vorher war, damals, bei der Auferstehung des Lazarus, dessen Freund er war. Er muß auch schon davor öfter dort gewesen sein, um diese Freundschaft zu gestalten und zu unterhalten; um auch mit den Schwestern von Lazarus zu sprechen, vor allem mit Maria, die immer gut verstehen konnte, was Jesus dachte und sagte.
Sie war so etwas wie eine Gleichgesinnte, sie fühlte sich selbst von Jesus verstanden. Während ihre gute Schwester Martha vor allem die Tätige war, sie sorgte für alles, das war ihr genug . So wurde ihr Haus in Bethanien so etwas wie eine vertraute, sichere Stelle für Jesus, wo all dasjenige, das ihn bewegt hat, besprochen und gezeigt werden konnte. Wo eine Liebe gelebt wurde, die Menschen füreinander haben können in aller Freiheit und in aller Kostbarkeit. Eine Liebe, die auch durch den Tod hindurch ging.
Johannes beschreibt ausführlich den Tod des Lazarus, die Trauer auch seiner beiden Schwestern, ihre Hoffnung auf das Kommen Jesu,- aber auch sein Zögern, jetzt nach Bethanien zu kommen, so nahe bei Jerusalem, so bedrohlich für sein Leben. Wenn er dennoch gekommen ist und Lazarus auferweckte zu einem neuen Leben, dann ist das zwar für ihn erfreulich und für seine Schwestern, aber sie wissen auch alle, daß diese Auferweckung zum Tode Jesu führen wird.
Zwar sind viele Menschen durch diese Tat Jesu zum Glauben an ihn gekommen, es gibt aber andere auch, die ihn deshalb für zu gefährlich halten, die ihn - wie denn auch- entfernen mögen. Danach entsteht eine Atmosphäre von Gewalt und Verfolgung in Jerusalem und in der direkten Umgebung, wo das Leben Jesu gefährdet ist. Das wissen alle. So kommt er dennoch wieder nach Bethanien in dieses Vertraute Haus zu diesen geliebten Menschen.
Es ist also ein Abschied, den sie erleben, obwohl es nicht unbedingt der letzte Abschied sein muß. Das wichtigste dann in einem solchen Fall, ist einander zu zeigen, daß man es weiß. Man braucht nicht viel zu sagen, vielleicht kaum etwas, aber notwendig ist es und gut, um diese beladene Situation ein bißchen zu deuten. Ein Wort kann genug sein, eine Gebärde, eine Geste, damit alle wissen, was die Bedeutung dieser Stunde ist. So nimmt Maria das Kostbarste das sie hat, ihr kleines Fläschchen Öl, um damit die Füße Jesu zu salben. Es ist eine Geste von intensiver Liebe und Dankbarkeit, die Maria zum Ausdruck bringt.

In der Person Jesu, in der Botschaft von der Nähe Gottes, seiner Liebe zu Menschen, hat sie ihr eigenes Leben verstanden, und gewonnen: jetzt weiß sie für immer, was sie mit ihrem Leben tun kann. wie kostbar es ist, wie frei auch, wie frei sie auch ist ihr Kostbarstes wegzuschenken. das tut sie auch, wie unverständlich das auch manchmal für andere ist. Für Judas z.B., der Geld über alles stellt und von Liebe wenig versteht. Die Geschichte ruft also auch die Frage ab, ob wir verstehen können, was Liebe bedeutet: eine Liebe zu der wir alle eingeladen sind, die wir in unserem Leben beantworten können.

Diese Geschichte aber zeigt nicht nur, was Maria bewegt in dieser beladenen Situation, mit all ihrer Klarheit und Liebe. Sie zeigt auch was sie für Jesus bedeutet, diese Salbung seiner Füße.

Nicht in allen Evangelien wird die Salbung auf dieselbe Weise beschrieben. Manchmal wird sein Haupt gesalbt, nicht seine Füße. Manchmal auch findet die Salbung statt am Anfang seiner Tätigkeit, nicht an deren Ende so wie hier. Hier werden seine Füße gesalbt, am Ende fast seines langen Weges und kurz vor seinem schweren Gang, den er noch gehen muß.

Diese Salbung ist also ein Zeichen des Trostes, eine Gebärde, die versucht zu zeigen, wie man eine erfahrene Nähe beantworten kann, in einer Zartheit voller Dankbarkeit und Güte.

Diese Salbung ist auch ein Zeichen einer Ermutigung, Mut zu geben für die direkte Zukunft; um einen anderen zu segnen vielleicht, um zu zeigen: so bleibe ich bei dir, nur so kann ich das tun, es ist aber wichtig für dich, das zu wissen.

Diese Salbung ist deshalb auch ein Versuch, den schweren Gang eines anderen leichter zu machen, vielleicht ein bißchen zu versöhnen mit dem, was nachher passiert. Auch dann, wenn es unverständlich bleibt und unannehmbar.

Ohne Worte wird dies alles gezeigt, weil unsere Gesten manchmal bedeutungsvoller sind als unsere Worte, Weil sie eine Zukunft in sich bewahren, die uns einen Weg zum Leben offenbaren, den Weg der Liebe.

Das alles wird gezeigt in einer vertrauten und geliebten Gemeinschaft, bei einem Mahl, das Menschen miteinander verbindet und eine Zukunft öffnet. Damit wir alle diese Liebe in unserem Herzen bewahren und auch in unserm Leben zeigen können.

Gebet:

Wir bitten dich
daß wir Menschen einander zeigen können
was sie für uns bedeuten;
daß wir Worte finden um das sagen zu können was manchmal notwendig ist;
daß wir zeigen können was wichtig ist,
in unseren Gefühle, in unseren Verbindungen mit Menschen.
Wir bitten dich
daß wir Menschen auch wirklich zulassen
was anderen uns sagen mögen,
daß wir ihre Worte verstehen, nach dessen Sinn,
ihre Sorge um uns, ihre Mühe
um uns verständlich zu machen was wir für sie bedeuten.
Wir bitten dich
daß wir Menschen immer besser verstehen können
was die Worte Jesu für uns bedeuten können,
wie seine Nächstenliebe sich auch
in unserem Leben gestalten kann;
daß wir uns trösten lassen können
durch seine Verbundenheit mit Menschen
auch durch den Tod hindurch;
daß wir sein Leben erfahren können
als ein Ausdruck von dir,
wie du zu uns sprichst, uns ermutigst,
wie du uns stärkst in unserer Hoffnung.
Sei du bei uns, bei allen Menschen
die versuchen zu leben als Menschen
die wissen von dir, von dir geliebt,
von dir in unsere Welt gestellt
die dich sosehr braucht.
Vater unser.
Amen.

Gottesdienst 8 April 2012 Ostersonntag, mit Konfirmation.

Lesung: Psalm 121.

Gebet:

Lieber Gott,
auch wir verlangen oft nach einem Halt,
das uns Ruhe geben kann in unserem Leben,
so etwas wie einen festen Punkt
woran wir uns orientieren können.
Es passiert so veil manchmal in unserem Leben
Das uns in Unruhe versetzt,
Es passieren schreckliche Dinge in der Welt,
auch bei eigene Verwandte und Freunde,
wir werden erschüttert von dem Tode,
auch von geliebten Personen,
wir werden beklemmt von soviel das auf uns zukommt,
große Sorgen um uns her, wichtige Entscheidungen,
so viel manchmal daß wir verlangen
nach einer Ruhe die es geben muß,
nach einen Halt der von dir kommt.
Wir kommen heute zu dir als Menschen
die versuchen zu glauben daß es so etwas gibt,
ein Ruhepunkt in all unserem Treiben,
ein Licht das uns leitet in alle Finsternis,
eine Freude in unserer Traurigkeit,
ein Leben über den Tod hinaus.
Wir kommen zu dir, Gott, an diesem Ostertag
in der Hoffnung daß du, für uns alle,
so etwas wie eine Bestätigung bist
all unserer Träume von Leben,
daß du zu unser Rechten geht
auf unsere Lebenswege,
daß du uns erfüllst mit einer Freude
die das ganze Leben umfasst,
und, darüber hinaus, dauert bis in die Ewigkeit.
Amen

Eine Art Ostergechichte:
"Der Geigenbauer von Venedig"
von Claude Clément.

In einer Gasse in Venedig befand sich die Werkstatt eines Geigenbauers. Eine Tür ging auf einen viel befahrenen Kanal und eine andere auf einen ruhigen Garten, kaum größer als ein ausgerollter Teppich. Mitten in diesem garten stand ein Baum. Er war so hoch und so groß, daß er den ganzen Garten in Beschlag nahm.
Der Handwerker schnitt seine Musikinstrumente, und wenn er sich ausruhte bewunderte er den Baum in Stille. Die Zweige wogten in der Brise, die aus den fernsten Teilen der Lagune kam, und Schwärme von Schwalben, Spatzen und Turteltauben ließen sich täglich auf ihm nieder. Dann stieg ein Gesang aus dem Garten auf, schöner und bezaubernder als die Musik, die die Ballsäle und Theater von Venedig in Entzücken versetzte.
In einem kalten Winter aber starb der Baum. Zweifelsohne war seine Zeit gekommen. Der Geigenbauer bemerkte es nicht sofort. Aber als der Frühling wieder ausbrach, bekam der Baum keine Blätter mehr. Seine Äste blieben kahl und reglos, und Vögel ließen sich nicht mehr auf ihm nieder.
Betrübt ließ der Geigenbauer einige Holzfäller kommen, die den Baum mit aller Vorsicht umhauten, um den kleinen Garten nicht zu beschädigen. Der Baum wurde gestutzt, in Stücke gehackt, und mit einem Beil gespalten, in der Richtung der Faser.
Die Jahre vergingen...
Sehr viel Wasser strömte unter den Brücken Venedigs hindurch und viele Holzspäne häuften sich unter der Werkbank des Geigenbauers, dessen Haare und Bart ergrauten. Der Handwerker kam kaum noch aus seiner Werkstatt heraus, nur noch um dasjenige zu kaufen, das er für seinen Firnis brauchte. Die größten Musiker der Welt kamen zu ihm, um eine Violine oder ein Cello zu kaufen.
   Eines Tages lief der alte Mann zum Hinterhaus, wo er das Holz seines Baumes trocknete, dessen Geräusch er so vermißte. Es war jetzt alt genug. Und plötzlich beschloß er, als Erinnerung an seinen alten Freund, den Baum, das vollkommenste Cello zu bauen, das er je gemacht hatte. Viele Jahreszeiten war er damit beschäftigt. Der Handwerker schnitt, schmirgelte und polierte das Holz mit seinen geschickten Händen, bis das Instrument fertig war. Genau vor dem großen Karneval.
Durch die Gassen und über die Kanäle gingen die Menschen mit Masken und Reifröcken. Auf den Plätzen bildeten sich Orchester. Die ganze Stadt war ein großes Fest. Aus seiner Werkstatt heraus schaute der Geigenbauer sich das alles an und fragte sich: Könnte unter all diesen Menschen nicht ein Künstler sein, der mein Cello singen lassen kann?

Während dieses Betriebes des Karnevals kam ein junger geschminkter Künstler in die Werkstatt. Er war maskiert, trug eine Perücke und war kostümiert mit Bändern und Spitzen. Obwohl seine Augen bedeckt waren, sein Gesicht geschminkt, mußte man ihn erkennen, so berühmt war er. In seiner Gesellschaft waren schöne Frauen und viele Freunde. Und all diese Menschen lobten die Arbeit des Geigenbauers.
Der Künstler ließ sich einen Bogen bringen und streichelte die Instrumente. Er wollte auch das Cello anfassen, aber der Geigenbauer erzählte ihm, daß dieses eine Zauberkraft besaß, und daß nur dann Musik erklingen würde, wenn das Instrument bespielt würde von geschickten Händen und begabtem Herzen.
Der junge aber berühmte Künstler war beleidigt. Er griff das Cello und wollte eine Melodie darauf spielen. Aber das Instrument war widerspenstig. Es brachte nur wimmernde, knarrende und tierische Geräusche hervor.
Der Musiker hielt durch, aber all seine Freunde hatten schon bald genug davon, und auch die schönen Damen gingen fort. Auch der Geigenbauer ging fort, er verließ seine Werkstatt und ging zu seiner Wohnung.   Der Künstler riß seine Perücke ab, wischte die Schminke von seinem Gesicht und entfernte seine Maske. Und dann, in der Stille der Nacht, mit einem Herzen voller Beunruhigung, faßte der Jüngling das Cello, und vergaß seine Berühmtheit und Müdigkeit.
In der frühen Morgenstunde wurde der alte Handwerker aufgeweckt von einer Melodie, die schöner war und bezaubernder als die Musik, die die Ballsäle und Theater von Venedig in Entzücken versetzte. Gerührt stand er auf und sah durch das Fenster in seinen Garten. Er sah den jungen Musiker, der auf seinem Cello spielte- ohne Anstrengung und ganz natürlich. Am Ende des Halses des Cellos hatten sich starke junge Zweige gebildet. Sie wiegten sich unwirklich träge in der Brise, die aus den fernsten Teilen der Lagune kam. Und auf den jungen zierlichen Zweigen ließen sich Schwärme von Schwalben, Spatzen und Turteltauben nieder."

Bibellesung: Lukas 24:1-12

Predigt:

Die Geschichte über den Geigenbauer von Venedig kann vielleicht so etwas sein wie eine Brücke, die die Themen von Ostern und Konfirmation miteinander verbindet.
In beiden Geschichten geht das Leben weiter, auf eine unerwartete Weise; wird so etwas wie ein Wunder des neuen Lebens spürbar. In beiden Geschichten geht es auch um etwas, ein Geschehnis, das etwas Unverständliches an sich hat, was man nicht gleich verstehen kann, worüber man sich verwundert. Es scheint eben so zu sein, als ob es vor allem die Verwunderung ist, die hier thematisiert wird: so wie in der Ostergeschichte von Petrus erzählt wird, nachdem er beim Grabe

Jesu gewesen ist und wieder nach Hause geht, daß er "voll Verwunderung war über das, was geschehen war" (Luk 24/12)
Ostern hat vor allem mit Verwunderung zu tun: mit einer Erfahrung, die man nicht verstehen kann, noch nicht verstehen kann vielleicht; die aber dennoch rührt, die zu denken gibt, und einlädt zum Gespräch mit anderen. Eine Erfahrung also, die man verstehen möchte, weil man vermutet, daß diese auf etwas Wichtiges hinweist; so etwas wie ein Hinweis zum Leben.
Wenn man über eine solche Erfahrung nachdenkt, dann entdeckt man auch, daß diese unerwartete Erfahrung schon lange vorbereitet ist.
Hier, zu Ostern, in dem Leben dessen, in dem verschiedene Menschen- Männer und Frauen- die Liebe Gottes und seine Nähe zu Menschen entdeckt haben. Die diese erfahren haben als eine Liebe und Nähe, die nicht mit dem Tod endet, sondern darüber hinausgeht als eine bleibende Inspiration. Eine Inspiration, die tröstet und ermutigt, und uns immer wieder zum Leben einlädt; zum Leben gemeinsam mit anderen Menschen. Ostern verweist also auf Vergangenes und auf Zukünftiges: zu einem Leben, das da war, zu einem Leben das bleibt und auch eine Zukunft erschließt, die das Leben von Menschen wieder öffnet.
Was in dieser Ostergeschichte im Großen passiert, das kann man auch im Kleinen entdecken, in der Geschichte des Geigenbauers.
Dann kann man auch entdecken, daß in dieser Ostererfahrung, im Großen und im Kleinen, wenn das Leben weiter geht, so etwas wie menschliche Eigenschaften, oder Lebensweisen anwesend sind.
So wie diese in der Geschichte des Geigenbauers spürbar sind. Er ist ein Handwerksmann, der mit Sorgfalt und Liebe arbeitet. Sein Baum ist ein Ort der Gastfreundschaft für die Vögel und das geliebte Material seiner Arbeit. Er baut seine Instrumente mit Liebe und pflegt sie mit Sorgfalt. Er lädt andere Menschen ein zu einer vergleichbaren Sorgfalt. So verbreitet er Musik um sich her als ein Fest der Menschlichkeit und Freude, die Menschen mit einander verbindet.
Noch etwas kommt in dieser Geschichte hinzu. Das Instrument, das er gebaut hat, ist nur bespielbar, wenn der Musiker eine gewisse Einfalt besitzt. Nur wenn er sich selbst ist, seine Maske abwirft, seine Berühmtheit vergißt, kann er wirklich dasjenige tun, was er am liebsten tun mag: Musik machen, die Freude des Spielens erfahren als die Freude des Lebens. Nur so ist sein Leben voller Fruchtbarkeit, wie sein Cello zeigt.
So verbreitet er Freude um sich her, so geht das Leben wirklich weiter.
So ist es in der kleinen Geschichte, so ist es auch in der großen Geschichte, der von Ostern. Ostern stellt nicht im Allgemeinen die abstrakte Frage, ob so etwas möglich ist: daß Tote wieder lebendig werden. Sie theoretisiert nicht darüber, sondern erzählt von der Erfahrung von Menschen, die selber davon erschüttert sind, daß so etwas passieren konnte: daß ihr geliebter Toter nicht mehr da war wo sie ihn hingelegt haben, in seinem Grab, Daß sein Leben weitergegangen sein muß auf eine vorerst unverständliche Weise. Daß das irgendwo zusammen

hängen müßte mit seinem Leben, erfüllt von einem bedingungslosen Dienst an Gott und einer ebenso bedingungslosen Liebe zum Menschen. Daß es nicht möglich sein könnte, daß es dabei bliebe. mit einem so unverdienten Tod. Daß die Liebe und Hoffnung, die er Menschen gegeben hatte, nicht sterben sondern weiterleben müßten.
Vielleicht kann man sagen, daß ihre Erfahrung des offenen Grabes - so erschütternd sie auch gewesen sein muß, diesen Frauen und Männern auch ihr eigenes Leben wieder geöffnet hat, in jeder Richtung.
Ihr Zusammenleben mit Jesus, diese Erfahrung seiner Liebe und Nähe zu allen Menschen, haben sie erleben können als eine bleibende Verbundenheit. Wie von einem, der an ihrer Seite ging, der ihnen das Leben öffnete. Mit allen Möglichkeiten von Liebe und Sorgfalt. Aber auch mit einem Glauben an eine Erfüllung, die aus dieser Liebe hervorgeht. Dann wird auch die Zukunft geöffnet für Menschen und diese Welt, damit ein gutes Zusammenleben möglich ist und Frieden zwischen den Völkern.
  -Vielleicht meint Novalis so etwas, wenn er spricht über "ein zartes Gefühl für den geheimnisvollen Geist des Lebens"
  -Vielleicht öffnet Eure Konfirmation mit Ostern so etwas auch, damit es bei Euch bleibt, dieses "zarte Gefühl" in Verwunderung über das Leben und den eigenen Glauben.
  -Vielleicht ist es auch für uns alle wichtig, solch ein "zartes Gefühl für den geheimnisvollen Geist des Lebens" durch Ostern wieder zu entdecken, zu sehen wie das Leben weitergeht in Liebe und Einfalt, als dasjenige Leben, das Gott in uns öffnet.
Amen

Gebet.

Lieber Gott,
wir bitten dich für alle Menschen
die versuchen zu glauben an der Kostbarkeit des Lebens;
daß es uns gegeben ist als ein Geschenk
womit wir mit Vorsicht umgehen müssen,
daß es uns anvertraut ist als eine Aufgabe
die wir nicht zurückweisen müssen,
daß es uns ausgestattet hat mit eigenen Gaben
die wir entdecken und entwickeln müssen,
daß es uns mit Menschen verbunden hat
die teuer für uns sind und bleiben.
Wir bitten dich für alle Menschen
die versuchen zu glauben in einem Leben
das von dir begleitet wird, du in unserer Nähe,
auch wenn das Leben schwierig ist und einsam,
auch wenn es vo dem Tod bedroht wird,
der so viel vernichten kann das kostbar für uns ist;
wir bitten dich daß du bei uns bleibst
und uns Aussicht gibst, über den Tod hinaus.
Wir bitten dich für alle Menschen
die versuchen zu kämpfen für das Leben, wo das bedroht wird,
die glauben daß es Frieden geben kann,
auch wo der Kampf zwischen Menschen aussichtslos scheint,
die glauben daß es Liebe geben kann,
auch wo Menschen einsam sind, oder von Hass bedroht,
die glauben daß es Hoffnung geben kann,
auch wo Menschen beängstigt sind von soviel das sie erfahren.
Gib uns alle, Gott, den Glauben
daß das Leben weiter geht als wir manchmal glauben können,
daß die Liebe größer ist als wir selber manchmal lieben,
daß es eine Freude gibt,
in unserer Welt,
in unserem Leben,
die von dir behütet wird.
Vater unser.
Amen

Gottesdienst, 28 April 2012

Lesung: Psalm 91: 1 – 4; 14 – 16.

Gebet

Lieber Gott
So nennen wir dich mit diesem vertrauten Namen,
auch wenn wir nicht immer wissen, was dieser Name für uns bedeutet,
so rufen wir dich an mit diesem Namen, der uns vertraut und unbekannt zugleich ist,
der zu tun hat mit etwas Intimem, manchmal von unserer Jugend her,
der etwas Unbekanntes für uns bleibt als ein Geheimnis, das uns begleitet auf allen Wegen, die wir gehen:
wir rufen dich an, unser Gott,
weil wir uns sehnen nach so etwas wie einem Moment der Stille in unserem Leben,
wo es nicht mehr lärmt, wo es nicht mehr stürmt,
wo wir einfach bei uns selber sein können,
wo du bei uns bist als die Ruhe unseres Daseins;
wir rufen dich an, unser Gott,
weil wir uns sehnen nach so etwas wie Trost für dasjenige,
was uns verletzt hat, was uns schmerzt,
Trost auch im Kummer um wen wir verloren haben,
wo das Leben uns beschädigt hat,
woran wir selber versagen:
sei du bei uns.
Wir rufen dich an, unser Gott,
weil wir uns sehnen nach so etwas
wie einem Schatten in der Hitze des Lebens,
daß du uns für einen Moment schützest, wenn wir nicht weiter gehen können,
daß du uns den Mut gibst, voller Vertrauen dennoch weiter zu gehen,
daß du uns verbindest mit Menschen, die uns sehen,
von denen wir gesehen werden,
die mit uns gemeinsam unsere Wege gehen können
im Vertrauen aufeinander,
im Vertrauen auf dich,
daß du uns alle segnest.
Amen

Lesung: Apostelgeschichte 5 : 12-17

Die kleine Geschichte, die wir heute gelesen haben, hat etwas Faszinierendes für mich, obwohl es ganz gut möglich wäre, daß man daran achtlos vorbei geht. Es ist überhaupt eine Geschichte von Passanten, von Menschen, die vorbeigehen. Und immer, wo es Passanten gibt, gibt es auch die Frage , was diese Passanten sehen, wenn sie vorbei gehen; was sie sehen von ihrer Umgebung, von den Gebäuden und den Menschen, die sich dort befinden. Und umgekehrt: ob sie selber gesehen werden. Ob es etwas gibt, das den Bleibenden (um so zu sagen) an den Passanten aufgefallen ist, etwas , das ihnen in Erinnerung bleibt.

Die Passanten in dieser Geschichte sind einige der Apostel, wovon nur Petrus namentlich genannt wird. Es muß kurz nach Pfingsten gewesen sein, was hier passiert ist, kurz nach der Ausschüttung des Heiligen Geistes, als sie noch in Jerusalem waren und die Gemeinde dort gestiftet haben.
Sie schlendern durch die Stadt und sind offenbar imstande, einige der Zeichen und Wunder zu tun, die Jesus vor ihren Augen getan hat. Es gibt Kranke, die sie geheilt haben, - das muß für sie selber schon ein Wunder gewesen sein, daß sie das konnten; es muß auch für viele Einwohner der Stadt so etwas wie ein Phänomen gewesen sein, das bei ihnen größte Erwartungen geweckt haben muß. Sie, die Bleibenden, haben ihre Kranken gebracht, auch aus den Nachbarstädten (schreibt Lukas) und auf die Straßen gelegt, für den Fall, daß Petrus und die seinen vorbeikämen. In der Hoffnung, daß sie zumindest gesehen wurden: daß etwas von der Heiligkeit der Apostel auf sie übertragen würde. Viel brauchte das nicht zu sein! Für sie genügte es schon, schreibt Lukas, daß, "wenn Petrus vorüberkam wenigstens sein Schatten auf einen von ihnen fiel". (Apg 5:15) Das war schon heilsam: Petrus´ Schatten. Damit wurde einem schon geholfen. Was kann das bedeuten, auch für uns?
Je stärker die Sonne auf die Menschen brennt, desto wichtiger wird der Schatten. Das erfahren wir schon in unseren nördlichen Gegenden. Umso stärker muß das erfahren werden von Menschen im Süden, wie in Nahost, wo die Sonne tagsüber unbarmherzig auf die Erde und die Menschen scheint. Nur die Ärmsten arbeiten in der Sonne; wer schon ein bißchen reicher ist, hat sich eine Stelle im Schatten erworben. Dort bieten sie ihre Waren an für die Passanten, die Zeit haben und Geld, in der Hoffnung, daß sie etwas kaufen. Auf der anderen Seite, in der Sonne, sitzen manchmal die Bettler, die Behinderte, oft mit kleinen Kindern, die ihre Hände geöffnet halten, um irgendeine Gabe zu empfangen und um danach den Gebern den Segen Gottes zuzusprechen, damit sie einen glücklichen Tag genießen können.
So muß es ungefähr in unserer Geschichte passiert sein: auf der Sonnenseite liegen die Kranken, die Bettler vielleicht; auf jeden Fall sind sie auf verschiedene Weise mit einiger Hoffnung erfüllt: auf ein Almosen, auf Heilung vielleicht, auf Beachtung, hier auch auf so etwas wie Kontakt mit dem Heiligen,

von dem man gehört hat. Auf daß "wenigstens sein Schatten auf einen von ihnen fiele".

Es muß hier um etwas mehr gehen als den vorübergehenden Schatten eines Passanten, der nur von kurzer Dauer ist, auch dann, wenn es ein Gespräch geben würde. Es muß hier von den Kranken und Bettlern, schon darauf gehofft worden sein, daß man im Schatten dieses Mannes für eine Weile seine Sorgen vergessen konnte, die Schmerzen des Leibes, die Mühen des Lebens.
Das heißt, daß dieser Mann etwas ausstrahlte, das anderen Menschen gut tat; das ihnen ein bißchen Vertrauen im Leben gab, Vertrauen in Menschen; das sie für einen Moment von der Unbarmherzigkeit des schmerzhaften Lebens in der grellen Sonne befreite und sie den Trost des Schattens erfahren ließ. Trost als die Güte eines Menschen, die einen erfahren läßt, daß das Leben dennoch gut ist.
So etwa muß die Ausstrahlung gewesen sein, die von Petrus Schaffen ausging. Ausstrahlung als etwas, das zu ihm gehörte; als ein Teil seiner selbst; als eine erworbene Erfahrung auch in seinem Umgang mit Jesus, seinem Herrn; als eine Begleiterscheinung seines Auftrags im Leben: etwas auszustrahlen vom Geist Gottes, damit die Menschen wieder ein bißchen wissen konnten, was die Güte und Heiligkeit des Lebens ist. Damit sie auf diese Weise eine neuartige Gemeinschaft mit Menschen stiften konnten.
Eine Art Probe aufs Exempel kann man vielleicht lesen in dem einzigartigen Roman von Adalbert von Chamisso: "Peter Schlemihls wundersame Geschichte", aus dem Jahr 1814. Ein Klassiker also. ... Es ist die Geschichte eines einfachen Mannes, der in eine reiche Gesellschaft kommt, und dort einem Mann begegnet, der ihm für unendlich viel Geld seinen Schatten abkaufen möchte. Ohne lange darüber nachzudenken, macht er das, bemerkt aber zu seinem Schreck, daß alle Menschen auf der Straße auf ihn zeigen, über ihn reden, ihn beschimpfen. All sein Geld entschädigt ihn nicht für den Verlust seines Schattens. Und auch seine Liebe verliert er, weil er seinem potentiellen Schwiegervater keinen Schatten vorweisen kann. Er kann nur ein bißchen glücklich werden, wenn er, nachdem er auch sein berühmtes Säckel, woraus er all das Geld holt, in einen Abgrund weggeworfen hat, und sich, die ganze Erde durchziehend, allein der Wissenschaft widmet,. Ohne Schatten kann er nicht gut leben mit anderen Menschen.
Zu dieser berühmten Geschichte, die kurz nach ihrer Veröffentlichung in ganz Europa bekannt wurde, sind natürlich viele Interpretationen gegeben worden. Was verliert man, wenn man keinen Schatten hat? Der spielerische Einfall Chamissos, seine logische und spannende Ausarbeitung, die fröhlichen aber gleichzeig tragischen Aspekte dieses Mannes ohne Schatten hat viele intensiv beschäftigt. Was könnte das Geheimnis dieses Buches sein?
Oft hat man gedacht, daß der Schatten hier für seine Seele stand, die er dem Teufel verkauft hat für viel Geld. Aber das kann es nicht sein, denn später bekommt er die Chance, seinen Schatten zurück zu gewinnen, wenn er seine

Seele verkauft. Diese zwei sind also nicht dasselbe. Den vielen möglichen Erklärungen, - die ich hier weiter nicht nenne- hat der Literaturhistoriker Peter von Matt neuerdings eine hinzugefügt, die etwas Faszinierendes an sich hat. "Der Schatten" schreibt er, "steht für alles, was den einzelnen plötzlich aus der Gemeinschaft mit den andern ausschließt." Nicht nur mit bestimmten anderen, sondern mit allen anderen. "Chamisso entwirft in seinem kleinen Mythos den tatsächlich aus der Menschheit vertriebenen Menschen", schreibt von Matt, so wie es erst im 20. Jahrhundert thematisiert worden ist. Als absolute Einsamkeit. Verlust des Schattens als absolute Ausgrenzung von welcher Gemeinschaft auch immer: das könnte eine Art Gegenposition sein zu unserer Geschichte.

Petrus hat offenbar einen Schatten, der heilsam sein könnte für die Menschen, denen er begegnet. Das muß etwas mit seiner Ausstrahlung zu tun haben, der Art, mit der er Menschen begegnete und Gemeinschaft mit ihnen stiftete. Durch die Beachtung, die er ihnen schenkte; durch die Freiheit, die er zeigte in dieser Begegnung, ohne sie gering zu schätzen und zu ächten. Er hat den Menschen, denen er begegnete, wieder Grund unter den Füßen gegeben, sie aufgerichtet an Körper und Seele.

Diese heilende Ausstrahlung wurde mit dem Wort "Schatten" angedeutet, und das ist kein beliebiges Wort. Sowohl im Alten wie im Neuen Testament wird das Wort "Schatten" benutzt, um die heilbringende Anwesenheit Gottes anzudeuten. Wir haben schon gehört, wie das im Psalter steht: "Wer im Schutz des Höchsten wohnt, und ruht im Schatten des Allmächtigen, der sagt zum Herrn: `Du bist für mich Zuflucht und Burg, mein Gott, dem ich vertraue`." (Ps 91: 1,2)

Das Bild von Gottes Schatten erscheint als ein Bild von Vertrauen auf ihn, daß er uns schützt auf unseren Lebenswegen; uns mit seiner Anwesenheit und Kraft unterstützt.

Dieser Glaube kommt auch im neuen Testament zur Sprache, an einer sehr besonderen Stelle, der Verheißung der Geburt Jesu an Maria. Dort sagt der Engel Gabriel zu ihr: "Der heilige Geist wird über dich kommen, und die Kraft des Höchsten wird dich überschatten." (Luk.1/35)

Der Heilige Geist als der Schatten Gottes, der Maria wissen läßt, was heilig ist, und daß sie dieses Heilige empfangen und ihm Leben geben wird. So etwas muß Petrus passiert sein: vom Schatten Gottes umfangen, die Kraft Gottes ausstrahlend an Menschen, die diese benötigen, eine neue Gemeinschaft von Menschen stiftend- von Menschen, die etwas Heiliges brauchen in ihrem Leben; die wissen von den Ängsten, der Verlassenheit von Menschen, aber auch von unseren Möglichkeiten von Wärme und Liebe. Die ihren Weg gehen mit Menschen in der Sonne und sie mit ihrem Schatten schützen.
Amen

Gebet

Lieber Gott,
wir bitten dich für alle Menschen, die nach einer neuen Klarheit suchen in ihrem Leben,
die erschüttert sind von großen Verlusten,
an Menschen und an Idealen,
die kaum mehr wissen, was wichtig ist in ihrem Leben,
was darin noch der Mühe wert und ihnen kostbar ist.
Sei du bei ihnen als einer, der Aussicht gibt auf das was sie tun können,
wofür sie leben können.
Wir bitten dich für alle Menschen,
die versuchen das Leben als Geschenk von dir zu leben,
das wir von dir empfangen haben,
die wissen, das alles, was wir können, eine Gabe von dir ist,
und alles, was wir hoffen dein Auftrag an uns.
Daß wir in der Welt tätig und wirksam für dich handeln.
Sei du bei ihnen, sei du bei uns,
damit wir alle etwas ausstrahlen von deinem Geist,
von deiner Hoffnung,
von Liebe und Frieden unter den Menschen.
Wir bitten dich für alle Menschen,
die sich vom Leben abgeschnitten fühlen durch eine Krankheit, die sie bedroht,
und die um ihr Leben fürchten,
für die, die nur noch in sich selbst gekehrt sind,
die kaum noch andere sehen und sie begegnen können,
für die, die ihren Schatten verloren haben,
ihre Ausstrahlung, ihr Wissen, von dir gesegnet zu sein.
Sei du bei ihnen, sei du bei uns,
damit unser Leben klar bleibt,
sichtbar für dich, von dir begleitet auf all unseren Wegen.
Wir kommen zu dir und beten die alten Worte:
Vater unser....

Gottesdienst 27 Mai 2012 - Pfingstsonntag

Gebet

Lieber Gott,
wir sind heute zu dir gekommen
aus so vielen Gegenden wo wir wohnen,
aus der Ferne und in der Nähe,
um heute das Pfingstfest zu feiern,
deine Anwesenheit bei Menschen in Feuer und Wind,
in Ermutigung und Bekräftigung;
wir haben manchmal lange Wege zurück gelegt
um zu dir zu kommen
in ein Haus das wir als dein Haus betrachten können
mit dem Vertrauen auch
daß du derjenige bist, der uns Mut gibt zum Leben,
der bei uns bleibt, wenn der Weg uns schwer fällt.
Wir sind zu dir gekommen und zusammen,
um zu suchen was uns verbindet miteinander,
wie verschieden auch unser Leben ist,
wie verschieden auch die Umstände, worin wir leben.
Wir suchen danach was uns verbindet
in gemeinsamen Erfahrungen des Lebens,
in einer Geistesverwandtschaft vielleicht
die über so viele Grenzen hinaus geht,
in einer Gemeinschaf des Glaubens,
die uns erkennen läßt was wichtig darin ist,
worum es geht in deinen Absichten mit uns,
darin, was du von Menschen hoffst,
was du voraussiehst für eine Welt,
die große Sorgen kennt und manchmal bangt.
Wir bitten dich:
sei du bei uns, sei du bei allen Menschen in der Welt
wo wir einander treffen können und begegnen
wo wir Hoffnung hegen können in unserem Herzen;
laß uns darin deine Menschen sein.
Amen

Apostelgeschichte 2: 1-13

Predigt

Manchmal erhalten auch die einfachen Wörter eine Tiefe, ein Geheimnis, wovon wir uns nicht immer bewußt sind. In gewissen Umständen aber wird das anders: wir hören ein bestimmtes, uns vertrautes Wort wie ganz neu; das Geheimnis darin leuchtet auf, manchmal unvergeßlich für uns.
So könnte es gehen mit den Worten -nah- und -fern-, denen wir heute unsere Aufmerksamkeit schenken wollen. Dafür gibt es mindestens zwei Gründe: das Thema "Nähe und Ferne" hat mit Pfingsten zu tun; mit diesem Festtag der Kirche, der für viele sehr kostbar ist, für andere manchmal ganz unbestimmt.
Das Thema Nähe und Ferne hat natürlich auch mit unserer besonderen Begegnung zu tun, der von Menschen, die weit auseinander leben, die teils aus verschiedenen kirchlichen Traditionen stammen, einander bis vor kurzem ganz unbekannt waren, aber dennoch erfahren, daß eine solche Begegnung nicht nur schnell, sondern auch ganz treffend sein kann. Daß es noch immer das Wunder gibt, daß Menschen aus verschiedenen Ländern mit verschiedenen Sprachen einander verstehen können in wesentlichen Bereichen ihres Lebens; in einer Gemeinsamkeit des Glaubens, die nicht die Unterschiede, die es gibt, verleugnet, aber auch weiß, daß diese fruchtbar werden können in unserer Begegnung und in unserem Leben: wenn wir wieder nach Hause gehen und weiter nachdenken über alles, was wir gehört und gesehen haben.
Unsere Begegnung von heute, von all diesen Tagen, hat also tiefe Wurzeln: als eine Begegnung von Menschen, die fern voneinander wohnten, aber an einem bestimmten Moment an derselben Stelle waren, einander nah, und die das große Geheimnis erfuhren eines gemeinsamen Glaubens, eines gemeinsamen Auftrags im Leben: inspiriert vom Geiste Gottes, seine Kraft zu spüren und spürbar zu machen, überall wo man sich befindet.
So ungefähr haben wir das soeben gesungen: "Du heil´ger Geist, bereite ein Pfingstfest nah und fern; mit deiner Kraft begleite das Zeugnis von dem Herrn. Oh, öffne du die Herzen der Welt und uns den Mund, daß wir in Freud und Schmerzen das Heil ihr machen kund." (Ges. 136, 7)
"Nah und Fern", wovon dieses Lied spricht, hat hier die Bedeutung von "überall". Das Lied ist eine Bitte an Gott, an den Heiligen Geist, daß bei uns Menschen ein Pfingstfest bereitet wird. Auch wo wir Menschen an diesem Fest beteiligt sind, wo wir aktiviert werden, inspiriert, denn wir können doch nicht alles selbst; wir brauchen die Hilfe Gottes, damit sein Geist von Weisheit und Kraft für alle Menschen spürbar wird, überall. In der Nähe und in der Ferne. In Freude und Schmerzen auch: wenn wir die Kraft Gottes erfahren oder brauchen; oder wenn wir diese an andere weiterreichen können, wenn sie diese brauchen. Aber damit ist noch nicht alles über Nähe und Ferne gesagt. Schon in der Pfingstgeschichte selber wird etwas davon spürbar, daß es etwas Besonderes mit

diesen Worten auf sich hat. Pfingsten hat mit zwei Bewegungen zu tun, zwei Bewegungen, die man andeuten kann als Sammlung und als Aussendung. In beiden Bewegungen ist der Geist Gottes wirksam. Sammlung steht für vieles: für das Zueinander-Bringen (Binden) der Garben im Erntefest, das Pfingsten in der jüdischen Tradition ursprünglich war. Es wurde dann später die Sammlung von Menschen denen das Gesetz (die Weisung) zugesprochen wurde und immer wieder wird. So wurde es dann auch im Ereignis, das Lukas in der Apostelgeschichte beschreibt, die Sammlung von Menschen aus aller Welt, die für das Fest schon in Jerusalem waren und das Wunder erlebten, daß auch sie in ihrer eigenen Sprache angesprochen wurden.

Sie konnten verstehen was Gott an Menschen bewirkt. Auch das ist Sammlung: Sammlung von eigenen Erfahrungen und Gefühlen über das eigene Leben, über das Leben zusammen mit anderen Menschen, als ein von Gott geleitetes, von Gott beauftragtes Leben. Sammlung, damit wir verstehen, was ausgerechnet wir im Leben sind, was den Sinn unseres Daseins ausmacht. Das ist die eine Bewegung von Pfingsten: von dem Geist, der uns zur Sammlung bringt.

Die andere Bewegung ist die der Aussendung: was wir mit unserer Sammlung tun. So wie das auch im Erntefest war: die Garben wurden nicht nur gesammelt, nicht nur aufbewahrt, sondern früher oder später benutzt für das Essen; für sich selbst und für andere; für das eigene Leben, für das Leben von anderen. So wurde später das Gesetz (die Weisung) nicht nur gehört von der Versammlung Israels, sondern auch getan. Menschen taten etwas mit all den Gedanken und Weisungen, die sie als von Gottes Geist inspiriert erfuhren. So war es noch wieder später, die Versammlung von Menschen aus aller Welt in Jerusalem, die das Walten des Geistes spürten und die Taten Gottes verkündigen hörten. Sie waren zu diesem Moment zusammen, um dann wieder nach Hause zu gehen und standen vor der Wahl, etwas mit diesen neuen Erfahrungen zu tun, oder nicht zu tun. So wie die Jünger Jesu -von diesem Moment an- nicht nur eine Versammlung von Menschen waren, die eng beieinander blieben wie zuvor, sondern in die Welt zogen als Ausgesandte, als Apostel, allein oder gemeinsam miteinander. Um etwas davon zu zeigen, wozu Menschen imstande sind, zu welcher Größe sie gerufen werden, die wirklich versuchen zu leben in der Nachfolge Christi, inspiriert vom Geiste Gottes. Damit sie etwas zeigen von dem, was heilig ist in ihrem Leben.

Die beiden Bewegungen von Sammlung und Aussendung haben mit unserem Thema von Nähe und Ferne zu tun: was aus der Ferne zusammen gebracht ist, was sich beieinander in der Nähe befindet, eine gewisse Nähe erfährt, wird später manchmal wieder in die Ferne zerstreut. Aber ganz anders als zuvor: wissend von dieser Begegnung, dieser Nähe, versuchend dort etwas davon zu verwirklichen wo man dann ist. Weil wir diese Nähe nicht nur als eine Versammlung von Menschen erfahren, sondern als eine Art von Geistesverwandtschaft, als ein von Gott Begleitet-Werden in eine unbekannte

Zukunft, als Menschen, die in der Ferne sind, aber von einer Nähe wissen, die bestimmend für unser Leben ist.

Über dasjenige was Pfingsten auch für uns bedeutet, wird meistens nicht viel geredet. Es ist, als ob es eine große Verlegenheit gebe über dieses Fest: es sind auch kaum große Erzählungen geschrieben, die sich mit diesem Fest beschäftigen. Aber es gibt eine Ausnahme: Eine wunderschöne Geschichte, die Adalbert Stifter 1840 geschrieben hat und die " Das Heidedorf" heißt. Es ist de Geschichte eines armen Jungen, der auf einer armseligen Heide die Ziege seines Vaters hütet. Sie leben nah zusammen, fern von allen Menschen, er, seine Eltern, seine kleine Schwester und eine alte Großmutter, die immer sichtbar betet, und ihm die biblischen Geschichten erzählt: die Propheten sind ihre Helden, auch wenn sie die eigenen Verstorbenen darin einmischt. Wenn dieser Junge, der Felix heißt, (der Glückliche), sich alt genug findet, verläßt er sein Vaterhaus, verabschiedet sich von all seinen Angehörigen und zieht in die Welt hinein. Die ersten Jahre sendet er noch einige Male eine Botschaft nach Hause - von Freunden vermittelt-, aber später hört man nichts mehr von ihm. Inzwischen verändert sich die Lage zu Hause: zu dem Heidehaus seiner Eltern wächst ein ganzes Dorf, seine Schwester wird älter, heiratet, und bekommt auch selber ein Kind. Man versucht ihn ausfindig zu machen, aber vergebens.

Dann, an einem Tag vor Pfingsten kommt er zurück nach Hause. Nachdem alle Tränen des Wiedersehens getrocknet sind, erzählt er, wo er gewesen ist: in Jerusalem und auch in Ägypten in der Wüste. Später kommen die Schätze, die er gesammelt hat und auch austeilt. Er kommt nach Hause, und er bleibt auch dort, er baut sich ein eigenes Haus. Es ist so groß, daß alle sich fragen, mit wem er dort wohnen will.

Als es ein Jahr später wieder Pfingsten ist, hat sich die Lage im Dorf ernsthaft verändert: Eine große Trockenheit hatte die ganze Gegend getroffen. Alle Menschen können nur an die Ernte denken und beten um Regen. Felix aber erwartet einen Brief, der lange ausbleibt, mit der Antwort auf seinen Heiratsantrag. Am Tag vor Pfingsten kommt die Antwort: abweisend. Dann am Tag danach, zum Pfingstfest, ist der Himmel grau und es regnet endlich. Die Kirchgänger gehen zur Kirche, "ließen gern das köstliche Naß durch ihre Kleider sinken" schreibt Stifter, "und auch Felix ließ es durch seine Kleider sinken, ging mit und dankte mit, und keiner wußte, was seine sanften, ruhigen Augen bargen".

Es ist die Geschichte eines Menschen, der weit in die Ferne gezogen ist bis nach Jerusalem, aber zurückkehrt nach Hause zu den Nächsten um gemeinsam mit ihnen zu leben. Dort baut er sein Haus voller Hoffnung. Aber auch wenn er selbst unglücklich ist, bleibt er ein Teil seiner Gemeinschaft, tut er was er kann, weiß sich selber auch darin als ein Diener Gottes.

Pfingsten auch hier als ein Fest der Ferne und der Nähe, wo Menschen kommen und gehen, ihre eigenen Wege gehend, aber auch manchmal wissend von Gott gesegnet zu sein. Wenn wir ihm danken können. Amen.

Gebet

Lieber Gott,
wir bitten dich,
daß du uns Menschen eine gute Ernte bereitest
in all unserer Bemühung etwas zustande zu bringen
das fruchtbar ist, einige Dauer hat,
das Menschen ernährt in ihrer Seele,
das Gemeinschaft aufbaut mit Freude erlebt,
das Vertrauen erweitert in unserer Welt.
Sende deinen Geist, der uns ermutigt,
uns einlädt zu einem Handeln,
das erbaut und gut ist für andere.
Wir bitten dich,
daß du uns Menschen zeigst,
wie wir alle glückliche Menschen sein können,
daß du uns öffnest in unserer Geschlossenheit,
daß du uns zeigst was unser Leben ist,
daß du uns Wege weisest, die gut zu gehen sind
in all unseren Beziehungen mit Menschen
und in dem großen Auftrag unseres Daseins.
Wir bitten dich,
daß du immer wieder zu uns kommst,
damit wir immer besser lernen,
was Leben ist und was Gemeinschaft;
damit wir lernen von den Künstlern
wie reich und vielgestaltig das Leben ist,
damit wir lernen von den Wissenschaftlern
was Sorgfalt ist, Genauigkeit und Menschenwürde,
damit wir auch erfahren können in unserer Gesellschaft,
wie groß unsere Verantwortlichkeiten sind,
wie schwer manchmal die Pflicht,
wie wichtig auch die Hoffnung ist
all der Hoffnungslosen halber, die auf uns sehen
auf uns warten.
Gib, daß wir lernen , was dein Geist uns sagt,
gib uns Vertrauen in deine Zukunft.
Wir kommen und beten die alten Worte:
Vater unser

Gottesdienst 24 Juni 2012

Gebet:

Lieber Gott
Wir kommen zu dir mit unserem Gebet
in der Hoffnung, daß du uns hörst,
daß du hörst alles, was wir sagen zu dir,
was wir sagen zu uns, wenn wir allein sind
und lange mit uns selber sprechen,
manchmal ohne zu einer Klarheit zu kommen,
die das Leben wieder einfach macht,
ohne eine Ruhe zu erreichen, worin wir wieder wissen,
was unser Leben ist, was wir tun können;
Höre uns zu, Gott,
durch all die Worte hindurch
die wir aussprechen oder in der Stille sagen,
höre uns und leite uns auf den Weg zu dir,
damit du bei uns bist in unserem Leben.
Wir kommen zu dir mit unserem Gebet,
in der Hoffnung, daß du uns zeigst,
wie wir am besten umgehen können mit anderen Menschen,
daß wir ihnen begegnen können in einer Offenheit und Freude
als anderen Geschöpfen von dir,
daß wir sie gastfreundlich empfangen, auch wenn
sie anders sind und fremd,
daß wir eine Gleichwertigkeit erfahren können
auch bei allen Differenzen die es gibt.
Wir kommen zu dir mit unserem Gebet
in der Hoffnung, daß du uns empfängst
als deine Gäste, von dir wirklich empfangen,
wie fremd wir manchmal auch sind,
fremd für uns selbst und für andere Menschen.
Sei du bei uns in unserem Leben,
damit wir deine Menschen sind.
Amen

Lukas 17: 11-19

Predigt

Gestern Abend wurde in unserer Kirche ein Orgelkonzert gegeben, wobei auch Gedichte von Novalis gelesen wurden aus seinen "Hymnen an die Nacht"- einem wunderschönen Zyklus von Gedichten über Tod und Auferstehung, Finsternis und Licht, Tag und Nacht.
Auch heute möchte ich gern damit anfangen und zwar aus dem Teil des ersten Gesangs, der vom Licht handelt. In dem Lichte erscheint alles, was wir sehen können, worüber wir uns auch freuen können. Novalis nennt vieles davon, und kommt dann, überraschenderweise, auf die Fremdlinge zu sprechen. Auch sie erscheinen uns im Licht, "vor allen", wie er schreibt. Es klingt fast so, als ob das Licht uns in erster Linie die Fremdlinge zeigen möchte. Novalis schreibt:
"Und vor allen
die herrlichen Fremdlinge
mit den sinnvollen Augen,
dem schwebenden Gange
und dem tönenden Munde."
Sie, die Fremdlinge, sind das erste Beispiel der "zahllosen Verwandlungen", die das Licht der Sonne erscheinen läßt; wie die ganze Wirklichkeit uns wie ein Wunder erscheinen kann. Wo wir eine Kraft erkennen können, die in uns ist, aber auch -auf ganz andere Weise- in anderen Dingen und Menschen erkennbar ist. Als "Verwandlungen" schreibt er, als eine andere Erscheinung derselben Kraft, die auch in uns wirksam ist, als Kraft des Lichtes, die -vielleicht- steht für die Kraft Gottes.
Das Bild der Fremdlinge ist hier, bei Novalis, außerordentlich positiv: sie stören uns nicht, bedrohen uns nicht, ärgern uns nicht, sondern sie sind "herrlich", schreibt Novalis, herrlich anzusehen, schön, weil sie anders sind. Ihre Augen sind "sinnvoll", schreibt er; aus ihren Augen spricht etwas, das wir vielleicht verloren haben: Sinn, als Bedeutung und Freude des Lebens, als Vertrauen in Menschen. Ihr Gang ist "schwebend" schreibt er: wenn sie gehen, zeigen sie eine Leichtigkeit, die wir nicht mehr immer haben; als ob all unsere Sorgen unseren Gang beschweren.
Und ihr Gang ist "tönend" schreibt Novalis; in ihrer anderen Sprache hören wir eine Schönheit des Sprechens, die wir nicht mehr hören in dem, was wir selber sagen. Als ob wir nicht mehr hören, was uns überrascht. Nicht mehr die Farben sehen, die es gibt, nicht mehr die Schönheit von Menschen, die wirklich anders sind als wir. Als ob wir den größten Teil der Wunder verneinen, die Gott in unsere Wirklichkeit gelegt hat, und immer nur das gleiche sehen. Ein Fremdling kann uns wieder für diese reiche Wirklichkeit die Augen öffnen.

Das Bild der Fremdlinge, das Novalis in seinen Hymnen aufruft, ist etwas anderes als dasjenige, das viele Menschen heute in großen Teilen Europas sich bei Fremdlingen denken. Jetzt wird oft ganz negativ über Fremdlinge gesprochen, das braucht man kaum zu erwähnen. Die Zeiten, das heißt auch die Umstände, haben sich sehr geändert. In der Zeit, in der Novalis schrieb, gab es kaum Fremdlinge, und wenn es sie gab, waren sie etwas Besonderes, eine Sehenswürdigkeit. Die Fremdlinge von damals waren kaum eine Bedrohung für die eigenen Arbeitsverhältnisse, sie waren meist keine Vertreter einer anderen Religion. Die Juden, die es gab, wurden in der Regel nicht als Fremdlinge betrachtet, auch wenn sie von vielen als fremd beurteilt wurden, als anders. Aber sie wohnten oft schon lange im Lande, wurden eher als Einwohner des Landes denn als Fremdlinge angesehen, obwohl es viele gab, die ihre Probleme damit hatten. Unterirdisch (um es so auszudrücken) haben diese Unterscheidungen fast immer etwas Unklares ergeben. Boten Anlaß manchmal für Geringschätzung und Haß. Aber gerade das, was Novalis über Fremdlinge sagt, seine positive Neugier und vielleicht vor allem die Notwendigkeit des Fremdlings für die Entdeckung des eigenen klaren Blicks und Sauberkeit des Lebens, das mußte auch immer wieder gesagt werden, damit man eine Reinheit des Gewissens und eine glaubwürdige Religion erweisen und auch selber fühlen konnte.

Vielleicht ist es auch heute notwendig, so etwas zu sagen, im Sinne von Novalis. Vielleicht ist es auch gut, noch etwas hinzuzufügen. Novalis selber war aufgewachsen in einer geistlichen Atmosphäre, die noch völlig überzeugt war von den Wahrheiten der christlichen Glaubenslehre, nicht nur im Verstand, sondern auch im Herzen, im Gemüt. Das hieß damals auch, daß der Fremdling nicht nur ein anderer war, aber auch, daß man selber ein Fremdling war, ein Fremdling in dieser Welt, hier nicht ganz zuhause, hier arbeitend, und wartend auf das bleibende Vaterhaus, den Himmel. Dieses Bild seiner selbst als Fremdling war natürlich von biblischen Vorstellungen genährt, machte aber auch, daß man die wirklichen Fremdlinge in der Welt anders betrachtete. Sie waren auch, wenn auch nicht immer, Boten einer kommenden Welt, die etwas vertraten von der Heiligkeit Gottes. Sie stellten eine Einladung dar, diese konkreten Fremdlinge mit einer gewissen Gastfreundschaft zu empfangen. So schreibt Novalis an anderer Stelle in einem längeren Gedicht, das "Der Fremdling" heißt, in der letzten Strophe:

"Bleibt dem Fremdlinge hold - spärliche Freuden sind
Ihm hienieden gezählt - doch bei so freundlichen
Menschen sieht er geduldig
Nach dem großen Geburtstage hin."

Der Fremdling ruft etwas wach in uns, von unserem Sein auf Erden und unserer Bestimmung, und wir werden aufgerufen, gut zu ihm zu sein, damit auch er voller Geduld seine Bestimmung abwarten kann: "Bleibt dem Fremdlinge hold..."
Wenn man so über Fremde spricht, wie es Novalis getan hat, und er war natürlich nicht der einzige, der das gemacht hat, glücklicherweise, - über "herrliche Fremdlinge", - "bleibt dem Fremdlinge hold",- dann muß man gleichzeitig bedenken, daß ein solches Sprechen dennoch immer etwas Überraschendes an sich hat.
Es ist nie selbstverständlich gewesen, so über Fremde zu sprechen, und das wird es vermutlich auch nie sein.
Es hat immer etwas von einer moralischen Aufgabe, daß so zu tun, im Glauben gegründet oder nicht.
Oder, wichtiger vielleicht noch, es hat immer etwas von einer weitreichenden Entdeckung eines Menschen, daß man in einem Fremdling wesentliche Züge seiner selbst wieder erkennen kann: Dass der Fremdling uns entdeckt, daß auch wir Fremdlinge sind; fremd manchmal im Leben, nicht ganz zuhause; fremd manchmal in den Gesellschaften, in denen wir uns befinden, ein bißchen am Rande; fremd manchmal in einer Welt, die uns nicht ganz geheuer ist, auch wenn wir nicht wie Novalis von einem himmlischen Vaterland wissen. So hat die Entdeckung des Fremdlings außerhalb von uns und in uns selbst etwas Überraschendes. Als die plötzliche Entdeckung, daß die Welt und wir selber anders sind, als wir immer angenommen haben.
Genau diese Überraschung wird herausgehoben in der biblischen Geschichte, die wir heute gelesen und gehört haben: von dem dankbaren Samariter. Diese Geschichte beschreibt eine Grenzerfahrung: sie spielt sich ab nicht nur an der Grenze zwischen Galiläa und Samarien, sondern an den Grenzen dessen, was üblich ist im Leben von Menschen, was selbstverständlich ist, nie überdacht.
Die Menschen aus diesen Gebieten waren Fremdlinge füreinander über so viel Gemeinschaftliches hinaus. Es gab wichtige Unterschiede in ihrem Glauben, in der Praxis ihrer Religion. Hin und wieder gab es Geringschätzung und Haß, eine Mischehe war undenkbar.
Diese schon lange bestehenden Gegensätze werden von Jesus durchbrochen. Wenn ihm eine Gruppe von Aussätzigen begegnet- immer schon isoliert von der menschlichen Gesellschaft, hier aber zusammen mit ihrem gemeinsamen Los, und sie ihn um Erbarmen bitten- das kann ein Almosen sein, wirkliches Mitleid, vielleicht auch Hoffnung auf Genesung- wenn sie darum bitten, dann macht er keine Unterschiede zwischen ihnen. Er sendet sie alle zu den Priestern, um ihre

Genesung zu zeigen. Was sie dann auch ohne Zweifel alle tun. Nur einer kommt jedoch zurück, um Jesus zu danken und um Gott zu loben. Dieser war ein Samariter! Damit stehen zwei Fremde einander gegenüber: der Mann aus Galiläa, der ohne Unterschiede zu machen für die Heilung von allen gestanden hat und der Samariter, der seine Heilung als ein Geschenk Gottes erfahren hat, und sich bei diesem Menschen, diesem Vermittler, dafür bedankt. Sie zeigen beide auf ihre Weise, daß sie für das gleiche standen: für das Heil von Menschen, das wir füreinander erbitten können und vielleicht erreichen; für die Bereitschaft, Barrieren zu durchbrechen, in uns selbst und in anderen; für die Anerkennung dessen, was andere für uns getan haben, und das auch zu zeigen in Dankbarkeit und Respekt; für das Offenstehen für eine Kraft, die uns hinausführt über uns selbst, über unsere manchmal zu kleinen Reaktionen, und uns eine Großartigkeit des Lebens enthüllt als eine Art Zugang zu Gott und die Möglichkeiten, die er in uns eröffnet.
Der Apostel Paulus schreibt im Brief an die Epheser über Jesus.
> "Er kam und verkündete den Frieden: euch, den Fernen
> und uns, den Nahen. Durch ihn haben wir beide in dem einen
> Geist Zugang zum Vater." (Eph.2: 17)

So etwas passiert in der überraschenden Geschichte des dankbaren Samariters. So etwas könnte auch passieren in unserem eigenen Leben: in einem Wissen, daß uns ein neuer Zugang zu Gott eröffnet ist; daß wir über all dasjenige hinaus, das wir immer gedacht haben, einen neuen Geist erfahren als den Geist Gottes in uns, wenn wir uns selbst in dem Fremden wiedererkennen, uns durch ihn heilen lassen und Frieden miteinander erleben können.
Amen

Gebet:

Lieber Gott,
wir bitten dich für andere Menschen und für uns selbst
 daß wir eine Einfachheit in unserem Leben bekommen
  die uns die wichtigsten Dinge entdecken tut,
  wie schön das Leben ist und die Natur,
  wie gut die Menschen sind, auch wenn sie sich anders betragen,
  wie viel Erfreuliches es gibt,
   auch wenn wir nicht immer voller Freude sind;
wir bitten dich,
 daß wir anderen Menschen in aller Einfachheit begegnen können,
 auch wenn sie anders sind als wir,
 daß wir eine Lauterkeit erfahren und ausstrahlen können,
 die Aussicht gibt auf Frieden in der Welt;
 daß wir eine Dankbarkeit erfahren können
 für alles, was es gibt, was uns gegeben ist,
 was Menschen um uns herum alles tun;
 daß wir diese auch einfach zeigen können,
 damit auch andere erfahren,
 daß es sie gibt
 und daß sie gut ist;
 daß aufgemerkt wird, was die Menschen alles tun
 oder mit so viel Aufmerksamkeit getan haben.
Wir bitten dich,
 daß wir uns auch von Fremden sagen lassen können,
 was unser Leben ist, unsere Gesellschaft
 was selbstverständlich für uns ist
 und fremd für Fremde
 worauf wir auf uns selbst bezogen sind,
 so wenig offen,
 wo wir selbstzufrieden sind, und kaum mehr merken wie
 viel es anderen noch fehlt.
Wir bitten dich,
 daß du uns heilst auch wo wir uns für gesund erklären,
 auch wo wir wissen krank zu sein,
 daß du uns heilst
 und uns auf unsere Beine stellst
 damit wir dankbar gehen in deine Welt
 mit deinen Menschen.
Wir kommen zu dir und beten:
Vater unser....

Gottesdienst 26 August 2012

Gebet

Lieber Gott
wir kommen zu dir mit unserem Gebet,
auch wenn wir nicht immer wissen
was wir dir sagen können;
Es gibt so viele Worte, die wir benutzen
und wir wissen nicht mehr immer
was darin wichtig ist, was nicht;
Es gibt so viele Gefühle und Gedanken,
so vieles, das passiert in unserem Leben,
und wir wissen nicht mehr immer,
was wichtig, was richtig,
worin wir deine Hilfe brauchen, deine Anwesenheit,
was du uns als eine Lösung anbietest,
als eine Erlösung für unser Dasein.
Wir beten zu dir und wir bitten dich,
daß du uns hörst; höre unsere Stimme,
höre uns in dem, was wir sagen,
höre uns vielleicht vor allem,
in dem, was wir niemals sagen, zu niemandem sagen,
was manchmal aber tief in unseren Gedanken anwesend ist,
so lautlos oft, daß wir es kaum noch selber hören,
was dennoch anwesend ist als eine Stimme,
die auf uns hört, uns aufruft so zu leben,
wie wir vermuten, daß du es von uns erwartest;
ruf unsere Stimme in uns selber, Gott,
damit du auf sie hören kannst,
damit du antwortest auf unsere tiefsten Fragen,
damit auch wir verstehen können,
was unser Leben ist, sein kann für dich,
damit wir deine Menschen sind auf Erden. Amen.

Predigttext: Lukas 19, 1-10

Predigt

Vor kurzem las ich eine merkwürdige italienische Geschichte, mit der ich gerne anfangen möchte:

Ein Landstreicher erklärt einem ältlichen Priester des Vatikan die biblische Schöpfungsgeschichte, wonach die Erdkugel ein Wollknäuel ist, welches Gott aus dem Schoß gefallen sei und nun langsam von ihm wieder aufgerollt werde. Unser Leben sei insofern rückläufig, die Vergangenheit unsere Zukunft und das Finale der Welt absehbar, es hänge am Fadenende.

Auf die Frage des entsetzten Priesters, wo denn - bei Gott und allen Teufeln - dies in der Bibel stehe, entgegnet der Landstreicher: "So direkt steht es natürlich nicht drin, aber du bekommst es sehr schnell mit, wenn du verstehst, zwischen den Zeilen zu lesen."

Es ist vielleicht ein bißchen grotesk, dieses Beispiel, um sich so die Schöpfungsgeschichte zu denken, aber vermutlich können wir die Aufforderung "zwischen den Zeilen zu lesen" sehr gut verwenden in unseren Versuchen, heute biblische Geschichte zu lesen.

Das tun vielleicht viele nicht mehr. Das Lesen der Bibel hat in unserer Zeit fast jede Selbstverständlichkeit verloren: wir können kaum einfach so glauben, was dort steht, aber wir können auch nicht einfach daran vorbeigehen.

Die alten Geschichten haben manchmal etwas Faszinierendes für uns, und es lohnt sich oft, einen geheimen Zugang zu ihnen zu finden.

Wenn wir das tun, tun wir es meistens in der Hoffnung, unser Leben besser verstehen zu können, und auch das Zusammenleben von Menschen. Vielleicht suchen wir dann auch einen Glauben, der uns öffnet und uns stärkt und Aussicht gibt auf ein Leben in Gerechtigkeit und Frieden, überall wo Menschen wohnen.

So können wir auch unsere Bibelgeschichte von heute lesen: einmal die Worte, mit denen sie geschrieben ist und dann das, was zwischen den Zeilen steht auf der Suche nach ihrer Bedeutung für uns.

Die Geschichte über den Zöllner Zachäus ist die Geschichte über einen, der sein Leben grundsätzlich verändert. Oder, der den Mut hat, sein Leben verändern zu lassen durch eine Begegnung, die entscheidend für ihn ist. Er hatte vielleicht schon längere Zeit einer solchen Veränderung entgegen gesehen, mit Sehnsucht danach verlangt, aber ohne zu wissen, wie man das macht, was der richtige Moment dafür ist, wie weit man darin gehen kann.

In unserer Geschichte wird dieses Verlangen sein Leben zu ändern nicht ausdrücklich erwähnt, man muß es zwischen den Zeilen lesen. Vielleicht hat Zachäus es selber kaum gewußt, oder nur ein bißchen, völlig unbewußt.

Vielleicht geht es auch uns manchmal so im Leben. Wir leben unser vertrautes Leben, daran gewöhnt, mehr oder weniger zufrieden und glücklich, und dennoch spüren wir manchmal eine Unruhe, als ob etwas Wichtiges nicht ganz stimmt. Als ob etwas geändert werden muß, damit unser Leben nicht nur glücklich oder eben erfolgreich ist, sondern auch etwas Gelungenes an sich hat: damit es seiner Bestimmung entspricht.

So etwas muß dieser Zachäus gefühlt haben: etwas Richtiges fehlte in seinem Leben, freilich ohne zu wissen, wie man das macht.

Aber: er hat dann etwas gemacht, etwas Außerordentliches. Er ist auf einen Baum gestiegen! Dieser wichtige Mann in der kleinen Stadt ist wie ein kleiner Bube in einen schattenreichen Baum gestiegen. Von seinem Verlangen geleitet - vielleicht- und sicher von seiner Neugier nach diesem Menschen Jesus, über den er schon gehört haben muß. Er hat das Risiko getragen ausgelacht zu werden, von allen, die ihn kennen. Aber er hat auch gewußt, daß dieses Risiko zu vernachlässigen war, verglichen mit dem, was er gewinnen konnte: so etwas wie einen neuen Sinn in seinem Leben, seine Bestimmung, für Gott und die Menschen und damit also auch für sich selbst.

Dieser Mann, der früher vor allem mit sich selber beschäftigt war, der vor allem daran gedacht hat, wie er sich bereichern konnte, - er steigt auf diesen Baum. Man kann darin das Bild sehen von einem, der über sich selbst hinaussteigt, über sein bisheriges Leben hinaus, zu einer unbekannten Ebene. Von ihm steht geschrieben, daß er klein war, als ob nur das dieses Steigen rechtfertige. Aber auch diese Kleinheit läßt er hinter sich, unter sich: was andere Menschen über ihn sagen, kümmert ihn nicht mehr. Er fühlt sich frei, von seiner Kleinheit befreit, vielleicht das erste Mal in seinem Leben frei, ein neues Leben anzufangen.

Auch darin kann dieser Zachäus für uns ein Vorbild sein: unsere Kleinheit zu überwinden, und uns in unserer möglichen Größe sichtbar zu machen. Wir fühlen uns manchmal klein in unserem Leben, wie groß wir uns auch tun vor anderen Menschen. Wir lassen uns meistens nicht in unserer Kleinheit von anderen entdecken, wir verbergen sie vor anderen, - und manchmal auch vor uns selbst. Wir wissen auch manchmal nicht, wie sich das zueinander verhält: unsere Kleinheit und unsere mögliche Größe; unsere Selbstzufriedenheit und unsere Freiheit; unsere Selbstbezogenheit und unsere wirkliche Offenheit für andere. So kann diese Geschichte auch für uns so etwas wie eine Einladung sein, über uns selbst hinaus zu wachsen und uns von anderen ansehen zu lassen in unseren besten Möglichkeiten, in unserer Reinheit eben.

Sitzend im Baum wird Zachäus von Jesus gesehen. Er wird mit einem Blick voller menschlicher Liebe angesehen. Man könnte sagen: er wird wie von Gott angesehen und damit zu seiner eigener Menschlichkeit geführt. Zu dem was gerade er in seinem Leben tun muß und kann; zu seiner Bestimmung.

Es gehört ohne Zweifel zu den größten Möglichkeiten unseres Lebens, einander so anzusehen zu können, daß wir wirklich zu demjenigen geführt werden, der wir am besten sein können. Vielleicht ist das wirklich die Liebe zum Nächsten, wenn wir sehen, wie der andere am besten sein kann, oder wenn wir uns für diesen Blick eines andern öffnen.

Auch dann kann das Prinzip vom "Zwischen-den-Zeilen-lesen" einen guten Dienst leisten. Wenn man einander ansieht, wenn man einander zuhört, ist es wichtig, nicht nur dasjenige zu sehen oder zu hören, was offensichtlich da ist. Es ist auch wichtig, all dasjenige zu sehen und zu hören, was dahinter liegt. Was noch nicht gesagt werden kann, z.B. weil es so prekär ist; weil man darin so verletzlich ist. So wie Jesus Zachäus "zwischen den Ästen" sah, so kann man einander in Liebe ansehen und sich ansehen lassen, im Vertrauen darauf, daß es gut ist. So können wir einander "zwischen den Zeilen" lesen und auch das, was ohne Worte gesagt wird, hören. Hören, was in Liebe gemeint wird; mit voller Liebe zuhören, was in unserem jeweiligen Leben passiert.

In einem Roman von Michael Kumpfmüller las ich über einige Postkarten, die die Geliebte Kafkas, Dora Diamant, im letzten Jahr seines Lebens an ihn geschrieben hat. "Postkarten", schreibt er, "merkwürdig gefaßt und doch nicht, zwischen den Zeilen, als würde sie gleichzeitig reden und beten." (Die Herrlichkeit des Lebens- S. 165).

So kann man also schreiben und lesen, sprechen und hören: "Zwischen den Zeilen". Raum lassend für das, was nicht gesagt wird, im Vertrauen darauf, daß der oder die andere in Liebe versteht, was gesagt wird, und nicht gesagt. Damit man zusammen richtig weiter geht.

"Zwischen den Zeilen, als würde sie gleichzeitig reden und beten". Auch wenn wir es nicht gewohnt sind zu beten, es nicht für uns selber tun oder zusammen mit anderen,- wir können in dem, was wir nicht mit vielen Worten sagen, ein Gespür haben für so etwas wie eine Dimension Gottes, die auch wortlos anwesend ist: als eine stille Bitte für eine Fürsorge, die wir brauchen: für unser Leben, für unsere Liebe, für das Beste, das wir im Leben tun können.

Gleichzeitig reden und beten- zwischen den Zeilen: das kann ein Gesegnet-Sein unseres Lebens andeuten. Im Glauben, verstanden zu sein auch in dem was wir nicht sagen. Im Wissen, geliebt zu werden von Menschen und von Gott, über all unsere Worte und Taten hinaus.

Damit das Leben gut sei miteinander.

Amen

Gebet

Lieber Gott
wir bitten dich für alle Menschen,
die so unsicher sind in sich selbst,
die kaum mehr wissen, was sie noch im Leben tun,
was sie für andere bedeuten können;
sei du bei ihnen als einer, der Richtung gibt,
der in ihrer Verzweiflung auch das Verlangen sieht,
wirklich Mensch zu sein, Gemeinsamkeit zu erleben,
so etwas wie ein richtiges Dasein.
Wir bitten dich für alle Menschen,
die versuchen das Leben so zu leben,
daß etwas sichtbar wird von einer Menschlichkeit,
die voller Hoffnung ist, erfüllt von einer Liebe,
die versucht andere zu erreichen, zu helfen in ihrem Leben;
sei du bei ihnen als einer, der hilft zu entdecken,
was Sorgfalt bedeutet zwischen Menschen,
wie einer den anderen sehen kann und hören,
in so vielen Dimensionen unseres Lebens.
Wir bitten dich für alle Menschen
die versuchen ihr Leben mit anderen zu teilen,
die ihre Kenntnisse frei zur Verfügung stellen für andere, die sie brauchen,
die durch ihre Kunst versuchen anderen zu zeigen, wie reich das Leben ist,
auch wenn wir Menschen so viel leiden,
die durch ihre Fröhlichkeit versuchen, andere aufzumuntern,
und zu zeigen, was da Leben dennoch bietet.
Sei du bei ihnen, sei du bei uns,
damit wir alle immer wieder wissen,
wie gut es ist, Mensch zu sein,
wie gut es ist, einander nahe zu sein,
und einander zu verstehen.
Wir kommen zu dir und beten:
Vater unser

Gottesdienst 30 September 2012

Bibeltext : Ps 146, 5-10

Gebet

Lieber Gott,
auch heute kommen wir zu dir
um wieder einmal beten zu können;
um uns aussprechen zu können
wie in einem Gespräch mit dir.
Wir suchen dieses Gespräch immer wieder,
um so etwas wie Klarheit zu gewinnen
in allen unseren Gefühlen und Gedanken;
um so etwas wie einen Halt zu bekommen
in so vielem was uns umtreibt, was uns beunruhigt,
was unser Leben beherrscht ohne dass wir das wollen.

Wir bitten dich, dass du so etwas bist,
wie ein Halt in unserem Leben
dass du uns wissen lässt,
was gut ist und was nicht;
womit wir doch endlich aufhören sollen,
weil es andere und uns selbst zu sehr belastet;
aber auch, womit wir lieber weitermachen sollen,
weil es fruchtbar ist und auch andere bereichert.
Sei du ein Halt für uns in so vielem worin wir unsicher sind,
sei du ein Halt für uns in so vielem auch,
worin wir etwas vermuten können
von einem richtigen Weg für uns,
einem Weg, der zu einer Freiheit führt,
zu einer Verfügbarkeit für andere
in Weisheit und Gerechtigkeit,
der zu einem Frieden führt mit anderen und mit uns selbst.

Sei du ein Halt für uns,
für Menschen in der Welt,
damit wir alle einander begegnen können
in einer Offenheit,
in der wir andere entdecken können
als Kinder, als Geschöpfe von dir.
Amen

Gen.37 – Fragmente

Predigt:
Diese Woche war es 830 Jahre her, dass Franziskus von Assisi geboren wurde, einer der großen Heiligen der Kirche. Aber sein Geburtstag wird nie gefeiert, nur sein Todestag, am 4. Oktober, als seine Ankunft vor Gott, als sein Eintritt in das Reich Gottes. Deshalb ist dieser Datum sein Namenstag geworden, der noch heute von vielen in der Welt gefeiert wird.
Franziskus von Assisi war ein Mann der Bekehrungen. Er hat viele Menschen zu einem Glauben gebracht, den sie selber vielleicht für eine Unmöglichkeit hielten. Diese Bekehrungen von andern im Glauben und im Leben waren auch deshalb möglich, weil Franziskus sie auch selber im eigenen Leben erfahren hatte. Er wußte genau wovon er sprach. Wichtig dabei ist, dass es sich nicht um nur eine Bekehrung handelt, wie so oft gedacht wird. Franziskus ist ein lebendes Beispiel für den Gedanken, dass Bekehrungen nicht ein einmaliges Geschehen im Leben von Menschen sind, sondern eine ständige Herausforderung unseres Lebens.
Immer wieder müssen wir entscheiden, wie wir auf die bestmögliche Weise Mensch oder Christ sein sein können. An so vielen Tagen unseres Lebens, in so vielen Situationen, in denen wir uns mit Mitmenschen befinden: was können wir am besten tun? Nicht nur für uns selbst, sondern auch für andere? Wie können wir den Umgang zwischen Menschen am besten fördern? Franziskus hat eine entscheidende Rolle gespielt im Bewußtsein von Menschen über diese immerwährende Möglichkeit der täglichen Bekehrung. Nicht aber dadurch, dass er nur darüber sprach, sondern vor allem weil er selber vormachte, was man tun kann.
In seiner Jugend war er so etwas wie ein Tunichtgut, der zusammen mit anderen Jugendlichen durch die kleine Stad zog, vor allem nachts natürlich, und mit lauter Musik und viel Übermut die Bürger der Stadt aus dem Schlafe holte. Etwas davon hat er immer behalten: Die Freude an seiner musikalischen und theatralischen Begabung, mit der er Menschen etwas zeigen konnte. Auch wenn er diese Begabung später für ganz andere Zwecke einsetzte!
Er war auch reich von seiner Jugend an. Sein Vater war ein reicher Kaufmann, der wie so viele Väter, ihre Söhne gern an ihrem Reichtum teilhaben lassen. Und Franziskus genoß es sehr, das Geld seines Vaters sichtbar auszugeben:
Mit seinen Freunden, wenn er ihnen Getränke spendierte; im Krieg gegen Perugia, wenn er so ungefähr als Jüngster von allen sich das beste Pferd und die neueste Rüstung kaufte, und das dann auch bald etwas komisch fand. Auch nach seiner ersten Bekehrung, als er das schreckliche Los der Aussätzigen und der Armen in der Stadt kennengelernt hatte: er gab ihnen reichlich vom Geld seines Vaters, was sie natürlich dankbar annahmen.

Sein Vater aber, der wie alle Väter der Welt, nicht gern sehen, dass ihre Söhne ihren kostbaren Besitz vergeuden, forderte das Geld zurück.
Er strengte einen Prozeß an gegen seinen Sohn, wobei der Bischof der Stadt als Richter auftrat. Und das hat zu einer der berühmten Szenen aus dem Leben des Franziskus geführt. Die Sitzung war öffentlich vor dem Palast des Bischofs. Der Vater sprach seine Beschuldigung aus und forderte das Geld zurück. Für Franziskus war das überhaupt kein Problem: er gab nicht nur das Geld zurück, was er noch hatte, sondern auch, zur Bestürzung aller Anwesenden, die Kleider die er trug. Auch diese waren ja gekauft von dem Geld seines Vaters, und er wollte nichts mehr von ihm behalten. Kurze Zeit muß er dort ganz nackt gestanden haben, bis der Bischof (so wird erzählt) ihn mit seinem eigenen Mantel bedeckte.
Der Maler Giotto hat diese Szene wunderschön gemalt in einem Fresko in der Basilika von Assisi.
Die Kleider seines Vaters gibt Franziskus zurück, und er wird neu bekleidet mit dem Mantel der Kirche. Als Zeichen einer Bekehrung, einer vielleicht theatralischen Zurschaustellung, dass sein Leben ganz anders sein sollte, als er es von seine Eltern bekommen hatte.
Zeichen auch einer inneren Verwandlung, die ihn schon lange Zeit beschäftigt hat und ihn zukünftig bestimmen sollte. So wird in diesem Kleiderwechsel für alle sichtbar, was tief in seiner Seele stattgefunden hat als eine eigene Entscheidung, als eine Berufung Gottes; auch als ein Aufruf an Menschen, darüber nachzudenken, ob ihr Inneres und ihr Äußeres miteinander übereinstimmen.
Man kann diese Geschichte über Franziskus´ Kleid vergleichen mit der Geschichte über das Kleid Josephs, die am Anfang der Josephsgeschichte steht. Dieses Kleid ist ein Zeichen der Liebe seines Vaters, aber gleichzeitig ein Grund der Eifersucht, des Hasses seiner Brüder. Ihr Vater, Jakob, hatte Joseph mehr geliebt als all seine anderen Söhne, was für die natürlich schmerzhaft war. Joseph aber hat diese spezielle Vertrautheit mit seinem Vater zum eigenen Vorteil benutzt. Er hat ihm Geschichten über seine Brüder erzählt, die sie lieber geheim gehalten hätten, und er wurde dafür mit einem schönen Kleid beschenkt. Joseph muß dieses Kleid gern und in aller Öffentlichkeit getragen haben. Um sich in seiner Schönheit sehen zu lassen, sein vom -Vater -Geliebt- sein zu zeigen. Es war so etwas wie ein Fürstenkleid, eine Auszeichnung, die ihn über alle erhob. Wir wissen, wie es mit diesem Kleid und seinem Träger weiter gegangen ist. Joseph wurde es von seinen Brüdern ausgezogen. Er hat das Kleid nicht wie Franziskus selber ausgezogen, als Zeichen seiner inneren Verwandlung; es wurde ihm ausgezogen als eine Demütigung für seinen Stolz; als der Anfang eines Niederganges in eine Tiefe des Lebens, in die Zisterne, die als hoffnungslos erschien. Später senden die Brüder dieses Kleid, noch in Blut getaucht, ihrem Vater zurück, um ihn glauben zu lassen, dass sein am meisten geliebter Sohn gestorben sei, von einem Tier in der Wüste gefressen. Die Klage

des Vaters ist unermeßlich, und wäre es wahrscheinlich sein leben lang geblieben, wenn die Geschichte seines Sohnes tatsächlich so geendet hätte.
Aber Joseph ist nicht in dieser Zisterne geblieben, nicht in der Tiefe, sondern er wurde daraus befreit. Er wurde an reisende Kaufleute verkauft, und damit begann ein Aufstieg, der allen, die davon gehört haben, fast unglaublich vorgekommen sein muß.
Er ist tatsächlich zu einem Fürsten aufgestiegen, Retter sowohl seines neuen Volkes als seiner eigenen Familie, auch seines alt gewordenen Vaters.
Dieses Leben Josephs ist nicht nur Aufstieg im Sinne einer blendenden Karriere. Auch wenn es dies auch war. Sein Leben ist vor allem eine fortwährende Verwandlung: Verwandlung eines Sklaven in einen Fürsten, eines Fremden in einen Retter, eines Naseweises in einen wirklich Weisen und tüchtigen Lenker des Landes, eines Hochmütigen in einen Diener des Staates. Joseph wurde von einem, der vor allem das Licht auf sich lenken wollte, zu einem, der andere mit dem verfügbaren Licht beschenkt hat. Das ist eine Verwandlung, die einen Ausblick gibt auf das Reich Gottes.
Davon ist sein Kleid so etwas wie ein Symbol, ein sichtbares Zeichen. Das Zeichen der Bevorzugung durch den Vater, das Zeichen seines eigenen Stolzes und der naiven Selbstverständlichkeit alle Aufmerksamkeit für sich zu beanspruchen. Es wurde mit Blut befleckt, damit eine andere Person zum Vorschein kommen konnte.
Zeichen einer Verwandlung also eines Menschen, der durch die Tiefe hindurch das fruchtbare Leben verkörpert, das Gott den Menschen schenkt.
Ich musste an das alles denken, als ich nachsann über eine besondere Ausstellung, die ich vor kurzem im holländischen Den Haag sah. Es war eine zweijährige Ausstellung über Papier von sehr verschiedenen Künstlern aus der ganzen Welt, die besondere Dinge mit Papier machen. Über eines dieser Projekte möchte ich etwas erzählen.
Es stammte von zwei Amerikanern, Veteranen aus dem Irakkrieg, die an sich selbst und anderen ehemaligen Soldaten gemerkt hatten, wie diese schrecklichen Erfahrungen wie eine offene Wunde Teil ihres eigenen Lebens geblieben waren. Um sich und andere davon zu befreien, haben sie ein Projekt begonnen, das sie "combat paper" nannten: Kampfpapier.
Sie wußten, dass das schönste Papier manchmal aus Lumpen gemacht wird, aus Fetzen, und sie haben dann diese Technik für ihr Projekt benutzt. Sie haben selbst ihre alten Uniformen in Fetzen geschnitten, mit einem Gerät Papier daraus gemacht, und sie haben dann dieses Papier benutzt, um eigene Texte darauf zu schreiben. Auf Papier, das noch die Tarnfarbe und manchmal das Blut dieser Uniform zeigt. Auf eines davon ist geschrieben "You are not my enemy" - "du bist nicht mein Feind".

Auch dieses Projekt ist ein Verwandlungsprozess: durch die Erfahrung der Tiefe hindurch an einer neuen Zukunft für sich selbst und für andere arbeiten, seine eigenen Erfahrungen verarbeiten zu einem Zeichen der Hoffnung, einer Hoffnung auf Frieden in der Welt.
Auch hier ist das ehemalige Kleid das sichtbare Zeichen einer inneren Verwandlung: was passiert ist, wird nicht verleugnet, es wird umgeformt, in etwas Neues verwandelt. Damit Befreiung stattfindet und so etwas wie Frieden: Frieden mit sich selbst, Frieden mit anderen.
Vielleicht können wir in solchen Verwandlungen von Menschen - sichtbar an den Kleidern die sie getragen haben, aber manchmal auch unsichtbar in unserer Seele - etwas erkennen von der Hand Gottes, der uns in unserem Leben lenkt, uns aus der Tiefe hinauf bringt und uns in sein Licht stellt.
Amen

Gebet

Lieber Gott,
wir bitten dich für alle
die danach verlangen ein neues leben anzufangen,
aber kaum wissen wie sie das machen können.
Wir wissen manchmal, im Leben einen Punkt erreicht zu haben,
wo wir nicht weiter können,
wo wir von uns selbst gehindert werden,
uns selbst im Wege stehen,
blockiert von unserem Stolz,
unseren Errungenschaften,
von allem, was zuviel ist in unserem Besitz, in unserem Leben;
wir wissen aber auch, dass sich in uns selbst so etwas wie ein Punkt befindet,
wo alles sauber ist,
der rein ist, wie von dir geschaffen,
wo du anwesend bist,
uns immer anrufst, um uns daran zu erinnern
wie wir wir im Leben gut sein können;
um uns den Mut dazu zu geben,
dass wir wirklich unser Leben leben
zu dem du uns gemacht hast,
das unsere Bestimmung ist.
Wir bitten dich für alle Menschen
die Hilfe nötig haben,
um ihr Leben wieder auf die Beine zu stellen,
das in Gefahr ist
durch die Kriege in ihrem Lande,
durch die Verwüstung in der Natur,
durch die Gewalt von Menschen;
in aller Hoffnungslosigkeit,
die Menschen überfallen kann:
Hilf uns allen
Mensch zu sein nach deinem Willen,
damit unsere Welt lebbar ist,
damit es Frieden gibt;
und damit Glück möglich ist
wo Menschen gut zusammenleben können.

Wir kommen zu dir und beten:
Vater unser..

Gottesdienst 28 Oktober 2012

Lesung: Psalm 42, 1-7

Gebet :

Auch wir kommen zu dir, großer Gott,
weil wir so etwas wie ein Bedürfnis spüren in deiner Nähe zu sein,
als einen Moment, der vielleicht notwendig ist für uns,
um wieder atmen zu können, als freier Mensch.
Um wieder von einem Leben zu wissen, das gut ist, wirklich unser;
auch wir wissen manchmal wie es ist, in der Ferne zu sein:
weit weg von allen, die uns teuer sind,
weit weg von einem Leben auch, das wir am besten führen können,
das wirklich zu uns gehört, als unsere Bestimmung;
auch wir kennen manchmal ein Verlangen,
vor dir stehen zu können als reine Menschen,
nicht gehindert durch uns selbst,
durch so vieles das wir taten;
sondern so, wie das Leben gemeint ist,
wie wir wissen, daß es sein kann,
wie du es von uns erwartest.
Wir bitten dich, lieber Gott,
daß du uns beruhigen kannst
und uns Aussicht gibst auf ein Leben,
das gut ist und das uns zu offenen Menschen macht,
in dem wir sehen können, was in Menschen passiert,
in dem wir anwesend sind
mit aller Andacht, die wir haben,
befreit von uns selbst, von unseren Sorgen.
Wo wir Frieden suchen mit Menschen
und auch mit uns selbst.
Wo wir Klarheit erreichen darüber,
was das Leben für uns ist,
mit allem was darin gegeben ist,
mit allem was wir selbst tun können
als Kinder , Geschöpfe von dir.
Amen.

Predigt:

Text: Gen 29: 1-14a

Heute möchte ich anfangen mit einem Gedicht von Paul Celan, das in der Wüste spielt.
Vielleicht ist er nie dort gewesen, aber er kann sich die Wüste ganz gut vorstellen auf Grund der Geschichte seines Volkes, auf Grund aller Geschichten, die er darüber gehört und gelesen hat. Die erste Hälfte des Gedichtes lautet so:
"Oben geräuschlos, die
Fahrenden: Geier und Stern.
Unten, nach allem, wir,
Zehn an der Zahl, das Sandvolk. Die Zeit,
Wie denn auch nicht, sie hat
auch für uns eine Stunde, hier,
in der Sandstadt.
(Erzähl von den Brunnen, erzähl
von Brunnenkranz, Brunnenrand, von Brunnenstuben - erzähl.
Zähl und erzähl, die Uhr,
auch diese läuft ab.
Wasser: welch
ein Wort. Wir verstehen dich, Leben.)
Der Fremde, ungebeten, woher,
der Gast.
Sein triefendes Kleid.
Sein triefendes Auge. "

In diesem Gedicht kommen viele Elemente zurück aus der Geschichte über Jakob, die wir heute gelesen haben. Auch diese Geschichte spielt sich ab in der Wüste, auch dort ist ein Brunnen zu finden, auch dort sammeln sich Menschen, um miteinander zu sprechen, auch dort erscheint ein Fremder, ungebeten, und auch er wird eingeladen, um zu erzählen.
Es ist als ob diese Bilder aus allen Zeiten sind: was damals passierte, passiert noch immer. Noch immer begegnen Menschen einander bei den Brunnen in der Wüste; weil sie dort etwas finden, das lebensnotwendig ist für sie selbst und für ihre Tiere: Wasser. Wie Celan das sagt in seinem wunderschönen und äußerst wichtigen Satz: "Wasser: welch ein Wort. Wir verstehen dich, Leben."
Wasser und Leben sind hier identisch. Aber auch die friedliche Begegnung von Menschen gehört dazu: auch diese ist lebensnotwendig: wir brauchen Menschen mit denen wir in Frieden zusammen leben können genauso wie Wasser: um leben zu können.

So rufen diese Bilder die Frage auf, was zum Leben gehört: was wirklich notwendig ist um zu leben. Genauso notwendig wie Wasser, wie Menschen, denen wir unsere Erlebnisse erzählen können und deren Erzählungen wir zuhören können. Was gehört dazu zum Leben?
Gehört auch der Fremde dazu, der ungebeten zu unserem Brunnen kommt? Wird er als Gast empfangen? Wird er eingeladen auch seine Geschichte zu erzählen? Auch diese Fragen spielen in der Geschichte über Jakob eine wichtige Rolle. Aber bevor wir über ihn sprechen können, müssen wir erst noch ein anderes Element nennen aus dem Gedicht Celans. Im Anfang schon wird ein Unterschied gemacht zwischen oben und unten. "Oben, geräuschlos, die Fahrenden, Geier und Stern." Diese beiden dort oben deuten gegensätzliche Bereiche an: der Geier steht hier für alles, was Menschen bedroht, in der Wüste, wo der Tod immer nah ist, und überall wo Menschen unterwegs sind. Der Stern aber steht für dasjenige, das unser Leben lenkt, das uns hilft uns zu orientieren, das uns den Weg offenbart, den wir im Leben am besten gehen können. Diese beiden begleiten uns immer: die Bedrohungen und die Verheißungen.
Und nicht nur uns, sondern alle, die mit uns gehen "unten: das Sandvolk." wie Celan das nennt, "zehn an der Zahl", die kultische Gemeinde, vielleicht auch wir, die wir auf Leben hoffen, uns aber manchmal bedroht fühlen von so vielem das uns im Leben als Last erscheint.
So ungefähr erscheint Jakob beim Brunnen. Unterwegs, auf der Flucht, - nachdem er seinen Bruder Esau um den väterlichen Segen betrogen hatte, sich dann hoffnungslos in der Wüste hingelegt hatte, und im Traum der Himmelsleiter eine Offenbarung Gottes empfangen hatte, in der Gott ihm gesagt haben muß. "Ich bin mit dir, ich behüte dich wohin du auch gehst, und bringe dich zurück in dieses Land." (Gen 28: 15)
Das ist sein Oben (um es mit Celan auszudrücken), sein Stern, der ihn auf all seinen weiteren Wegen begleitet. Auch wenn ihm immer noch bewußt ist, bedroht zu werden: von Durst und Hunger, von einer großen Einsamkeit.
Die Bibel sagt nicht viel über seine einsame Reise. Thomas Mann aber, im ersten Teil seines großen Joseph-Romans, um so mehr. Auch er beschreibt nach dem "oben" bei Bethel, seine Himmelfahrt, die Reise durch die Wüste als ein "Höllenunteres". Anstelle des Geiers wird er von einem Schakal begleitet. Thomas Mann beschreibt Jakob, auf seinem Kamel sitzend, so:
"Er weinte etwas, als er auf seines Tiers Buckel in die Wüste schwankte. Ein Schakal lief ihm voraus, lang, spitzohrig und schmutziggelb, die Rute waagerecht ausgestreckt, eines traurigen Gottes Tier, eine anrüchige Larve. Er lief vor ihm her, in dem er den Reiter zuweilen so nahe herankommen ließ, daß diesen sein beizender Dunst traf, wandte den Hundskopf nach Jakob, sah ihn aus kleinen, häßlichen Augen an und trottete weiter, indem er ein kurzes Lachen vernehmen ließ." (S. 219)
Das eigene Weinen und das bedrohende Lachen des Tieres, - es sind sprechende Bilder dafür, wie schlimm es einem Menschen gehen kann. Auch wenn er von

Gott weiß, von seinem Trost, seiner Verheißung. Dennoch muß er selber versuchen, sein Leben neu zu gestalten mit aller Unsicherheit, mit aller Hoffnung.

So ungefähr kommt Jakob beim Brunnen an. Die biblische Geschichte (um diese wieder aufzunehmen) erzählt hier ganz genau wie es dort zugegangen ist: von den drei Hirten, die dort waren, um die Herden zu tränken, wartend bis sie komplett waren. Denn nur wenn alle da waren, durften sie den Stein von der Brunnenöffnung schieben. Nicht so sehr deshalb, weil der Stein zu schwer war, sondern aus einer Art Vorsicht: damit das verfügbare Wasser auf gerechte Weise verteilt wurde.

Hier schon kommt ein Bild von Solidarität nach vorne, das bestimmend bleiben sollte für die Nachwelt. So soll es gehen zwischen Menschen. Was kostbar ist, lebensnotwendig, das soll ehrlich und gerecht verteilt werden. Und auch der Fremde, der Gast, gehört dazu: Er darf niemals ausgeschlossen werden: auch er braucht das, was uns allen gegeben ist.

Der Ort, an dem Jakob dann ankommt ist nicht eine der vielen Zwischenstationen seines Lebens, sondern so etwas wie sein Bestimmungort. Er fragt nach seinem Onkel Laban, den er sucht, aber er findet dessen Tochter Rahel, die von Stund an die große Liebe seines Lebens ist. Sie ist die Hirtin, auf die die anderen gewartet haben. Als er sie gesehen hat und begriffen hat, wer sie ist, weiß er sogleich, daß er handeln muß. Er schiebt den Stein von der Brunnenöffnung und tränkt das Vieh Labans. Er tut jetzt schon, was er danach noch viele Jahr lang tun wird: für Rahel arbeiten. Und jetzt tut er auch, was sein Herz ihm eingibt: "er küßte Rahel und begann laut zu weinen."

Diese beiden Gefühlsäußerungen so kurz nacheinander, küssen und weinen, sind natürlich ganz interessant. Jahrhunderte hindurch haben die Rabbiner den Kopf geschüttelt bei diesen Worten, sich gefragt, ob es denn erlaubt war, dieses Mädchen so schnell zu küssen und was das Weinen bedeutet.

Der berühmte Rabbiner Nachmanides aus Gerona hat eine glückliche Lösung vorgeschlagen und gezeigt, daß hier "küssen an" steht und deshalb nur ein Kuß auf die Wange stattgefunden haben kann. Aber alle Rabbiner sind sich darüber einig, daß ein Kuß, der in der Familie bleibt, keinen Leichtsinn bedeutet...

Auch Thomas Mann ist damit einverstanden. Er beschreibt ganz schön, wie Rahel und Jakob erzählen, wer sie sind, wie sie "einander die Verwandtschaft vorrechnen mit Tränen in den Augen", und voller Freude darüber sind. Er schreibt: "Sie nickten ein übers andere Mal und lachten unter Tränen, einig über ihre Blutsverbundenheit von seinen beiden Eltern und ihrem Vater her. Sie ließ ihn an ihre Wangen, und er küßte sie feierlich." (S.228)

Erkennen und Liebe zugleich, Küsse und Tränen zugleich bei beiden, - tiefe Gefühle, die geweckt und gezeigt werden. Die nicht zurückgehalten werden, im Verborgenen bleiben, sondern geäußert und geteilt werden. Mit dem Gefühl auch: das ist gut so zu handeln- so kommen Menschen einander wirklich nahe.

Vielleicht können wir es auch ein bißchen anders sehen. Es wird in der Bibel selbst nicht gesagt, daß Rahel auch weint. Es wird nur von Jakob gesagt, daß er küßt und weint. Wenn seine Küsse tatsächlich für Erkennen und Liebe stehen, dann sind seine Tränen vielleicht doch etwas anderes: Zeichen der Erleichterung darüber, daß er endlich doch das Ziel seines Lebens gefunden hat. Daß das Leben endlich gut wird, daß es eine neue Perspektive gibt, die zukünftig die Grundlage seines Lebens sein wird. Eine solche Erfahrung wird von Menschen fast nie mit Worten ausgedrückt - oder erst sehr viel später- sie wird gezeigt in Lachen und in Tränen- manchmal gleichzeitig- ohne daß wir beides aufhalten können. Dann sind unsere Tränen eine Erleichterung, die oben und untern verbinden; die uns die Augen öffnen auch wenn sie sich mit Tränen füllen; die uns zu wahren Menschen machen.

So etwas lese ich auch in einem Gedicht von Rose Ausländer, die wie Paul Celan aus Czernowitz stammt. Es heißt:

"Tränen

Sie löschen das Feuer
das in dir brennt

Auf Befehl
der bestürzten Sekunde
rollen sie aus deinen Augen
den Wangenweg herab

Keiner kann sie aufhalten
Sie fragen dich nicht
um Erlaubnis

Verläßliche Salztropfen
deines inneren Meers"

Amen

Gebet

Lieber Gott,
wir bitten dich für alle Menschen
die, sichtbar oder unsichtbar, weinen müssen,
weil sie soviel im Leben verloren haben,
soviel Kostbares,
das sie im Leben aufgebaut haben,
und das jetzt vernichtet wird,
durch den Krieg in ihrem Land,
durch die Habgier von Menschen,
durch Lust nach Macht;
für die auch bitten wir dich,
die kostbare Menschen verloren haben,
mit denen sie ihr leben geteilt haben,
mit denen sie erfahren haben,
was Liebe bedeutet und Sorge,
wofür man stehen muß im Leben,
wie man einander das leben schenkt.
Wir bitten dich, daß du bei ihnen bist,
daß du uns Menschen tröstest,
wo wir untröstlich sind,
daß du die Tränen von unseren Augen abwischst
und Menschen Aussicht gibst auf Leben;
daß du uns hilfst, einander nahe zu sein,
uns hilfst, auch andere zu trösten,
uns Mut gibst und Vertrauen,
daß unser Leben auch noch gut sein kann,
wenn wir soviel verloren haben.
Wir bitten dich auch für das Glück von Menschen:
wo Menschen einander erkennen können in aller Liebe
wo Menschen ihr Leben teilen mögen
und immer wieder wissen mögen, wie gut das ist,
wie kostbar das Leben für uns alle ist,
wie rein von dir gegeben.
Hilf uns allen, Gott,
das Leben rein zu bewahren
als Menschen von dir geliebt.
Wir kommen zu dir und beten:
Vater unser...

Gottesdienst 25 November 2012 - Ewigkeitssonntag

Ps.139: 1-12

Gebet

Lieber Gott,
in so vielen verschiedenen Momenten unseres Lebens
kommen wir zu dir mit unserem Gebet:
wenn wir glücklich sind und erfüllt mit Freude
werden wir manchmal erfüllt mit Dankbarkeit dir gegenüber,
glaubend, daß du uns schenkst, was wir im Leben bekommen,
hoffend, daß du bei uns bleibst,
in einem Glück, das beständig ist.
Wir kommen auch zu dir in anderen Momenten,
vielleicht eben dann am meisten,
wenn wir nicht wissen, wie das Leben weitergeht
und etwas wie einen Ausweg von dir erhoffen,
wenn das Leben zu schwierig für uns scheint
und wir es nicht allein schaffen,
wenn wir hoffen, von dir getragen zu werden
damit das Leben etwas leichter wird;
wenn wir uns verabschieden müssen von geliebten Menschen,
durch den Tod und durch das Leben,
und wir zurückgeworfen werden auf uns selbst,
in unserer Trauer, in unserer Einsamkeit;
hoffend, daß du neben uns bist,
uns begleitest auf unseren Wegen
auf uns wartest am Ende des Tages,
uns ermunterst am frühen Morgen.
So kommen und beten wir zu dir,
daß du die Finsternis unseres Lebens
verwandelst in Licht,
durch deine Anwesenheit, deine Kraft,
die Aussicht auf Glück, auf Frieden, die du uns gibst,
im Wissen, daß du bei uns bleibst.
Bleib bei uns, Gott, sei du das Licht,
das unsere Finsternis erhellt.
Amen

Predigt

Gen. 48, V.1-21

Die biblische Geschichte, die wir heute gelesen haben, wie der Erzvater Jakob kurz vor seinem Tode seinen Sohn Joseph und seine beiden Enkelkinder Manasse und Ephraim segnet, diese Geschichte hat vieles an sich, das uns berühren aber auch verwundern kann. Es gibt Elemente darin, die wir selber erleben könnten, vielleicht auch selber erlebt haben, und an die wir uns mit Dankbarkeit erinnern. Es gibt aber auch etwas in dieser Geschichte, das uns stören kann, das wir eigentlich nicht wahr haben wollen, nicht in eine solche Geschichte, vor allem aber nicht in vergleichbaren Situationen unseres Lebens. Wenn wir selber vor dem Tod eines geliebten Menschen stehen, uns darauf vorbereiten, ernsthaft und liebevoll,- wenn dann etwas passiert, das nicht so sein soll, das uns unerwartet trifft und die ernsthafte Harmonie, die es gibt, zerstört. Dann kann uns das sehr treffen und uns noch lange Zeit danach beschäftigen.
So etwas passiert mit dem Segen, den Jakob seinen Enkeln erteilt, kurz vor seine Tode. Er handelt nicht, wie es sich gehört: er segnet nicht den Ältesten mit seiner Rechten und den Jüngsten mit seiner Linken, sondern umgekehrt: er muß seine beiden Arme kreuzen, um das zu tun was er sich vorgenommen hat. Um seinen Sohn Joseph zu korrigieren, der seine Söhne zu ihm gebracht hat; der auch nicht gleich versteht, was hier passiert, und seinem Vater das auch sagt. Aber Jakob läßt sich nicht berichtigen: es muß so sein, der Jüngste muß vor dem Ältesten am meisten gesegnet sein! Es ist eine Art Wiederholung der eigenen Geschichte Jakobs, der als Jüngster seinem älteren Bruder de väterliche Segen gestohlen hatte, der sich aber dennoch wirklich gesegnet wußte. Gesegnet von seinem Vater und von Gott. Er wußte wie die Kraft und die Anwesenheit Gottes ihn in seinem Leben begleitet haben.
Der große Maler Rembrandt hat genau diesen Moment des Segnens Jakobs auf einem großen Bild gemalt, das heute in Kassel zu sehen ist. Eine solche Geschichte eignet sich auch für ihn, um mit Licht und Schatten die wichtigsten Ereignisse eines Lebens zu malen.
Rembrandt hat darin etwas Besonderes gemacht, eine Abweichung der biblischen Geschichte: bei ihm sind die Arme Jakobs nicht gekreuzt, er segnet den Jüngsten, Ephraim, als ob sich das so gehörte. Offenbar wollte er nicht die Harmonie des friedlichen Zusammenseins zerstören, wo alle Anwesenden wissen, wie nah der Tod ist, wie besonders es war- nach allem, was passiert ist - daß man sich dennoch treffen konnte und wirklich Abschied nehmen konnte voneinander. Und zu einem solchen Abschied gehörte der Segen, der Segen

Gottes, den Menschen einander erteilen können. Damit das Leben wirklich gut sei. Damit das Leben dennoch gut weitergehen kann, nach diesem Tod.
Wie es damals auch zugegangen sein mag - und ob es die Eigensinnigkeit eines alten Mannes war, die seine Arme sich kreuzen ließ, und die übliche Reihenfolge umgekehrt hat, oder ob diese Umkehrung beim Segnen ein Zeichen der Gerechtigkeit Gottes sein könnte, eines Gottes, der manchmal hervorhebt, was Menschen herabwürdigen mögen,- wie diese Geschichte oft verstanden worden ist, - wichtig in dieser Geschichte ist auf jeden Fall, daß hier Abschiednehmen und Segnen eng miteinander verbunden sind. Auch das kann uns selber treffen! Auch das haben wir vielleicht selber erlebt- oder vielleicht eben vermißt- daß der Abschied eines geliebten Menschen auch in aller Traurigkeit, die es dann gibt, dennoch irgendwie mit Segen verbunden sein kann.
Aber offenbar gibt es hier verschiedene Traditionen. In unserer Welt heute geht es anders zu als damals in Israel. Wenn bei uns jemand gestorben ist, und wir uns von ihr oder ihm verabschieden, ist es passend und üblich, diesen gestorbenen Menschen zu segnen. Dieser Segen ist dann ein Zeichen eines Vertrauens in Gott, der Hoffnung, daß Gott Menschen bewahrt in seiner Liebe, was immer ihr Leben auch gewesen ist. Im Segen wird Gott in seiner Treue angesprochen, hoffend, daß er diesen von uns geliebten Menschen als sein Kind empfängt und weiter führt über die Grenze des Todes hinaus. Wir selber können nichts mehr tun, aber im Segen vertrauen wir diesen Menschen Gott an, als dem Herren über Tod und Leben.
Bei Jakob aber geht es etwas anders zu. Aber nicht nur bei Jakob und nicht nur bei den Erzvätern, sondern überhaupt damals in Israel. Nicht der Sterbende oder der Gestorbene wird gesegnet, sondern er selber segnet hier: der Sterbende, der noch die Kraft dazu hat, segnet hier die Hinterbliebenen, die Weiterlebenden. Sie brauchen die Kraft, die Anwesenheit Gottes für ihr Leben. Jakob hat selber die Anwesenheit Gottes gespürt als die tragende Kraft seines Lebens und jetzt, wissend, daß er bald sterben wird, überträgt er diese Kraft auf seine Kinder und Enkelkinder. Er selber kann nichts mehr für sie tun. Mit der Gebärde des Segnens, mit seinen Händen und mit seinen Worten, übergibt er sie der Obhut Gottes, damit er sie weiter behütet und beschützt, ihr Leben lang. Segnen bedeutet hier auch: aus den Händen geben; Gott anvertrauen, wo man selber nicht mehr da ist.
Es muß eine sehr besondere Erfahrung gewesen sein, wenn man so von Eltern oder Großeltern gesegnet sein konnte. Auch damals war es natürlich nicht immer möglich, das auf diese Weise zu tun: der Tod kommt manchmal zu früh für uns Menschen und gibt uns nicht immer die Zeit für das, was wir noch so gerne tun möchten. Gibt uns auch nicht immer die Zeit, Abschied zu nehmen und den andern zu segnen.

Aber auch wenn wir nicht imstande sind, solche schönen Gebärden des Segnens zu praktizieren, es kann dennoch äußerst wichtig sein, die Zusammengehörigkeit von Abschiednehmen und Segen zu bedenken. Auch wenn wir uns von geliebten Menschen verabschieden, wenn ihr Leben endet, und wenn uns die Gnade gegeben wird, noch miteinander zu sprechen und uns zu verabschieden, kann dieser Abschied als ein Moment erfahren werden, wo uns Segen zuteil wird. Wenn Menschen einander danken können für das Leben, das sie gemeinsam gelebt haben; für alles, was sie voneinander empfangen haben im Leben: einander danken können und sich erinnern, was das Leben für sie bedeutet hat in vielen schönen, aber auch in traurigen Momenten, - aber im Grunde wissend, daß es gut war.
Wenn man sich so verabschieden kann, kann auch dieser Abschied als Segen erfahren werden. Als ein Moment, der zeitlebens bei uns bleibt, und uns manchmal die Kraft gibt, dem Leben standzuhalten. Als Moment auch, der uns erfüllt mit Dankbarkeit Gott gegenüber.

Der Schweizer Schriftsteller Gerhard Meier hat nach dem Tode seiner Frau Dorli, die ziemlich alt war (wie er), die letzten Jahre seines Lebens einem Buch für und über sie gewidmet. Mit nur einem Satz aus diesem Buch möchte ich heute enden:
"Dorli, als ich diese Worte zu deinem Abschied skizziert und mich nach Mitternacht hingelegt hatte, flammte in der Wohnstube Licht auf, pastellfarbenes, wallendes Licht." (Ob die Granatbäume blühen- 2005, S. 23)
So könnte man heute den Segen Gottes umschreiben, als aufflammendes Licht in unserer Nähe.

Amen

Gebet

Lieber Gott,
wir bitten dich für die Lebenden und Toten,
für alle Menschen, an die wir denken,
wenn wir nachsinnen über die wichtigsten Ereignisse unseres Lebens,
und die Menschen, die dabei waren;
über diejenigen, die uns das Leben gegeben haben,
die uns darin begleitet haben,
die so viel miterlebt haben davon,
was wir im Leben vorgehabt und getan haben;
sie haben uns erfüllt mit ihrer Liebe,
sie haben uns ihr Vertrauen geschenkt
ihre Hoffnung gezeigt für unsere Zukunft,
unsere Abenteuer geteilt,
unsere Gedanken und Gefühle,
unsere Erwartungen darüber, was Leben sein kann.
Wir haben uns manchmal verabschiedet von Menschen,
von Lebenden und Toten,
waren von so vielen verschiedenen Gefühlen erfüllt,
die, vielleicht, alle zusammen unser Leben ausmachen,
was wir sind, für die Menschen und für dich.
Wir bitten dich, Gott, für alle diese Menschen,
wir bitten dich auch für uns selbst:
daß du sie bewahrst in deiner Liebe
und sie mit deiner Treue segnest;
daß du auch uns bewahrst mit deiner Fürsorge,
daß du bei uns bleibst in unserem Leben,
uns ermunterst in dem, was wir am besten tun können,
damit wir wissen, was unser Leben wirklich ist,
was deiner Hoffnung entspricht
wie es beitragen kann zum Frieden in der Welt.
Sei du bei uns, sei du bei denen, die wir verloren haben,
sei du bei denen, denen wir begegnen könnten,
die unsere Liebe brauchen.
Amen

Die Uhr im Advent

Vor einige Zeit vererbte mir eine Tante die Uhr, die lange Zeit in ihrem Wohnzimmer gehangen hatte. Sie hatte sie mir, als älteste Neffe, schon lange vorher versprochen. Ich kannte diese alte friesische Wanduhr schon mein Leben lang: sie hing damals im Wohnzimmer meiner Grosseltern und stammte schon von meinen Urgrosseltern. Es ist schön um etwas im Hause zu haben das so mit der eigenen Herkunft verbunden ist, und fast täglich an sie erinnern kann. Auch ist es schön um eine Uhr in der Zimmer zu haben die ganz deutlich anwesend ist, die tickt und die Stunden schlägt, auch wenn man sich zuerst einige Zeit daran gewöhnen muss.

Das letzte Mal als ich aus Friedrichstadt zu Hause kam und die Uhr wieder in Gang bringen wollte, verweigerte sie jeglichen Dienst. Was ich auch versuchte, sie war nicht in Gang zu bringen. Letztendlich habe ich sie ein bischen demontiert, soweit das innerhalb meiner Kenntnis war, habe verschiedene Bestandteile daraus genommen, sauber gemacht und zugesprochen, danach wieder alles zusammengesetzt, und jetzt geht sie wieder wie zuvor. Es war nichts kaputt oder so, alles war richtig anwesend, es hatte nur etwas gefehlt: dabei zu sein, mit liebevoller Andacht; um wieder ein bischen mit Wärme und Genauigkeit anwesend zu sein.

Am Tag danach dachte ich: das alles zusammen könnte ein schönes Bild von Advent und Weihnachten sein. So wie die Uhr die Minuten und die Stunden anzeigt, uns hörbar das Vergehen der Zeit andeutet, so können auch wir in der Adventszeit uns wieder auf eine gute Weise die Zeit bedenken. Aber nicht als etwas neutrales, sich immer gleiches, sondern als etwas das von einer gewissen Intensität weiss. Von Vergangenheit und Zukunft, von Erinnerungen und Erwartungen, von der Vorgeschichte der Menschen und vom Heil das Gott uns zufügt. So können die Tage von Advent uns vorbereiten auf das Fest von Weihnachten, und, darüber hinaus, auf die Heilsgeschichte Gottes in unserer Welt.

Das Bild von der Wanduhr kann uns auch etwas zeigen von der Wichtigkeit der Andacht: um ganz dabei zu sein, bei dem was wir tun. Damit die Dinge, und vor allem die Menschen (und auch wir!) wieder etwas erfahren und zeigen können was unser Auftrag im Leben ist, was wir am Besten tun können, in aller Einfachkeit und in aller Schönheit all unserer Aufgaben.

Mit Weihnachten geht es einfach um den Menschen den Gott vor Augen hat. Wie Er sich die Welt denkt, mit aller Andacht und Anwesenheit die uns möglich sind.

So etwas wünsche ich Ihnen zu, in eine gute und fröhliche Weihnachtszeit!

Gottesdienst 24 Dezember 2012   Heiligabend

Gebet

Lieber Gott,
auch heute sind wir wieder zusammengekommen
an diesem Heiligabend,
um uns vorzubereiten auf das Fest,
das Fest, das wir zuhause feiern,
von dem wir hoffen, es auch in unserem Herzen feiern zu können,
mit allen Menschen, die bei uns sind,
mit denjenigen auch, die wir vermissen,
an wen wir denken auch an diesem Tage
der so sehr für Freude bestimmt ist.
Auch heute feiern wir wieder
das Kind, das damals geboren wurde,
als ein Zeichen von dir in unserer Welt,
daß du bei uns bist als ein Mensch,
der getragen hat, was wir Menschen tragen,
der eine Hoffnung ausgestrahlt hat für all diejenigen,
      die ohne Hoffnung waren für ihr Leben
der eine Liebe gezeigt hat, die möglich ist,
      auch wenn die Menschen daran kaum mehr glauben konnten.
Wir bitten dich,
daß auch wir etwas davon erfahren mögen,
etwas von Licht in unserer Finsternis,
etwas von Wärme, wenn wir in Kälte leben,
etwas von Liebe, wenn wir allein sind;
gib auch, daß wir nicht nur für uns selber erfahren,
was deine Anwesenheit in der Welt bedeutet,
daß wir offen sind für die Wunder, die es heute noch gibt,
Wunder von Liebe, von Selbstlosigkeit,
voller Andacht für das Geheimnis anderer Menschen,
voller Andacht für das Geheimnis, das du für uns bist.
Sei du bei uns, in unserem Leben,
gib, daß auch wir Kinder sind von dir.
Amen

Die Predigt besteht heute wieder aus zwei Teilen:
-einer Weihnachtsgeschichte
-und einer kurzen Predigt

Text: "Der Steinerne Mann"
"Der steinerne Mann", ist eine ursprünglich holländische Geschichte, geschrieben von Frau C.A.Mees.

Irgendwo in Frankreich steht eine berühmte Kathedrale, ein Dom, sagt man hier, eine große Kirche. Wenn man sich dem Städtchen nähert, wo sich dieser Dom befindet, der die Stadt berühmt gemacht hat, dann sieht man ihn schon von ferne. So hoch türmt er sich über die Stadt hinaus. Und wenn man davor steht, ist jeder erstaunt darüber, dass dies alles von Menschenhänden gemacht wurde. Wirklich alles ist schön daran; je länger man schaut, desto schöner wird der Dom. Dann sieht man nicht nur das Ganze des Doms, sondern auch so viele Einzelheiten, die die Menschen gemacht haben: die Engel und die Teufel z.B., in Stein gehauen, Heiligenbilder und Geschichten aus der Bibel. Mehr als hundert Jahre hat man an dieser Kirche gebaut, wie es damals üblich war. Seitdem steht die Kirche dort, und alles, was in der Zwischenzeit passierte, hat die Kathedrale überstanden. Kriege sind über das Land gekommen, Krankheit und Armut, aber auch gute Zeiten von Ruhe und Wohlstand.
Und immer war die Kirche in der Nähe: die Menschen heirateten dort, ihre Kinder wurden dort getauft, es gab Trauer, wenn jemand gestorben war, oder wenn die Soldaten nicht heimgekehrt waren aus dem Krieg. Die Kinde spielten auf dem Platz vor der Kirche, die alten Menschen saßen dort auf einer Bank und besprachen die Neuigkeiten aus der Stadt. Immer war die Kirche dort: bei den Höhepunkten des Lebens und bei den Tiefpunkten, - immer war sie dort als ein Ruhepol.
Nun gab es vorn in der Kirche etwas besonderes: am Fuße eines der Pfeiler, die hoch droben das Dach der Kirche trugen, waren Skulpturen, Bilder von Menschen und Tieren. Über eine dieser Skulpturen geht unsere Geschichte: sie stellt einen kleinen Mann dar, der so gekrümmt war, dass es schien, als ob er ganz allein das ganze Gewicht des Pfeilers auf seinen Schultern trüge. Sein Gesicht war ein bisschen verzerrt, krampfhaft. Seine Augen schienen sich auf etwas an der Seite zu richten, und wenn man seinem Blick folgte, konnte man sehen, auf ein kleines, in Stein gehauenes Relief oberhalb einer Tür in der Kirche gerichtet war. Es war das Kind in der Krippe, das dort abgebildet war. Das war das einzige, das der steinerne Mann sehen konnte. Und er verstand nicht, was dieses Bild bedeutete obwohl er es jahrhundertelang gesehen hatte.
Es passierte an einem Heiligabend. Die Glocken der Kirche hatten die Menschen aufgerufen, zum Dom zu kommen, und sie waren auch gekommen, fast die ganze Stadt. Sie hatten die vertrauten Lieder gesungen, und die Musik der Orgel war wunderschön gewesen. Draußen war es kalt, aber innerhalb der Kirche

waren die Menschen warm, körperlich und seelisch. Und danach waren sie wieder gegangen, waren heimgekehrt, um zu Hause Weihnachten zu feiern. Warm, aber leer blieb die Kathedrale zurück.
Auf einmal schien etwas mit dem steinernen Mann zu passieren. es war, als ob die Wärme der Kirche in sein Inneres gedrungen wäre: so als ob er anfinge zu leben. Seine Hände bewegten sich, seine Augen leuchteten, und etwas später löste er sich aus dem großen Ganzen, worin er jahrhundertelang festgesteckt hatte.
Zuerst schüttelt er seine Arme und Beine, als ob er die Steifheit von Jahrhunderten von sich abschütteln wolle, und dann setzt er sich in Bewegung. Erst geht er zu dem Kind in der Krippe, das möchte er gern in der Nähe sehen. Aber jetzt sieht er auch, dass das Kind in der Krippe im Mittelpunkt eines größeren Ganzen steht. Er sieht, dass es in einem einfachen Stall steht. ein Ochse und ein Esel stehen dabei und Maria kniet neben der Krippe mit gefalteten Händen; sie sieht ihr eben geborenes Kind an. Hinter Maria sieht er Joseph stehen und dahinter die Hirten. Und von etwas weiter her nähern sich die drei Könige auf Pferden und Kamelen. Der steinerne Mann braucht keine nähere Erklärung. Er versteht, was hier passiert, wie auch die Hirten das selber verstanden haben: Dass hier der Erlöser geboren ist, gekommen um die Menschen frei zu machen; und der steinerne Mann erfährt eine große Freude. Lange Zeit steht er dort und schaut- und möchte mehr darüber wissen- und langsam geht er weiter durch die leere Kathedrale. Das ganze Leben Jesu sieht er abgebildet: die Flucht nach Ägypten, den Zwölfjährigen im Tempel, die Hochzeit zu Kanaa. Der steinerne Mann lässt alles, was er sieht, genau auf sich einwirken, er weiß nicht, wann er dies alles wiedersehen wird. Er sieht den wunderbaren Fischzug, den Sturm auf dem Meer, den Einzug in Jerusalem, und die jauchzenden Menschen. Aber er sieht auch das letzte Abendmahl,- und der steinerne Mann ist in Gedanken dabei und isst vom Brot und trinkt vom Wein. Und dann sieht er auch den Berg mit dem Kreuz. Er sieht das alles und denkt lange nach, um zu verstehen, was das alles bedeutet. Und schließlich sieht er auch das leere Grab und Jesus, der davor steht, auferstanden von dem Tode. Und die Jünger, ausgesandt in die Welt, um das Reich Gottes zu verkünden. Und als er das alles gesehen hat, als er zurückgegangen ist zur Krippe Jesu als dem Mittelpunkt aller Geschichten, hat er verstanden, dass es sich hier um das Kind Gottes handelt. Und da wird der steinerne Mann ganz müde.
Er setzt sich auf eine Bank und schläft sofort ein. Es dauert lange, bis er wieder erwacht. Die ersten Sonnenstrahlen fallen schon durch die Kirchenfenster. Es ist schon spät, gleich soll der Weihnachtsgottesdienst anfangen. Jetzt geht er noch schnell in der Kirche herum, um sich alles noch einmal, aber jetzt beim Tageslicht, anzusehen. Was ist das alles doch wunderschön gemacht, ein komplettes Ganzes, es fehlt wirklich nichts!
Fehlt wirklich nichts? Und was ist dort, in der Ecke, unter dem Pfeiler? Der Eckstein, der alles trägt, ist dort nicht eine leere Stelle? Der Träger dieses

Ecksteins ist verschwunden: es sieht aus, als ob der Bogen so einstürzen kann. Das Gleichgewicht des Ganzen ist zerstört, weil ein einziges Glied fehlt.
Und dann auf einmal bedenkt der steinerne Mann, daß er selbst dieses fehlende Glied ist, und daß dieses unentbehrlich ist für das Ganze. Unbeweglich steht er, der steinern Mann, und seufzt tief. Noch einmal schaut er sich in der Kathedrale um. Dann geht er zu seiner eigenen Stelle, wo er zuhause ist; er krümmt seine Schultern, beugt seinen Kopf und nimmt wieder die Last seines Pfeilers auf sich. Langsam nimmt sein Körper wieder die Form an, die er jahrhundertelang gehabt hat. Nur sein Gesicht ist anders geworden, sanfter. Seine Augen sehen noch immer auf das Kind in der Krippe, aber jetzt versteht er, was er sieht. Er hat eine Ruhe bekommen, eine Zuversicht. daß der Frieden Gottes kommen wird. Und er tut dafür, was er kann.

Predigt

Die Geschichte des steinernen Mannes könnte so etwas wie unsere Geschichte sein. Auch wenn wir nicht wirklich aus Stein gehauen sind, gibt es doch manchmal eine gewisse Unbeweglichkeit in unserem Dasein. Wir leben unser Leben so wie wir es einmal aufgebaut haben und uns daran gewöhnt haben. Wir sind auf bestimmte Ziele fixiert, die wir gern erreichen wollen, weil wir annehmen, dass wir erst dann wirklich glücklich sein werden. An sich kann das auch gut sein, die Hauptlinien unseres Lebens zu planen und an ihnen festzuhalten. Einfach um nicht immer alle Nebenwege zu sehen, die es gibt, innehalten zu müssen und sich zu fragen, ob dort vielleicht unsere Zukunft liegt, unser Glück. Die Frage ist allein: wie können wir unterscheiden zwischen Haupt- und Nebenlinien unseres Lebens? Wie können wir wissen, daß unser Weg wirklich der unsrige ist? Wie oft stehen wir still, um über diese Frage nachzudenken?
Der steinene Mann hat jahrhundertelang stille gestanden, auf einen Punkt fixiert, den er vor Augen hatte und doch nie verstanden hat. Genau darin ist er das Bild eines Menschen, der nur auf einer Ebene lebt und in einer Dimension, der nur eines in seinem Leben als wertvoll erlebt und alles andere ausschließt. Das andere sieht er nicht, das kümmert ihn nicht, das verachtet er manchmal und nur seinen eigenen Willen setzt er durch. Für alles andere ist er kalt, wie von Stein gemacht.
Von dem steinernen Mann wird nicht gesagt, daß er je danach verlangt hat, etwas anderes zu sehen als dasjenige, worauf seine Augen gerichtet waren. Vielleicht gehört das zum Stein-Sein, kein Verlangen zu haben, und jahrhundertelang auf dasselbe gerichtet zu sein. Aber dennoch passiert ihm so etwas wie ein Wunder: er wird mit Leben erfüllt. Eine Wärme um ihn herum durchdringt ihn, macht auch ihn warm, lebendig, und setzt ihn in Bewegung. Natürlich, es ist nur eine Geschichte, und in Geschichten können Wunder erzählt werden, die wir nicht für möglich halten in unserer Wirklichkeit. Aber dennoch

ist es möglich, daß genau in einer solchen Geschichte von einem Wunder erzählt wird, wie es genau in unserem Leben passieren kann. Das Wunder, das auch wir zum Leben erweckt werden, mit Wärme erfüllt und in Bewegung kommen. Das kann auch uns mit Weihnachten passieren.
Der steinerne Mann hat das Glück, gewissermaßen, schon in der Kirche zu sein. Er ist dafür gemacht, dort zu sein. Darin ist er anders als wir. Wir wohnen nicht in einer solchen Nähe, daß wir immer wissen vom Heil Gottes, das er uns Menschen anbietet. Wie er es damals tat, im Leben von so vielen Menschen, die er zum Leben erweckt hat: mit Mitgefühl für Menschen, mit Aufmerksamkeit für das, was zu tun notwendig war, mit Hoffnung für die Zukunft von Gott und Menschen. Wir haben all diese Geschichten vom Leben, das Gott in Menschen erweckt, nicht immer in Reichweite, wir denken oft nicht daran, wir lassen uns dadurch manchmal nicht mit Wärme erfüllen. Aber dennoch ist es wichtig, an die Möglichkeit eines solchen Wunders zu glauben. Auch in unserem eigenen Dasein! Vielleicht passiert uns dann so etwas wie es dem steinernen Mann passierte. Daß wir irgendwo anfangen, beim Kind in der Krippe z.B., und von da aus versuchen, die wichtigsten Themen des Glaubens kennenzulernen. Wie der steinerne Mann das macht bei seinem Rundgang durch die Kirche, wenn er die verschiedenen Bilder sieht aus dem Leben Jesu, seine Vorgeschichte auch, und die Nachwirkung seiner Liebe: was die in Menschen bewirkt hat. Sein Rundgang ermöglicht es ihm, allem, was er zufällig sieht, seine richtige Stelle zu geben, Den richtigen Platz in der Geschichte; um einen Unterschied zu machen zwischen dem, was zum Mittelpunkt gehört und was nicht. Zwischen den Haupt- und Nebenlinien, was für ihn das wichtigste ist. Aber der Rundgang durch die Kirche, der Rundgang durch die Geschichte des Glaubens, ist zwar wichtig für den steinernen Mann, aber das Wichtigste ist sie nicht. Das Wichtigste für ihn ist, wieder die eigene Stellung einzunehmen. Nachdem er alles gesehen hat, die ganze Geschichte vom Kind Gottes, ist er wieder bereit und imstande, seine eigenen Stelle einzunehmen, seine eigene Last zu tragen. Zwar mit einem Seufzer, aber auch mit einem neuen und sanften Gemüt. Weil er glaubt zu wissen, was sein Platz ist im Ganzen; weil er von einer Bestimmung weiß, zu der Gott ihn ruft. Weil er die Zuversicht bekommen hat, daß er mit seinem Leben beiträgt zum Frieden Gottes.
So etwas kann Weihnachten auch für uns alle sein. Als ein Geweckt-Werden zum Leben beim Anblick des Kindes in der Krippe. Als ein Erfüllt-Werden mit Wärme, als ein Wissen, was Liebe bedeutet -für diejenigen, die uns nahe und die uns fern stehen. Als ein Wissen um den Frieden Gottes, den er uns gibt, zu dem er uns ermutigt. Damit es wirklich Hoffnung gibt für unsere Welt.
Amen

Gebet

Lieber Gott,
wir bitten dich für alle Menschen,
die erfahren, wie kalt die Welt sein kann,
in aller Gleichgültigkeit, die es gibt,
wenn Menschen erbarmungslos aneinander vorbei gehen-,
auch wenn unsere Aufmerksamkeit notwendig ist,
    um andere mit Leben zu erfüllen;
gib, dass wir alle voller Andacht sein können
    für Menschen, die uns brauchen.
Wir bitten dich für alle Menschen,
    die so arm sind, dass sie kaum mehr wissen,
    wovon sie essen können, wo sie schlafen,
    auch in unseren Städten, in unseren Ländern,
    so nah, daß wir sie erreichen und nähren könnten;
gib daß wir wirklich wissen wollen,
    wie groß die Not anderer ist in so vieler Hinsicht,
    und hilf uns, ihnen zu helfen.
Wir bitten dich für alle Menschen,
    die leiden unter dem Krieg in ihrem Land,
    in Syrien, im Kongo, und überall, wo Menschen
    gegen einander stehen und einander bekämpfen,
    im Großen und im Kleinen.
Gib, dass sie einen Anfang von Frieden erfahre können,
    der Aussicht gibt auf ein Leben,
    wo Menschen wieder glücklich sind;
Gib uns allen die Aussicht auf ein Leben,
    wo wir wirklich sein können, wer wir sind,
    unsere eigene Stelle einnehmen können,
    mit Respekt füreinander, mit Wärme und Liebe.
Sei du bei uns allen, Gott,
gib uns in diesen Tagen so etwas wie ein Wissen vom Frieden,
von gemeinsamem Glück,
erfüllt von deiner Liebe für uns Menschen.
Wir kommen zu dir und beten die alten Worte:
Vater unser...

Gottesdienst 27 Januar 2013 - Taufgottesdienst

Gebet

Lieber Gott,
wir danken dir für die Kinder, die wir eben getauft haben,
für die Liebe ihrer Eltern:
ihre Liebe für einander, ihre Liebe für die Kinder, die sie empfangen haben;
für alle Freude, die es gibt um sie herum,
für Eltern und Großeltern,
für alle Freunde , die es für sie gibt.
Wir danken dir, daß wir die Namen der Kinder verbinden dürfen
mit dem Namen, den du für uns hast,
dem Namen, mit dem wir dich ansprechen können,
und so etwas erfahren können von deiner Gegenwart,
und deine Nähe in unserem Leben erleben als eine Kraft,
die uns auf unseren Wegen begleitet.
Wir beten auch für diese Kinder,
daß auch sie in ihrem Leben etwas erfahren mögen
von deiner Gegenwart bei Menschen,
daß sie in aller Freude ihres Lebens auch verstehen können,
wie du uns alle inspirierst gute Menschen zu sein,
behutsam in allen Verbindungen mit Menschen,
versuchend unsere eigenen Gaben zu entdecken,
suchend nach dem Geheimnis des Lebens,
wovon du die Quelle bist.
Wir bitten dich:
sei du uns allen nah in unserem Leben,
in allem was uns ist gegeben,
in allem was wir suchen;
sei uns nah in allem wir tun müssen,
was wir versuchen zu verstehen,
was unverständlich für uns ist.
Damit wir deine Menschen sind.
Amen

Matthäus 19: 13-16

Predigt

Wenn Eltern ihre Kinder "über die Taufe halten" (wie es so schön heißt), dann gehen uns wahrscheinlich eine Menge Gedanken und Gefühle durch den Kopf. Gedanken der Eltern selbst, ein großes Gefühl der Dankbarkeit, daß sie dieses Kind, diese Kinder, empfangen haben, einander das auch sagen und sich vielleicht die Frage stellen, ob diese Dankbarkeit nicht auch der vorsichtige Ausdruck sein kann eines Glaubens, daß unser Leben -wie auch immer- mit Gott zu tun hat. Was ist es, daß ein Menschenleben, das uns anvertraut ist, das wir hervorgebracht haben, wofür wir uns für verantwortlich fühlen, dennoch von uns als ein Geschenk empfunden wird? Als eines der größten Geschenke, die man im Leben bekommen kann, auch wenn man selber daran tüchtig arbeiten muß. Aber auch dann können wir erfahren, dass genau in diesem Immer-Miteinander-Beschäftigt-Sein der Geschenkcharakter dieser Beziehung sich immer wieder bestätigen kann. Das Kind bleibt immer ein Geschenk, egal wie alt es auch ist; wie umgekehrt auch die Eltern ein Geschenk bleiben für das Kind; auch wenn die Kinder das nicht immer wahrhaben wollen. Ein Geschenk, das uns mit Dankbarkeit erfüllen kann, als mit einem manchmal unerwarteten Glauben an Gott. Als ob er uns gerade in unseren tiefsten Gefühlen eine Ahnung gibt vom Grund unseres Lebens, so etwas wie einen Halt innerhalb aller Ereignisse unseres Daseins. Damit wir wieder wissen, was wirklich wichtig darin ist; oder das aufs Neue entdecken können.

So etwas kann Eltern erfüllen: eine intensive Dankbarkeit, die sie zum Taufbecken ihrer Kinder führt.

Solche Gefühle können auch Großeltern erfüllen, und in immer weiteren Kreisen alle anderen Mitglieder der Familie, des Freundeskreises und alle, die um die den Eltern nahe stehen, sich auf sie bezogen wissen. Und es geht nicht nur um Dankbarkeit, wie sehr sie auch im Zentrum unserer intimsten Gefühle stehen kann. Es geht auch um die Frage, was sie einander geben können; was wir aneinander erfahren können, Kinder und Erwachsene; was wir voneinander lernen können, ohne daß etwas ausdrücklich gelehrt wird. Was können wir vom Leben lernen, wenn wir wissen, daß der andere einfach da ist: Kinder und Erwachsene zusammen?

In der ganz kurzen Geschichte, die wir heute aus der Bibel gelesen haben, werden zwei verschiedene, zwei ganz entgegengesetzte Meinungen über das Zusammensein von Kindern und Erwachsenen erzählt. Die Jünger finden sie - die Kinder- lästig, wird erzählt, sie weisen die Leute schroff ab, die ihre Kinder zu Jesus gebracht haben, in der Hoffnung von ihm gesegnet zu werden. "Damit er ihnen die Hände auflegte".

Segnen ist hier so etwas wie jemand anderen mit der eigenen Lebenskraft zu erfüllen, einer Lebenskraft, die man erfährt als von Gott empfangen; als das beste, das man im Leben tun kann. Diese von Gott empfangene Lebenskraft schenkt man beim Segnen mit den Händen weg. Und das Wunder dabei ist: je

mehr man davon schenkt, desto größer wird die eigene Lebensfreude. Segnen, aus den Händen geben, bereichert andere genauso, wie man selbst bereichert wird. Im Wissen einer Verbundenheit mit Menschen als ein Teilen der Lebensfreude, die Gott uns allen schenkt.
Das wissen aber die Jünger noch nicht. Sie kümmert vor allem die Frage, wie sie selbst von Jesus beschenkt werden können. Was sie selber noch in ihren erhabenen Gesprächen lernen können, was sie an Geschichten hören, an Wundern erleben können. Sie sind ganz mit ihrem eigenen Lernprozess beschäftigt und können sich kaum mehr vorstellen, daß etwas anderes genauso wichtig sein kann wie sie es sind. Sie können sich kaum vorstellen, daß an einem Kind, wie alt es auch ist, etwas gezeigt werden kann, das wichtiger ist als alles, was sie bisher gehört und gesehen haben.
Und dennoch ist genau das der Fall. Die Kinder werden ihnen als Vorbild gesetzt: Sie haben etwas in sich, das eine unentbehrliche Vorbedingung ist für das "Himmelreich", wie Matthäus das nennt, das Reich Gottes, das "gleichzeitig Lieben von Gott und Menschen" wie Bonnhöfer es umschreibt. Die Kinder haben den Erwachsenen etwas voraus. Was das genau ist, wird nicht gesagt, aber wir können vermuten, daß es etwas zu tun hat mit reiner Empfänglichkeit, mit der Möglichkeit, noch alles werden können; mit leeren Händen da zu stehen und genau darin zu zeigen, wie leicht sie gefüllt werden können.
Reine Empfänglichkeit: mit offenen Augen in die Welt schauen, um den Reichtum Gottes darin zu sehen; mit offenen Ohren hören, um von andern zu lernen, was wirklich wichtig ist im Leben, um mit einer reinen Unbefangenheit zu erfahren, wie man einander begegnen kann. Das alles können die Jünger von Kindern lernen. Man könnte auch sagen, sie können lernen einfach zu sein, um genau in dieser Einfachheit Mensch und Gott begegnen zu können und zu lieben.
Es ist offenbar nicht das erste Mal, daß die Jünger so etwas von Jesus gehört haben. Es war nicht so lange her, daß sie miteinander gestritten hatten über die Frage "wer im Himmelreich der Größte" sei. Sie wollten wichtig sein, sich gegenseitig den wichtigsten Platz streitig machen. Als Jesus davon hört, stellt er ein Kind in ihre Mitte, und fordert sie auf "wie die Kinder" zu werden und sagt zu ihnen: "wer so klein sein kann wie dieses Kind, der ist im Himmelreich der Größte". (Mt 18, 4).
Wichtiger als ein Kind kann man nicht sein, wenn es darauf ankommt. Vielleicht ist es gut, das manchmal zu bedenken. Wenn wir zu viel mit uns selber beschäftigt sind, oder mit dem, was wir für wichtig halten. Oder wenn wir mit anderen streiten über für uns wichtige Sachen, aber nicht immer mehr wissen, was wichtig ist im Leben. Vielleicht kann es uns dann gelingen, uns an die Aufforderung Jesu zu erinnern, wie ein Kind zu werden. Nicht wie ein Kind das streitet, wie die Erwachsenen das tun, sondern wie ein Kind, das uns mit fragenden Augen ansieht, als ob es von uns wissen will, was wirklich wichtig ist in unserem Leben; was wir ihm in seiner Empfänglichkeit zeigen können.

Dieser Appell Jesu -wie ein Kind zu werden-, immer wieder aufs neue, muß die Menschen seinerzeit tief beeindruckt haben. Nicht nur in der Bibel ist diese seine Haltung Kindern gegenüber überliefert worden. Auch in dem sogenannten gnostischen Evangelium von Thomas, aus dem ersten Jahrhundert, ist sie schon spürbar anwesend. Dort steht im Spruch 4: "Jesus sprach:
"nicht wird zögern ein Greis in seinen Tagen zu fragen ein ganz kleines Kind von sieben Tagen wegen des Ortes des Lebens und es wird leben"
Wie alt man auch ist, ein Kind kann uns zeigen, was das Entscheidende ist in unserem Leben. Was "unser Ort des Lebens" ist, wie Thomas so schön sagt. Und immer wieder kann es wichtig sein, genau diesen Ort des Lebens zu suchen und zu finden. Wie an einem Kind entdeckt.
Können auch wir etwas von dieser Haltung beibehalten?
Ich las eine überraschende Bemerkung des Philosophen Ludwig Wittgenstein, die an sich schon sehr interessant ist. Er schreibt: "Welches Gefühl hätten wir, wenn wir nicht von Christus gehört hätten? Hätten wir das Gefühl von Dunkelheit und Verlassenheit? Haben wir es nur insofern nicht, als es ein Kind nicht hat, wenn es weiß, dass jemand mit ihm im Zimmer ist?" (Vermischte Bemerkungen, S. 33).
Es geht hier um eine beruhigende Anwesenheit, die von Eltern z.B. in einem Zimmer, damit das Kind ruhig spielen kann. Ohne abgelenkt zu werden von Gefühlen wie Einsamkeit oder Dunkelheit. Diese bloße Anwesenheit kann schon befreiend wirken, auch ein spielendes Kind zu sich selber kommen lassen. Wittgenstein benutzt dieses Bild, um sich eine Frage zu stellen über die Anwesenheit Christi in unserem Dasein. Er spricht über "wir"; über Menschen, die die Anwesenheit Christi erfahren wie das Kind die eines Erwachsenen im Zimmer: ohne uns auf ihn zu richten, ohne dass er sich mit beschäftigt. Aber dennoch erfahrbar als eine heilsame Anwesenheit, die uns beruhigt: die "die Dunkelheit und Verlassenheit" weggenommen hat, und uns wissen lässt, dass wir nicht allein sind in allem, was wir in unserem Leben tun oder tun müssen.
Vielleicht sind wir abwechselnd das Kind und der Erwachsene im Zimmer. Wissend manchmal von einer Beruhigung, die uns befähigt unser Spiel zu spielen, unser Leben zu leben. Lesend auch manchmal die entscheidenden Fragen im Blick des anderen. Wissend von einer immerwährenden Empfänglichkeit, die wir als Kind in uns bewahren. Suchend nach unserem "Ort des Lebens" wie alt auch immer wir geworden sind. Aber auch manchmal etwas erfahrend von einer rettenden Anwesenheit, die uns segnet: damit wir wir selber werden, und anderen auf eine heilsame Weise begegnen können. Damit Gott spürbar wird in unserer Welt.
Amen

Gebet

Lieber Gott,
wir bitten dich
daß wir Menschen immer wieder aneinander entdecken können,
was eine gewisse Reinheit unseres Lebens ausmacht,
damit wir wissen wer wir sind,
was wir im Leben tun müssen,
was das Beste ist, was wir anderen schenken können.
Gib uns eine Offenheit
für den fragenden Blick eines Kindes
für den kritischen Blick eines Erwachsenen
dafür was eine Gemeinschaft braucht
in der wir leben, die uns braucht.
Wir bitten dich für alle Menschen,
die suchen nach dem,
was das Leben für sie bedeutet.
Für Kinder die nach ihrer Entfaltung suchen,
daß sie sich selber finden können
ohne behindert zu werden durch Gewalt
oder Gleichförmigkeit mit anderen;
für Erwachsene, die nach Anerkennung suchen,
nach Zeichen, daß sie von anderen geschätzt werden,
dafür, wer sie sind, dafür, was sie hoffen;
für Greise auch, die danach suchen,
was ihre Stelle war im Leben
was davon bleiben wird und kostbar bleibt.
Wir bitten dich, sei bei ihnen allen
damit wir alle wissen,
wie kostbar uns das Leben ist,
wie wichtig auch die Liebe ist,
die wir empfangen und die wir geben können.
wie nah wir einander sind und in dieser Nähe auch verletzlich,
wie groß die Hoffnung ist, die wir einander geben können
und wie groß auch das Vertrauen, das wir schenken und das uns geschenkt wird.
Sei du in allem bei uns und hilf uns darin Mensch zu sein.
Wir kommen zu dir und beten:
Vater unser

Gottesdienst 24 Februar 2013

Lesung: Ps 65

Gebet

Lieber Gott, auch wir kommen zu dir mit unserem Gebet
wir schließen uns all denjenigen an, die dich suchen;
in einem Haus, dir geweiht,
oder in der Stille unseres Herzens,
hoffend bei dir die Ruhe zu finden, die die Welt uns nicht bietet,
hoffend durch dich wieder zu wissen
von einer Großartigkeit, die das Leben haben kann,
die wir manchmal verloren haben,
in uns selbst gefangen und in dem,
was uns über alle Maßen beschäftigt.
Wir kommen zu dir als zu einem,
der so sehr klären kann, was uns verwirrt,
der uns ermutigt in unserer Niedergeschlagenheit,
der uns Hoffnung gibt auf gute Tage
wenn wir schlechte Tage erleben.
Wir kommen zu dir in der Hoffnung,
daß du auch unser Leben erneuerst,
so wie wir manchmal einen Anfang davon sehen in der Natur um uns herum, die wieder anfängt zu leben:
so wie wir das manchmal in Menschen sehen, die nach einer schwierigen Zeit wieder sichtbar werden für andere;
so wie wir das in dem Menschen erkennen, der uns ansieht wie mit deinem Antlitz und uns Hoffnung gibt auf Leben, immer wieder.
Wir kommen zu dir Gott und bitten dich
daß du uns allen eine Geisteskraft schenkst,
die uns hilft ein Leben zu leben, das eine Antwort ist auf die Hoffnungen, die du in uns setzt.
Daß es uns gelingt, deine Menschen zu sein,
daß wir sichtbar machen können, wer du bist.
Amen

Lesung: Mt 13, 24-30 und 2.Tim 2, 1-13

Predigt

Heute möchte ich mit ihnen zusammen nachdenken über die Langmut. Dieses Wort ist vielleicht ein bisschen altmodisch; ich weiß nicht, ob es im täglichen Sprachgebrauch noch oft benutzt wird. Aber das will nicht heißen, daß dieses Wort nicht äußerst wichtig sein kann. Etwas von der Bedeutsamkeit dieses Wortes können wir verstehen, wenn wir bedenken, dass im sogenannten Hohelied der Liebe aus dem ersten Brief von Paulus an die Korinther, Kap. 13, als erstes Merkmal der Liebe gesagt wird: "Die Liebe ist langmütig".

Was ist das genau, was als erstes von der Liebe gesagt wird? Man könnte auch fragen: was verbindet die Liebe von Menschen mit der Nachfolge Christi, wie diese in jeder christlichen Gemeinde praktiziert werden kann? Können wir diese Langmut verstehen, die offenbar so wichtig ist?
Oft wird die Langmut verstanden als so etwas wie Geduld, nicht übereilt vorgehen. Aber wie wichtig die Geduld manchmal auch sein kann, es geht vielleicht um etwas das viel größer ist, viel wichtiger: um Raum, um Ausdauer, und vielleicht vor allem um die Fähigkeit alle Kleinlichkeit, alle Angst sich selber zu verlieren hinter sich zu lassen und die Großartigkeit der Liebe selbst zu bewahren. in allen Gedanken, in allen Gesprächen und in allen Entscheidungen, die man treffen muß. Im griechischen Ursprungstext steht ein Wort, das abgeleitet ist vom Wort Makrothymia das so etwas bedeutet wie -Größe des Gemüts-, -Größe des Gefühls: die Größe, die man jemals erfahren hat, nicht beeinträchtigen wollen; sie nicht klein machen lassen , unter gar keinen Umständen. Hier also: beharren auf der Großartigkeit der Liebe: "die Liebe ist langmütig".

Es gibt gute Gründe dafür, uns jetzt mit diesem Thema zu beschäftigen. Heute ist im Rhythmus des kirchlichem Jahres der zweite Sonntag der Passionszeit, der 40-Tage-Zeit, der Zeit der Vorbereitung auf Karfreitag und Ostern. In dieser Zeit werden auch die Geschichten aus dem Leben Jesu gelesen, auf die es ankommt. Diese Geschichten werden uns in der Kirche vor Augen geführt als eine Frage, auch an uns, worauf es denn bei uns ankommt. Gelingt es uns, etwas von seinem Leben in dem unsrigen zu verwirklichen? Gelingt es uns etwas von seiner Liebe für die Menschen und für Gott in unserem Leben zu realisieren und also auch etwas von der Großmütigkeit, die er in seiner Liebe zeigte? In seinem Leben und in seinem Leiden? Diese Großmütigkeit, diese Langmut hat die Menschen damals und späterhin berührt und inspiriert, und ist so etwas wie ein tragender Grund ihres Glaubens geworden. Auch bis in die schwierigsten Momenten ihres Lebens hinein, bis zu ihrem Leiden.

Heute haben wir einen Teil aus dem zweiten Brief von Paulus an seinen befreundeten Lehrling Timotheus gelesen. Dieser Brief ist vermutlich eine Art

Abschiedsbrief, den Paulus geschrieben hat, als er in Rom schon in Haft geraten war oder in Hausarrest. Er hatte das Gefühl, von vielen Geistesverwandten im Stich gelassen worden zu sein, und bittet Timotheus dringend zu ihm zu kommen. Inzwischen zieht er die Bilanz, nicht so sehr seines Lebens als seines Glaubens, seines "Leben in Christus Jesus" wie er es am Anfang seines Briefes nennt. Aus diesem Brief könnte man etwas lesen von einer Verwunderung über den eigenen Glauben, wie stark dieser ist auch unter diesen Umständen. Er selbst ist zwar "gefesselt", aber "das Wort Gottes ist nicht gefesselt" schreibt er. Das Wort wird weiter gehen- innerhalb und außerhalb aller Gefängnisse dieser Welt, in und durch das Leiden von Menschen hindurch.

Die Treue zu Christus wird sich in Liebe verwandeln. Und es wird so etwas wie eine Ausdauer offenbar, in ihm selbst und in anderen, die sie sich selbst nicht zugetraut hatten. Und auch sie, die alles aufgegeben haben, die untreu geworden sind an der ganzen Idee der Liebe Christi, - und auch für sich selbst schließt er diese Möglichkeit nicht aus- auch sie dürfen wissen, dass ER treu bleibt: "Wenn wir untreu sind, bleibt er doch treu, denn er kann sich nicht selbst verleugnen". Und als er sich verwundert über die Kraft seines Glaubens, entdeckt er auch wie viel er "erduldet", "verträgt". Und wenn er dann über das "Denken-Bleiben" an Jesus schreibt und den Trost den er dabei erfährt, und sich vorstellt, wie das genauso auch in der Gemeinde, die in seinem Namen zusammen kommt, der Fall ist, dann merkt er, dass er "alles erträgt".

Er hält es aus in seiner Lage in Verbundenheit mit Christus und seiner Gemeinde.

Was ist dieses: "alles ertragen"? Ist das eine Form von Ertragen, an die wir nicht so schnell denken? Ist "alles ertragen" vergleichbar mit -andere- ertragen, in ihrem Anderssein, in ihrer anderen Auffassung von Glauben und Leben? Man könnte sich fragen, wie sich das zueinander verhält- "alles ertragen" und "andere ertragen" - und was beides zu tun hat mit Großmütigkeit der Liebe, mit der Langmut, die Jesus zeigt.

Vielleicht können wir im Gleichnis vom Unkraut unter dem Weizen, das Jesus erzählt etwas von einer Antwort auf diese Fragen entdecken. Es ist ein zweites Gleichnis über das Säen neben dem Gleichnis des Sämanns, der die Saat auf verschiedene Arten in den Boden bringt. Dieses Gleichnis geht über die Großzügigkeit des Wortes Gottes und die Aufgeschlossenheit von Menschen dafür; wie unterschiedlich diese sein kann, aber auch, wie fruchtbar der kleine Teil ist, der auf guten Boden fällt.

In unserem Gleichnis von heute steht der Weizen reichlich, aber auch Unkraut steht dazwischen. Die Knechte aus dem Gleichnis wollen das Unkraut so schnell wie möglich ausreißen, aber der Herr mahnt zur Vorsicht: man könnte, sagt er, zusammen mit dem Unkraut ja auch den Weizen ausreißen. "Lasst beide wachsen bis zur Ernte."

Dieses Gleichnis stammt zwar aus der Landwirtschaft, aber es geht natürlich über die Gemeinschaft von Menschen. Oder genauer, es geht über Menschen, die sich selber für den fruchtbaren Weizen halten, und über ihr Benehmen anderen gegenüber, die sie verurteilen. Sie möchten sie am liebsten so schnell wie möglich aus ihrer Gemeinschaft entfernen. Sie nennen sie schlecht und sprechen geringschätzig über sie. Aber genau darin werden sie vom Herrn des Gleichnisses zur Vorsicht ermahnt: es ist voreilig was sie tun, sie werden angehalten bis zur Ernte zu warten; nicht ihnen kommt das Urteil zu, sondern den Schnittern. Das seien die Engel, sagt Jesus später, als er das Gleichnis erklärt.

Dieses Gleichnis fordert uns also auf, kein voreiliges Urteil zu haben über andere, die sich von uns unterscheiden: die andere Auffassungen haben, sich anders benehmen, so, wie wir es nicht mögen. Wir werden aufgerufen dann vorsichtig zu sein, zurückhaltend, so mahnt der Herr aus dem Gleichnis: "Lasst beide wachsen bis zur Ernte".

Auch der Kirchenvater Augustinus, ein Musterbeispiel von Großmütigkeit, hat schon über dieses Gleichnis gepredigt. Er fragt sich, warum diese Duldsamkeit betont wird, worüber hier gesprochen wird; warum das Unkraut nicht jetzt schon ausgerissen werden darf. Seine Antwort ist sehr kurz und bündig: "Warum? Ihr könnt ja irren."

Die Tatsache, dass wir Menschen sind, keine Engel, und uns irren können, könnte ein guter Grund für die Duldsamkeit sein: für die Toleranz. Und es ist im Leben von Menschen nicht immer so klar, schreibt Augustinus, wer gut ist und wer nicht. Auch in der Kirche sind schlechte Menschen zu finden, schreibt er, und gute da draußen.

Und er beendet seine Predigt so: "Lasst die Guten die Schlechten ertragen; lasst die Schlechten sich bessern, und lasst sie den Guten nachfolgen. Lasst uns alle, wenn es möglich ist, dem guten Gott anhängen; lasst uns alle Mithilfe seiner Barmherzigkeit versuchen, der Schlechtigkeit dieser Welt aus dem Weg zu gehen. Lasst uns die guten Tage suchen, wenn es jetzt schlechte Tage gibt, aber lasst uns auf die schlechten Tage Gott nicht lästern .... auf dass es uns gegeben sei, die guten zu erleben".

Ja wir können uns irren! In anderen, die möglicherweise besser sind als wir denken, oder näher an Gott als wir manchmal hoffen. Wir können uns auch irren über uns selbst, uns selbst für besser halten, als wir sind oder uns manchmal betragen. Deshalb ist es so wichtig, sich selbst zu kennen; auch um andere verstehen zu können, sie nicht so schnell, nicht so oft zu verurteilen.

Augustinus wird nicht müde, diese Selbsterkenntnis zu betonen. Aber er verbindet unsere Versuche uns selbst zu verstehen immer mit dem Gebet zu Gott. So wie hier: "Gott gebe, dass wir nicht zum Unkraut gehören".

Das Gebet zu Gott ist manchmal die schönste Form eines Nichtwissens; oder eines Wissens, das man hofft einmal zu erreichen, wenn es uns gegeben wird. Auch das Gebet für eine Großmütigkeit, die wir uns aneignen mögen. Weil wir diese einmal bei anderen entdeckt haben, an Jesus, an den Kirchenvätern (im weitesten Sinne des Wortes); oder an Menschen aus unserer eigenen Zeit und Umgebung.
Weil das Leben von Menschen zu kostbar ist um es in Kleinlichkeit untergehen zu lassen, und wir alle einen Raum im Leben suchen, der uns wachsen lässt, wie jung oder alt wir auch sein mögen.
Um fruchtbarer Weizen zu werden.
Vielleicht leben wir in schlechten Tagen auf eine andere Weise als Augustinus das tat. Vielleicht besteht jetzt bei vielen Menschen die Neigung, "Gott zu lästern", wie er es nennt; und sich einzugraben in eine Bitterkeit über Menschen und über die Zeit in der wir leben.
Aber lasst uns auch bedenken, daß auch dann, auch uns, das Bewusstsein einer Größe gegeben ist, das wir nicht verlieren dürfen.
In aller Langmut, die uns bezeugt ist.
In aller Liebe, die wir geben können.
Lass uns das Bewusstsein davon bewahren
in allen guten Tagen, die wir erleben können.
Amen

Gebet

Lieber Gott,
wir bitten dich für diejenigen,
die so beschädigt sind durch das Leben
dass sie kaum mehr wissen, was das Leben gut macht,
die kostbare Menschen um sich herum verloren haben
und sich so einsam fühlen, daß kein Mensch mehr zählt;
wir bitten dich für die, die so enttäuscht sind,
in ihren Erwartungen an das Leben,
in ihren Hoffnungen auf andere Menschen,
daß ihr Herz ganz bitter geworden ist
und sie fast alle Freude verloren haben;
wir bitten dich für die, die sich so gedemütigt fühlen
und gering geschätzt, die von Menschen ausgestoßen,
zu dem Unkraut gerechnet werden,
und kaum mehr wissen, wie sie etwas bewahren können von Selbstachtung,
einer Würde des Menschen
die du uns allen gewährt hast.
Wir bitten dich, sei du bei diesen allen, Gott,
sei du bei uns, wenn wir diese Gefühle teilen,
gib uns die Kraft, darüber hinweg zu kommen.
Sei du bei uns, auch wenn wir versuchen,
eine Größe zurück zu gewinnen oder zu bewahren,
mit welcher du uns alle ausgestattet hast.
Sei du mit uns, wenn wir in unserem Leben danach suchen
wie wir auf unsere Weise versuchen können
Mensch zu sein, dein Mensch in dieser Welt;
wenn wir versuchen etwas zu verwirklichen
von aller Liebe, die du uns Menschen gezeigt und an uns bewiesen hast;
in aller Liebe, in der wir dich wiedererkennen können,
wie schon andere Menschen das in ihrem Leben erfahren und bekundet haben,
wenn sie sich in deinen Dienst begaben und versuchten, nach deinem Bild zu sein.
Wir kommen zu dir und beten:
Vater unser....
Amen

Gottesdienst 28 März 2013 - Gründonnerstag

Jesaja 50, 4-7a

Gebet

Lieber Gott,
an diesem Abend sind wir zusammengekommen
um eine Stunde bei dir zu sein,
mit unseren Gedanken und Gefühlen,
versuchend zu verstehen was damals passiert sein muß
mit Jesus selbst, mit seinen Jüngern,
als sie das letzte Mal zusammen waren,
drinnen im Saal, wo sie das Passahmal feierten,
draußen danach am Ölberg,
als die Bedrohung so sehr spürbar wurde
und alles was sie im Leben gehofft und getan hatten
für immer unsicher wurde, und vielleicht sinnlos.
Wir sind zusammen gekommen,
weil wir versuchen in unserem Leben
auch Jünger von ihm zu sein, auf unsere Weise,
manchmal unsicher ob wir dazu imstande sind,
ob unsere Kräfte reichen,
ob wir hellsichtig, hellhörig genug sind,
um zu merken was getan werden muß,
was gesagt werden muß,
was notwendig ist im Leben von Menschen.
Wir kommen zu dir und bitten dich,
daß du in uns bewahrst ein Wissen um ihn,
der uns zeigte, was Liebe für Menschen vermag,
daß du den Glauben in uns bewahrst,
daß auch wir Nachfolger sein können von ihm;
daß du uns den Mut gibst, zu sehen was notwendig ist,
in unserer Welt, in unserer Umgebung,
wo Gerechtigkeit und Liebe notwendig sind,
daß du uns die Kraft gibst,
zu tun was wir sehen, zu denken was wir fühlen
darauf bedacht zu sein was Menschen verbindet.
Sei du mit deiner Liebe bei uns allen.
Gib Gott, daß wir deine Menschen sind.
Amen

Markus 14, 32-42

Predigt

Es ist dies vielleicht einer der ergreifendsten Momente aus dem Leben Jesu: als er in Gethsemane betet, ganz kurz vor der Gefangennahme. Er weiß, was alles passiert ist in seinem Leben, und er weiß auch, was passieren wird. Auch wenn er hofft, dass es anders sein wird. Er zieht sich zurück in sich selbst, nachdem er mit den Jüngern zusammen das Mahl gefeiert hat. Das Passahmahl, das sie gemeinsam schon öfter gefeiert haben und das jetzt - sie wissen es alle- das letzte Mahl ist, das sie miteinander feiern können und deshalb eine besondere Bedeutung hat. Weil es so mit seinem eigenen Leben verbunden ist, und mit dem Abschied, der kommt.
Danach zieht er sich zurück, immer mehr. Nachdem sie den Raum verlassen haben, in dem sie gegessen haben, gehen sie nach draußen, außerhalb der Stadt- zum Ölberg und kommen zu einem verlassenen Hof. Noch sind sie alle immer zusammen, aber wie die Geschichte erzählt, spürt Jesus in sich das Verlangen zu beten. So wie er das manchmal getan haben muß, um mit sich selbst und Gott allein zu sein; um zu fühlen und zu bedenken, wie es mit seinem Leben stand, wie viel Kraft er noch hätte für seine Berufung, für seine Verfügbarkeit für die Menschen und für Gott. Nur im Gebet konnte er dieser letzten Kraft auf die Spur kommen.
So zieht er sich hier zurück, erst von den meisten seiner Jünger; nur die vertrautesten nimmt er weiter mit sich. Aber er bemerkt, dass er noch weiter gehen muß, allein, nur so kann er richtig beten. Nur so kann er richtig im Gebet mit seinem Gott darüber streiten, wie es weiter gehen muß mit seinem Leben. Er betet an dieser Stelle, in diesem Moment,- er betet und spricht von seiner Hoffnung, daß sein Leben weitergeht, wo er doch weiß, wie sehr es ernsthaft bedroht wird.
Er spricht in seinem Gebet aber auch von seinem Vertrauen, dass Gott die beste Entscheidung darüber trifft, was in seinem Leben passieren wird.
Auch in diesem Moment ist sein Vertrauen nicht gewichen, er weiß, daß dieses Vertrauen die Grundlage seines Daseins ist.
Dieses Gebet Jesu, zwischen seinem Verlangen zu leben und seinem Vertrauen in die Entscheidung Gottes, dieses Gebet Jesu kann auch bei uns die Frage aufwerfen, wie es mit unserem Vertrauen in Gott steht. Vertrauen wir uns ihm an, nehmen wir seine Entscheidungen über unser Leben hin, auch wenn diese so sehr unseren eigenen Wünschen entgegen zu stehen scheinen? Wenn wir nur noch verlangen zu leben? Wenn wir nur für das Leben anderer Menschen beten, daß es erhalten bleibe, wenn das uns das einzige Wichtige erscheint. Können wir auf Gott vertrauen, wenn es unserem tiefsten Verlangen widerspricht?

Vielleicht sind diese Fragen, genau in dieser Beklemmung, die Fragen unserer tiefsten Einsamkeit. Wenn wir diese Fragen nicht nur uns selber stellen - ehrlich sind gegenüber uns selbst -, sondern auch Gott stellen in einem Gebet, das mit ihm streitet; das mit ihm kämpft um die Hoffnung auf das eigene Leben, und den Sinn unseres Daseins.

So wie Jesus in seinem Gebet kämpft mit Gott im Widerstreit zwischen eigenem Leben und Vertrauen in Gott.
Diese tiefste Einsamkeit, wie sie hier sichtbar wird an Jesus, diese tiefste Einsamkeit kann man nicht selber wählen, auch wenn man das Verlangen kennt, für einen Moment allein zu sein. Die Einsamkeit Jesu, auch wenn er diese selber gesucht hat für sein Gebet, diese Einsamkeit wird hier zutiefst empfunden, nicht nur durch die Beklemmung der Fragen, die hier gestellt werden müssen, sondern auch dadurch, dass die anderen ihn verlassen haben: Sie schlafen, auch wenn er sie darum gebeten hat zu wachen.
Der Gegensatz kann kaum größer sein: zwischen Jesus, der im Gebet zu Gott um den Sinn seines Daseins ringt und den Jüngern, den Vertrautesten,, die schlafen. Die immer wieder einschlafen, auch wenn sie bis zu dreimal aufgefordert werden zu wachen.
Es ist als ob sie das Gebot der Stunde nicht verstehen: nicht die Gefahr spüren, worin sich ihr Herr befindet; nicht den Abgrund seines Gebetes in seiner Einsamkeit, wo er so sehr die Nähe anderer braucht. Manchmal muß man auch die selbst gesuchte Einsamkeit eines anderen durchbrechen, um rettend anwesend zu sein in seinem Leben.
Es ist als ob in dieser Geschichte so etwas spürbar wird wie eine Verurteilung der Müdigkeit: als ob es uns - Jüngern, Menschen- nicht erlaubt ist, müde zu sein, die Augen zu schließen und zu schlafen. So ist es auch gemeint, aber nicht im buchstäblichen Sinne des Wortes, sondern im geistigen: Wir müssen immer wachsam sein und wissen wollen was wirklich passiert in unserer eigenen Umgebung und in der Welt. Wir müssen wissen wollen, was unvereinbar ist mit der Liebe Christi, mit all dem wofür er gelebt und gelitten hat.
Der französische Denker Blaise Pascal hat einmal geschrieben: "Jesus Christus ist im Todesstreit bis zum Ende der Welt; wir müssen in dieser Zeit nicht schlafen."
Mit diesen Worten zeigt er an, dass die Geschichte von dem betenden Jesus und den schlafenden Jüngern eine immerwährende Aktualität hat. Sie dauert fort bis zum heutige Tag und darüber hinaus!
Immer wieder werden wir aufgerufen, nicht zu schlafen sondern wachsam zu sein. Um als Dienstknechte Gottes seine Liebe für unsere Welt zu zeigen.
Amen

Gebet

Lieber Gott
wir danken dir,
dass wir dieses Abendmahl miteinander feiern können
als ein Zeichen von dir,
von deiner Anwesenheit bei uns Menschen
als ein Hinweis dessen, was Liebe vermag,
wie weit sie gehen kann, durch soviel hindurch
uns so unendlich bereichernd.
Wir danken dir,
dass du uns Wege zum Leben zeigst,
auch wenn wir Menschen uns das Leben manchmal so schwer machen;
daß du uns ermutigst in unserer Machtlosigkeit,
daß du uns mit Hoffnung erfüllst, wo wir nur hoffnungslos sein können,
daß du uns zueinander bringst wo wir uns einsam fühlen.
Wir bitten dich für all die Menschen in unserer Welt,
die so hoffnungslos sind, daß sie nur noch Bitterkeit fühlen,
von Hass erfüllt sind gegen alle;
für die, die es so sehr brauchen, daß es Menschen gibt, denen sie vertrauen,
die wach genug sind um zu sehen was andere brauchen,
die ihrem Herzen folgen können wenn es mit Liebe erfüllt ist.
Gib Gott, daß wir wachsame Menschen sein können,
die miterleben können was anderen passiert,
die mitleiden können, was andere an Schrecklichem überkommt,
die die Freude auch miterleben können, die es für Menschen im Leben gibt,
die die Hoffnung anderer teilen können,
dadurch ermutigt werden und das Leben als sinnreich erfahren.
Sei du bei uns o Gott,
wenn wir wachen, wenn wir schlafen,
erfülle uns mit deinen Gedanken, deiner Liebe für Menschen.
Gib uns deinen Frieden, für uns, für alle Menschen in der Welt.
Wir kommen zu dir und beten die Worte, die Jesus uns lehrte:
Vater unser...

Gottesdienst 31 März 2013 - Ostersonntag,

Gebet:

Lieber Gott,
an diesem Ostersonntag sind wir zusammengekommen
als Menschen, die versuchen zu verstehen,
was das Geheimnis für uns sein kann,
was damals als Auferstehung erlebt wurde:
Wie durch seinen schrecklichen Tod hindurch dennoch die Nähe dessen erfahren
wurde, der ihnen als der geliebte Herr ihres Lebens erschienen war,
als der geliebte Sohn ihres Gottes;
Menschen von damals haben mit ihm gelebt
und an ihm erfahren, wie das Leben gemeint ist
wenn es von Liebe und Sorgfalt geprägt ist,
wenn Menschen sich so um einander kümmern,
daß das Leben als gut erscheint und heilsam,
wie es Hoffnung verspricht für alle anderen.
In seine Spur wollten sie leben, auch nach seinem Tode,
sie wurden auch selbst dazu berufen durch was sie nur erfahren konnten
als eine Spur Gottes,
Zeichen seiner Liebe, seiner bleibenden Anwesenheit bei Menschen,
auch durch Verlassenheit hindurch, durch den Tod.
Auch wir, durch welche Geschehnisse auch in unserem Leben,
auch wir versuchen diese Deine Spuren zu erkennen und zu folgen,
auch wenn wir vielleicht nicht immer so sicher sind
wie es in der Sprache von Menschen, von damals und später,
manchmal ausgedrückt und fest geglaubt wurde.
Deshalb bitten wir dich auch bei uns anwesend zu sein
und uns deine Spuren zu offenbaren
als Zeichen deiner Liebe für Menschen;
damit wir etwas verstehen können von deinem Geheimnis,
damit wir etwas davon verwirklichen können in unserem Leben
und in unserer Welt, die dich so sehr braucht.
Sei du anwesend bei uns allen, Gott.
Amen

Lesung: Mk 16, 1-8

Zunächst ein Text von Anatole France:

Der Christ des Ozeans

In jenem Jahre ertranken mehrere Schiffer von Saint-Valery auf offener See. Die Wellen spülten ihre Körper und die Überreste ihrer Boote an den Strand, und während neun Tagen sah man auf dem bergigen Pfad, der zur Kirche hinanführt, schlichte, von Männern getragene Särge, denen die Witwen in ihren schwarzen Kapuzen folgten.
Der Altfischer Johan Lenoël und sein Sohn wurden in dem großen Schiff der Kirche aufgebahrt, an dessen Gewölbe sie einst ein Schiff mit vollständiger Takelage zu Ehren der Mutter Gottes aufgehängt hatten. Es waren rechtschaffene Leute gewesen, die ihren Gott fürchteten, und nachdem der Pfarrer Truphenius die Absolution erteilt hatte, sagte er mit tränenerfüllter Stimme:
»Nie werden bravere Leute und bessere Christen, als Johan Lenoël und sein Sohn es waren, in die heilige Erde gebettet werden, um das Gericht des Allerhöchsten zu erwarten.«
Nicht nur viele Fischerboote mit ihrer Besatzung strandeten in jener Zeit an der Küste, auch manch großes Fahrzeug wurde ein Opfer des Meeres, und es verging kein Tag, wo der Ozean nicht die Überreste eines Wrackes an den Strand spülte. So sahen mehrere Kinder, die in einem Boote ruderten, eines Morgens ein Gesicht auf den Wellen. Es war ein Christus, in Lebensgröße aus Hartholz geschnitzt, mit fleischfarbenen Tönen angemalt, anscheinend ein Stück alter Kunst. Der Heiland trieb mit ausgebreiteten Armen auf den Wogen. Die Kinder zogen ihn an Bord und brachten ihn nach Saint-Valery.
Seine Stirne war mit einer Dornenkrone umwunden, und seine Hände und Füße waren durchbohrt, aber die Nägel sowohl wie das Kreuz fehlten. Mit den ausgebreiteten, segnenden Armen erschien er so, wie Joseph von Arimathia und die heiligen Frauen ihn bei der Kreuzesabnahme gesehen hatten.
Die Kinder übergaben ihn dem Pfarrer Truphenius, der ihnen sagte:
»Dies Bildnis des Heilandes ist ein altes Werk, und derjenige, der es geschaffen hat, ist gewiß längst gestorben. Wenn auch die Händler von Amiens und Paris heute für 100 Francs und darüber wundervolle Statuen verkaufen, so muß man doch anerkennen, daß die Arbeiter in früherer Zeit auch Tüchtiges zu leisten vermochten. Aber was mich insbesondere freut, ist das: wenn Jesus Christus mit offenen Armen nach Saint-Valery kam, so tat er das, um die hart geprüfte Gemeinde zu segnen und ihr zu verkünden, daß er Mitleid habe mit den armen Leuten, die beim Fischfang ihr Leben aufs Spiel setzen. Er ist der Gott, der auf den Wassern wandelte und die Netze des Cephas segnete.«
Nachdem der Pfarrer den Christus in der Kirche auf dem Altartuch hatte niederlegen lassen, begab er sich zu dem Tischlermeister der Gemeinde und bestellte ein schönes Kreuz aus Eichenholz.

Als es fertig war, befestigte man den Heiland mit ganz neuen Nägeln darauf und hing das Kreuz oberhalb der Bank des Kirchenvorstandes auf.

Da sah man, daß seine Augen voll Barmherzigkeit waren und gleichsam feucht von himmlischem Mitleid.

Einer der Kirchenvorsteher, der bei der Aufstellung des Kruzifixes zugegen war, meinte zu sehen, daß Tränen über das göttliche Antlitz rannen.

Als der Pfarrer am nächsten Morgen mit dem Meßknaben in die Kirche trat, war er sehr erstaunt, das Kreuz oberhalb der Bank des Kirchenvorstandes leer zu finden und den Heiland auf dem Altartische liegend.

Sobald er das Meßopfer verrichtet hatte, ließ er den Tischlermeister kommen und fragte ihn, warum er den Christus vom Kreuze losgelöst habe. Aber der Tischler antwortete, daß er ihn nicht berührt habe, und nachdem der Pfarrer noch den Küster und die Kirchenvorsteher befragt hatte, erlangte er die Gewißheit, daß niemand mehr nach der Aufstellung des Kreuzes die Kirche betreten hatte.

Da kam er zu der Überzeugung, daß ein Wunder geschehen sei, und er sann lange darüber nach. Am darauffolgenden Sonntage sprach er darüber in der Predigt zu seinen Gemeindekindern und forderte sie auf, durch milde Gaben zu der Herstellung eines Kreuzes beizutragen, das schöner sei als das erste und würdiger, den Erlöser der Welt zu tragen.

Die armen Fischer von Saint-Valery gaben so viel sie nur konnten, und auch die Witwen brachten jede ihr Scherflein. Es kam so reichlich zusammen, daß der Pfarrer Truphenius alsbald nach Abbeville gehen konnte, um ein Kreuz aus blankem Ebenholz zu bestellen, das in goldenen Lettern die Inschrift INRI trug.

Zwei Monate später stellte man es an den Platz des früheren und befestigte den Christus darauf.

Aber Jesus verließ es wie das vorherige und legte sich wiederum während der Nacht auf den Altartisch.

Als der Pfarrer ihn hier am folgenden Tage fand, sank er auf die Knie und betete lange. Das Gerücht des Wunders verbreitete sich in der Umgegend, und die Damen von Amiens veranstalteten Sammlungen für den Christus von Saint-Valery. Aus Paris erhielt der Pfarrer Geld und Kleinodien, und die Frau des Marineministers schickte ihm ein Herz aus Diamanten. Mit Hilfe all dieser Schätze verfertigte ein Goldschmied in der Rue Saint Sulpice in der Zeit von zwei Jahren ein goldenes Kreuz, mit Edelsteinen besetzt, das mit großem Pomp am zweiten Sonntage nach Ostern im Jahre 18.. in der Kirche von Saint-Valery eingeweiht wurde. Aber er, der das Schmerzenskreuz nicht verschmäht hatte, entwich von diesem kostbaren Kreuz und legte sich abermals auf das weiße Leintuch des Altartisches.

Aus Furcht, ihn zu beleidigen, ließ man ihn diesmal dort liegen. Hier ruhte er bereits mehr als zwei Jahre, als Peter, der Sohn von Peter Caillu, zum Pfarrer Truphenius kam und ihm sagte, er habe am Strande das richtige Kreuz des Heilandes gefunden.

Peter war ein schwachsinniger Knabe, und da er nicht genug Verstand besaß, seinen Lebensunterhalt zu verdienen, gaben die Leute ihm Almosen. Alle hatten ihn gern, weil er nie etwas Böses tat. Aber, was er sagte, hatte keinen Sinn, und man hörte nicht auf ihn.

Doch der Pfarrer, der fortwährend über das Mysterium, das den Christ des Ozeans umfing, nachgrübelte, war überrascht von dem, was ihm der Einfältige sagte. Er begab sich mit dem Küster und den Kirchenvorstehern an die Stelle, wo das Kind das Kreuz gesehen haben wollte, und hier fanden sie zwei mit Nägeln versehene Bretter, die das Meer während langer Zeit umhergerollt hatte, und die in der Tat die Form eines Kreuzes bildeten. Es waren die Überreste von einem Schiffbruch; auf einem der Bretter ließen sich noch zwei schwarzgemalte Buchstaben J und L erkennen, und man war nicht im Zweifel, daß es Überreste von Johan Lenoëls Schiff waren, der vor fünf Jahren mit seinem Sohne auf hoher See umgekommen war.

Als sie die Bretter sahen, lachten der Küster und die Kirchenvorsteher den Knaben aus, der die zerbrochenen Bohlen eines Schiffes für das Kreuz des Heilandes hielt, aber der Pfarrer wehrte ihren Spöttereien. Er hatte viel nachgesonnen und viel gebetet, seitdem der Christ des Ozeans zu den Fischern gekommen war, und das Geheimnis der unendlichen Barmherzigkeit schien sich ihm zu offenbaren. Er kniete nieder auf den Sand, sprach ein Gebet für die treuen Dahingeschiedenen und befahl dem Küster und den Vorstehern, die Teile des zerstörten Schiffes auf ihre Schultern zu laden und in der Kirche niederzulegen. Als dies geschehen war, hob er den Christus vom Altar, legte ihn auf die Bretter des Schiffes und nagelte ihn selbst darauf mit Nägeln die vom Meere zerfressen waren.

Auf seinen Befehl wurde dies Kreuz am andern Tage über der Bank des Kirchenvorstandes aufgehängt, an Stelle des goldenen, mit Edelsteinen besetzten Kreuzes.

Der Christ des Ozeans verließ es nie wieder. Er wollte auf dem Holze bleiben, auf dem die Leute seinen heiligen Namen zum letzten Male in der Stunde des Todes angerufen hatten, und es schien, als spräche sein erhabener, schmerzvoller Mund:

»Mein Kreuz ist aus dem Leid aller Menschen gemacht, denn ich bin in Wahrheit der Gott der Armen und Unglücklichen.«

(Übersetzung Gutenberg-Projekt)

Predigt

Können wir in der Geschichte vom Christus des Ozeans etwas von Ostern erkennen? Das Wort Ostern kommt nicht vor. Und auch das Wort Auferstehung nicht.

Es geht in dieser Geschichte um ein Kreuz, das passend ist für denjenigen, der hier in diesem schwer getroffenen Dorfe angeschwemmt ist. Weiter als das Kreuz scheint die Geschichte nicht zu gehen. Aber diese Geschichte zeigt auch, wie verschieden man über das Kreuz denken kann. Es kann das selbstverständliche Symbol des Christentums sein, das wir alle kennen, worüber wir uns keine Fragen mehr stellen. Als ob es sich so gehört dass ein Bild von Christus mit offenen Armen nur auf einem Kreuz denkbar ist. Als ob die Augen von Menschen das erwarten, aus Gewohnheit, weil es schon so lange geglaubt wird.

Es ist aber auch denkbar, dass wir einen ganz anderen Blick auf dasselbe Kreuz bekommen können. Einen Blick der nicht bestimmt ist von allem, was wir darüber gehört und gelesen haben, sondern einem, der von plötzlich erweckter Einsicht erfüllt wird, der uns den Sinn dieses Kreuzes vermittelt. Wenn wir entdecken, was es uns sagen kann in unserem persönlichen Leben oder in der Gemeinschaft, in der wir leben. Wenn eine Verbindung erlebt wird zwischen diesem Christus, der damals gekreuzigt wurde, und dem Leid, das wir in unserer Welt vor Augen sehen, und in unserem eigenen Leben erlebt haben.

Am Beispiel des Pfarrers Truphenius in dieser Geschichte können wir die verschiedenen Sichtweisen auf das Kreuz deutlich erkennen. Als die Kinder das Bild Christi gefunden und zur Kirche getragen haben und es ihm übergeben, spricht er die Worte aus, die ganz einwandfrei vom Glauben der Kirche erfüllt sind: "Wenn Jesus Christus mit offenen Armen nach Saint-Valery kam, so tat er das, um die hart geprüfte Gemeinde zu segnen und zu verkünden, dass er Mitleid habe mit uns."

Diese Worte scheinen genau diejenigen zu sein, die in dieser Situation gesprochen werden müssen um dem ´richtigen` Glauben der Kirche zu entsprechen. Aber Jahre später durch all diese Kreuzerfahrungen hindurch und nachdem er "viel nachgesonnen und viel gebetet" hat (wie A. France schreibt) "schien sich ihm das Geheimnis der unendlichen Barmherzigkeit zu offenbaren." Obwohl die Worte an sich vielleicht nicht so anders sind, wird hier von einem anderen Glauben gesprochen: persönlicher, demütiger, von Erfahrungen von Menschen und Ereignissen geprägt. Das Kreuz Christi ist jetzt nicht mehr das herkömmliche Bild eines Glaubens, das er schon immer kannte, sondern eine neue Wirklichkeit für sein Leben, wofür er beten, woraus er predigen kann.

Erst jetzt ist das Kreuz eine Offenbarung für ihn geworden. Als ob von diesem Kreuz ein Licht Gottes in sein Herz und in seine Arbeit gekommen ist.

Dieses tiefere Verständnis des Kreuzes hat, glaube ich, alles mit Ostern zu tun, mit dem Glauben an die Auferstehung Jesu. Wenn Anatole France in seiner

Geschichte vom "Geheimnis der unendliche Barmherzigkeit" spricht, das dem Pfarrer Truphenius offenbart wird, so geht es um genau dieses auch in dem biblischen Bericht über den Tag nach dem Sabbat; wenn all diese verschiedenen Menschen, Frauen und Jünger, zum Grabe gehen, um über Jesus zu trauern und ihn zu salben.

Sie kommen mit ihrem Kummer, ihrer plötzlichen Aussichtslosigkeit und werden dann konfrontiert mit einer völlig anderen Erfahrung, die sie alle erschüttert. Sie wissen vorerst -und vielleicht für lange Zeit- nicht, was sie davon denken können.

Wir haben heute diese Geschichte gelesen aus dem Evangelium nach Markus. Hier sind die Frauen die ersten, die zum Grabe gehen. Sie werden gezeichnet in der Sorgfalt ihrer Versorgungen, wenn sie ihren Herren salben wollen; in ihrer Machtlosigkeit auch, wenn sie nachdenken über den Stein, der das Grab abschließt.

Und wenn sie das Grab dann geöffnet sehen, und einen unbekannten jungen Mann erblicken, vielleicht einen Engel, erschrecken sie sehr. Und wenn er zu ihnen sagt: "Erschreckt nicht! Ihr sucht Jesus von Nazareth, den Gekreuzigten. Er ist auferstanden; er ist nicht hier." - auch dann werden sie nicht beruhigt, weder durch die Worte, die er spricht, noch durch das leere Grab. Daß er auferstanden sei, ist für sie noch total unverständlich, es ist noch nicht einmal ein Geheimnis für sie, so sehr sind sie entsetzt. "Und sagten niemand etwas davon; denn sie fürchteten sich", - so beschließt Markus seine Geschichte. Das Wort -Auferstehung- ist hier noch keine Begriff.

Am Anfang steht eine erschütternde Erfahrung, und es dauert noch lange, bevor daraus ein Geheimnis werden kann.

Was mir außerordentlich wichtig erscheint in dieser biblischen Geschichte, das ist, dass wir unsere eigenen Erfahrungen von Leid, von Kummer nicht aufgeben brauchen, wenn wir vom Wort Auferstehung gehört haben. Was mit diesem Wort gemeint ist, schon in den biblischen Erzählungen, und später auch oft in der Kirche, hat nicht die Absicht, Kummer und Freude gegeneinander auszuspielen. Die Auferstehung ist vielmehr das neue Leben, das im und durch das Leid hindurch dennoch möglich ist. Sie deutet auf eine Freude hin, die nicht leugnet was uns und anderen an Schrecklichem passiert ist, die uns aber dennoch geschenkt wird, durch unsere Tränen hindurch.

Das Kreuz ist nicht nur Vergangenheit; weder das Kreuz Christi noch die unzähligen Kreuze, die auch heute noch in unserer Welt aufgerichtet werden. Das Kreuz aber hat eine fortwährende Beredsamkeit in unserer Welt behalten: Als ein Zeichen Gottes, der uns Licht schenkt in unserer Finsternis; uns mit Leben erfüllt, wo wir keine Hoffnung mehr darauf hatten; uns den Mut gibt, auf dieses neue Leben zu hoffen, für uns selbst und für andere Menschen. Das

Kreuz als das "Geheimnis der unendlichen Barmherzigkeit", das uns Menschen von Zeit zu Zeit offenbart wird, damit wir in Hoffnung miteinander leben können. Diese Offenbarung Gottes kann uns allen ganz unerwartet zuteil werden. Als ob das Unerwartete selbst als ein Merkmal dieser Offenbarung angesehen werden kann.
So kann man auch ganz überrascht sein, genau diese Gedanken der Offenbarung bei denen vorzufinden, bei denen man das nicht erwartet hätte. So muß es für den Schriftsteller Martin Walser eine Überraschung gewesen sein, einen Satz wie diesen bei Nietzsche anzutreffen:" Und nur wo Gräber sind, giebt es Auferstehungen.-"Und dann auch noch später genau diesen Satz bei dem Theologen Karl Barth mit Zustimmung zitiert zu finden.
Bei Nietzsche ist dieser Satz die Schlusszeile seines "Grablieds" (in "Also sprach Zarathustra") in dem er sich der Träume und "Gesichte" seiner Jugend erinnert, sie wieder aufsucht. Sie sind zu früh verstorben, oder von anderen vernichtet. Auf seinen "Gräberinseln" sind sie zu finden. Er weiß aber auch wie lebendig sie wieder werden können, wie nah sie immer geblieben sind, wenn er das nur will. So sucht er seine "göttlichen Augenblicke" wieder auf, um so etwas wie eine Auferstehung davon erleben zu können: "Und nur wo Gräber sind, giebt es Auferstehung.-"

Für Karl Barth ist dieser Satz Nietzsches -überraschenderweise- Ausdruck der Hoffnung eines jeden Menschen, jeder Kirche, aller Kirchen, um (wie er sagt) "Vorbild des Kommenden zu sein, erfüllte Weissagung, von lebendigem Wasser der Offenbarung durchrauschter Kanal". 'Nur wo Gräber sind ist Auferstehung´ (R. 560) stimmt er Nietzsche bei. Für Walser bedeutet dann dieser Satz, dass "der Mensch, der die Offenbarung Gottes empfängt, gerettet ist als der Verlorene, als der nicht zu Rechtfertigende", wobei er wieder Barth zitiert.

So etwas erfährt der Pfarrer Truphenius aus der Geschichte von Anatole France, wenn er "das Geheimnis der unendlichen Barmherzigkeit" als eine Offenbarung zulässt. So etwas erfahren die drei Frauen am Grab, wenn sie in ihrer Erschütterung über das leere Grab und die Worte des Engels sich auf die neuen Wege begeben, die sie dennoch gehen können.

So können vielleicht auch wir mit Ostern etwas erfahren vom Licht Gottes, das in die Finsternis unseres Lebens einbricht, uns mit einer neuen Freude belebt und uns wissen lässt, wie nah uns allen Gott ist mit seiner Barmherzigkeit und wie er auch uns auferweckt zum Leben.
Amen

Gebet

Lieber Gott
wir bitten dich für diejenigen, die so sehr in der Nähe des Todes leben
vom Leid anderer Menschen getroffen, beängstigt
von Krankheit und Gewalt,
daß sie dich brauchen als einen Helfer,
Daß du da bist in ihrer Verlorenheit und sie mit Hoffnung auf Leben erfüllst,
damit das Leben wieder gut ist und sinnvoll.
Erfülle Du uns alle mit deiner Hoffnung,
mach uns zu offenen Menschen.
Wir bitten dich für diejenigen,
die voller Verzweiflung auf ihr Leben blicken,
und nur noch Enttäuschungen sehen,
wo das Leben nicht wurde wie es hätte sein können:
sei du bei ihnen als einer der trösten kann,
der uns die Kraft gibt für ein Leben
das wir als das unsrige erkennen können.
Wir bitten dich, Gott, für alle Menschen,
die versuchen die Wege zu gehen, die du uns zeigst:
daß wir verstehen, was andere uns sagen,
daß wir annehmen können, was andere uns reichen
daß wir den Mut haben, das Leben zu bejahen
wo es `nein´ zu sagen scheint,
daß wir einander zeigen können, was uns berührt.
Sei du bei uns allen Gott,
wenn wir versuchen zu verstehen etwas das Geheimnis ist,
deiner Anwesenheit, deiner Barmherzigkeit für Menschen,
gib, daß auch wir etwas davon verwirklichen,
wo wir Menschen begegnen, wo auch immer,
etwas von deiner Liebe zeigen können, dass sie uns erfüllt.
Wir kommen zu dir und beten die alten Worte, die Jesus uns lehrte:
Vater unser..

Gottesdienst 28 April 2013

Ps 27

Gebet

Lieber Gott
wir kommen zu dir mit unserem Gebet,
weil auch wir manchmal in unserem Leben
es brauchen wieder von dir zu wissen,
um unser eigenes Leben ein bisschen in Ordnung zu bringen.
Um wieder zu wissen was darin wichtig ist,
um wieder aufrichtig einschätzen zu können,
was andere Menschen für uns bedeuten,
worin sie uns stark beeindrucken können,
wo sie uns verletzt haben und wir sie,
wo andere eine Bedrohung sind für all das, wofür wir stehen mögen.
Wir kommen zu dir, hoffend manchmal eine Hilfe zu finden
wo wir nirgendwo in der Welt sonst eine Hilfe finden.
Wir fühlen uns manchmal zu stark um Hilfe zu suchen,
wir wissen aber manchmal auch,
dass unsere Stärke oft nur eine Maske ist,
hinter der wir unsere Schwachheit verbergen.
wir wollen nicht schutzlos sein gegenüber anderen Menschen,
nicht allzu unsicher gegenüber uns selbst,
und machen uns deshalb stärker als wir eigentlich sind.
Zu dir kommen wir mit unserem Gebet,
wissend, daß wir dir gegenüber in aller Ruhe schwach sein können,
wissend, daß du uns so oft eine Stärke warst,
daß du uns beruhigt und uns Kraft gegeben hast,
daß du uns ermutigt und Aussicht gegeben hast
daß du uns aus uns selbst heraus gerufen hast
um wieder zu wissen, was unser Auftrag ist,
um wieder von deiner Liebe für Menschen zu wissen,
davon, daß sie die Kraft unseres Lebens ist
die uns den Mut gibt, das Leben zu leben.
Sei du bei uns allen, Gott, mit deiner Anwesenheit, mit deiner Liebe!
Amen

Text: Joh. 21: 1-14

Predigt

Wir alle haben vielleicht in unserem Leben schon die Erfahrung gehabt, daß, nachdem wir eine Begegnung hatten mit jemandem, oder ein Gespräch, wir dann später, schon zu Hause oder noch unterwegs, plötzlich wissen, was wir eigentlich noch hätten sagen müssen. Das richtige Wort fällt uns dann erst später ein. Vielleicht wissen wir dann auch, daß dieser zweite Gedanke so wichtig sein kann, daß wir das abgebrochene Gespräch auf der Stelle weiterführen möchten, oder uns Mühe geben, nach zu tragen, was zunächst eben nicht gesagt wurde. Aber wir wissen auch, daß wir es dennoch manchmal nicht tun, aus welchen Gründen auch immer, und somit eine gute Gelegenheit verpassen, das Gespräch weiter zu führen, das wir hatten.
Ich glaube, daß in diesem Moment, wenn wir darüber nachdenken, was eigentlich noch gesagt werden muss, etwas Wichtiges passiert: daß dann etwas erfahrbar ist, von einem "heiligen Moment", worin Gott uns zeigt, was wir am besten können. Man könnte auch sagen: worin er uns zeigt, wie wir als von ihm inspirierte Menschen handeln können in unserer Umgebung, in unserer Welt. Als ob der heilige Geist auch in uns wirksam sein kann.
So etwas ist im Evangelium nach Johannes passiert. Der Mann, der es geschrieben hat, war schon fertig mit seiner Geschichte. Er hatte die ihm wichtigsten Ereignisse aus dem Leben Jesu beschrieben und seine Auffassung davon, seinen Glauben an diesen Mann: wie er das Leben zeigt in der Verbundenheit mit Gott, in seiner Nähe; wie dieses Leben für uns alle möglich ist. Johannes- wer er wirklich war wissen wir nicht- dieser Johannes hat nicht alle Geschichten benutzt, die er kannte, nur seine Lieblingsgeschichten, und die für ihn am meisten notwendigen. So z.B. nicht die Geschichte von der Geburt Jesu, aber sehr ausführlich die Passionsgeschichte. Und am Ende die Erzählungen von den Erscheinungen Jesu nach seinem Tode, wo er- dennoch- durch Furcht und Angst der Jünger hindurch wie durch geschlossene Türen für sie sichtbar wurde, als lebendig erfahrbar.
Aber gleichzeitig wird auch gezeigt, dass dieses Privileg der Anschaubarkeit Jesu, das die Jünger damals haben, in der Zukunft überflüssig sein wird.
Auf Vorschlag von Petrus gehen sie wieder fischen.
Man könnte sagen: sie wissen eigentlich nicht, was sie mit ihrem Leben jetzt noch tun können. Sie haben nicht vergessen, was sie alles erlebt haben, sie wissen vielleicht genau, daß diese Jahre der Höhepunkt ihres Lebens waren,- aber was sie jetzt mit diesen Erfahrungen tun können, das wissen sie nicht. Es ist, als ob sie hilflos sind in diesen Umständen, weil das für sie Wichtigste sich plötzlich geändert hat. Und sie fallen zurück auf das, was ihre tägliche Arbeit

war. Um in dieser neuen Unsicherheit ihres Lebens dennoch so etwas wie eine Sicherheit zu finden.

Vielleicht können wir uns diesen Rückfall aus einer Unsicherheit ganz gut vorstellen. Das Leben ist auch für uns manchmal nicht ganz einfach. Auch wenn wir wissen, ganz schöne und auch wichtige Erfahrungen gemacht zu haben. Aber was wir mit ihnen tun können, wenn sie nicht mehr ganz präsent sind, das wissen wir nicht immer. Wir können dann froh sein, auf eine gewisse frühere Routine zurückgreifen zu können, um uns das Leben zu sichern, und darin vielleicht eine Freude erleben zu können.
Aber für die Jünger Jesu passt diese Haltung eigentlich kaum: sie sind zu großen Dingen berufen, dazu, ein Licht Gottes in der Finsternis der Welt zu sein. Aber wie sie das sein können, wissen sie nicht, und vielleicht auch nicht einmal mehr, daß sie dazu berufen sind. Bis sie geweckt werden von einem Mann am Ufer des Sees.
Eine andere Auffassung geht davon aus, dass die Jünger ganz gut wissen, wozu sie berufen sind, nämlich zu der Verwirklichung der Liebe Gottes, die Jesus gezeigt hat, -daß sie aber die kluge Entscheidung getroffen haben, dies in der Routine ihres vertrauten Daseins zu realisieren.
Sie bilden sich nicht ein, große Schritte in der Entwicklung der Menschheit jetzt schon tun zu können und beschränken sich auf das, was sie können. Es ist dann ein Zeichen der Bescheidenheit ihr ursprüngliches Leben als Ausgangspunkt für einen Neuanfang zu nehmen und dann zu sehen wie weit man damit kommen kann.
Aber wie auch immer, in beiden Fällen bleibt all ihre Mühe umsonst.
Die letzte Geschichte dieser Erscheinungen, die vom sogenannten ungläubigen Thomas,- der in Wahrheit einer seiner treuesten und gläubigsten Jünger ist,- er spricht das wichtigste Glaubensbekenntnis dieses Evangeliums aus: "Mein Herr und mein Gott",- diese Geschichte wird abgeschlossen, indem Jesus spricht: " Du hast jetzt geglaubt, weil du mich gesehen hast. Selig, wer in Zukunft glauben wird, ohne mich gesehen zu haben."
Mit dieser letzten Seligpreisung (wie sie wohl genannt wird), wird die Zukunft des Glaubens für alle geöffnet, die Jesus nicht selbst gesehen haben.
Die Zeugnisse der Jünger und das Zeugnis des Mannes, der sie aufgeschrieben hat, müssen die Grundlage sein können für alle künftigen Generationen, die ihr Leben mit Gott verbinden mögen. Damit hat Johannes seine Schuldigkeit getan und schließt sein Evangelium ab: "Damit ihr durch den Glauben Leben habt, weil er es ist", wie er schreibt.

Aber dann- wie viel später ist nicht zu sagen- bedenkt er, daß er seiner Geschichte noch etwas hinzufügen muss. So erzählt er die Geschichte der Erscheinung Jesu am See bei Tiberias vor sieben Jüngern. Man könnte sich fragen warum diese Geschichte so wichtig ist, dass sie dann noch erzählt werden muss. Ist es diese Erscheinung Jesu, die uns dann noch einmal überzeugen muss von seiner Anwesenheit bei Menschen, einer Anwesenheit, die bleibt? Oder geht es vielleicht vielmehr um den Gemütszustand der Jünger, der hier zur Sprache kommt und der vielleicht unbedingt erkannt werden muss? Weil wir uns dann wieder erkennen können?

In der Geschichte der Auslegung dieses Textes gibt es zwei verschiedene Auffassungen, die beide wichtig sein können. Die erste- und von den meisten Auslegern vertretene- Auffassung spricht von einer gewissen Gelassenheit oder Aussichtslosigkeit/Resignation eben der Jünger. Nachdem sie so lange Zeit- bei Johannes sind es drei Jahre- mit ihrem Herrn herumgezogen sind und alle Wunder und Zeichen gesehen haben, die er vor ihren Augen getan hat, und alles gehört, was er gesprochen hat, und auch die schwer zu verstehenden Ereignisse seines Todes und seiner Auferstehung miterlebt haben, nehmen sie ihren alten Beruf wieder auf.
Die ganze Nacht fingen sie nichts und müssen mit einem Gefühl von Mutlosigkeit zum Ufer zurückgekehrt sein.
Was dort passiert, ist so etwas wie ein stilles, geheimnisvolles Wunder, das man sozusagen aus der Nähe betrachten muss. Der Mann am Ufer bittet die Fischer, das Netz jetzt an der rechten Bootsseite auszuwerfen, was sie mit ihrer Routine offenbar nicht getan haben, Und tatsächlich fangen sie dann eine unerwartete Menge an Fischen. Das ist vielleicht schon ein Wunder, worüber sie erstaunt sind. Aber das geheimnisvolle Wunder ist es noch nicht. Das bemerken die Jünger erst, als sie ihr Fischnetz an Land geschleppt haben. Dann sehen sie, dass der Mann am Ufer auf seinem Kohlenfeuer schon Fische und Brot liegen hat. Er braucht ihre Fische überhaupt nicht!
Mochten sie vielleicht gedacht haben, daß er sie aufgefordert hatte, für ihn selbst einige Fische zu fangen, sehen sie jetzt, daß er das für sie getan hat. Damit sie wieder um einen unerwarteten Erfolg wissen konnten, wenn sie die Worte ihres Herrn befolgten. Es geht nicht so sehr um die Fische, es geht um eine gewisse Folgerichtigkeit, das Ziehen der richtigen Konsequenzen aus allen Worten, die sie von ihrem Herrn gehört haben. Und um den Mut, diese in der Welt zu verbreiten.

Das bedeutet auch die Zahl 153 (die im Text erwähnt wird). Sie steht für die Zahl der Völker dieser Welt, wie das damals angenommen wurde. Die Jünger werden hier wirklich zu Fischern von Menschen berufen, auch wenn dieser Ausdruck hier noch nicht vorkommt. Sie werden hier also an ihre Berufung erinnert: eine Berufung, die auch nach Kreuz und Auferstehung besteht. Man könnte auch sagen: eine Berufung, die von dem Gekreuzigten und Auferstandenen ausgeht und uns alle zu seinen Jüngern macht.
Dieser, der Gekreuzigte und Auferstandene, erscheint hier als ein unbekannter Mann am Ufer des Sees.
Von den Jüngern ist es nur einer, der ihn erkennt: er wird hier wie anderswo im Johannesevangelium angedeutet als "Der Jünger, den Jesus besonders liebte".

In den anderen Evangelien kommt diese Benennung , diese Auszeichnung nicht vor. Es ist viel spekuliert worden über die Frage wer damit gemeint sein könnte. Die vielleicht interessanteste Auffassung darüber ist die, daß es jeder sein kann, der sich in die Spuren Jesu wagt, als ein Jünger, der wirklich bereit ist, ihm zu folgen. Der wird von seinem Herrn geliebt. Der erkennt seinen Herrn in dem unbekannten Mann am Ufer des Sees. Der erkennt seinen Herrn in allen unbekannten Menschen in dieser Welt, die uns brauchen; oder die uns zu unserer Bestimmung bringen, wenn sie uns einladen, die Liebe Christi zu verwirklichen. Auch wenn wir uns als unfruchtbar erachten und erfolglos. Auch wenn wir uns in der Nacht unseres Lebens befinden und dennoch auf die Stimme hören können, die uns ruft. Damit es Morgen wird für uns und für alle, denen wir begegnen können.
Amen

Gebet

Lieber Gott
wir bitten dich für all die Menschen,
die zu leiden haben an einer -von ihnen erfahrenen- Fruchtlosigkeit ihres Lebens,
die sich alle Mühe geben, für andere Menschen,
für die Arbeit auch, die sie machen,
für die wichtigen Verbindungen, in denen sie leben,
die aber kaum etwas sehen von einem Gelingen,
von einer Freude die auf sie zukommt,
von einem Gefühl wie gut es ist, was sie tun,
und wie schön das Leben .
Sei du bei ihnen als einer,
der an ihrer Seite steht,
der mit ihnen geht auf ihrem Lebensweg,
der uns alle begleitet auf unseren Wegen.
Wir bitten dich, daß du uns Menschen
in unserer Mutlosigkeit die Kraft gibst,
neue Wege zu suchen in unserem Leben,
daß du uns den Mut gibst, Vertrauen zu haben
daß wir fruchtbare Wege betreten können,
auch wo unsere Wege unsicher sind,
und es nur wenige Menschen sind, die mit uns gehen;
wo wir so unsicher sind, über das was wir bewirken,
was unsere Zukunft ist , für die Menschen und bei dir.
Sei du bei uns allen, Gott,
damit wir voll Vertrauen sind und voller Freude,
damit wir wissen, wie gut es ist, bei einander zu sein
und das Leben zu genießen,
um voller Kraft an die Arbeit zu gehen,
an das, was so wichtig ist für uns,
um voll Vertrauen in die Zukunft zu gehen,
wissend, daß du bei uns bist, daß du auf uns wartest.
Wir kommen zu dir und beten
Vater unser.

Gottesdienst 19 Mai 2013 - Pfingsten

Ps. 122

Gebet

Lieber Gott,
auch wir kommen zu dir, zu deinem Haus, wie die Pilger von damals gewissermaßen;
auch wir haben unsere Häuser verlassen,
für eine kurze Zeit, wenn wir auch mit uns tragen
was uns dort beschäftigt, mit Menschen verbindet,
was uns Sorgen macht, was uns Hoffnung gibt;
auch wir wissen manchmal im Leben noch unterwegs zu sein,
noch nicht wissend, wie es wirklich weitergehen wird,
noch nicht unsere Bestimmung erreicht,
unsere Wege suchend, Menschen suchend, die mit uns gehen können,
hoffend auch von dir eine Weisung zu bekommen,
die für unser Leben reicht.
Wir kommen zu dir, zu diesem Haus,
auch um wieder von einem Frieden zu wissen
wie die Pilger von damals sich den von der Stadt erhofften, die sie versuchten zu erreichen,
hoffend auch dort einen Frieden zu finden,
der eine Grundlage für ihr Leben sein könnte,
ein Gefühl von Geborgenheit, das bei uns bleibt;
einen Frieden für uns selbst, für was wir im Leben tun,
einen Frieden mit Geschwistern und Freunden,
einen Frieden mit allen Menschen, mit denen wir zusammen arbeiten,
denen wir begegnen können, unterwegs und zuhause.
Gib Gott, dass wir alle mit unseren Stärken
und mit unseren Begrenzungen, einander immer wieder suchen
und begegnen können, damit es Frieden gibt,
in diesem Haus, in unser aller Leben,
damit wir tun können, wozu wir gerufen sind,
eine Gemeinde von dir zu sein, in unserer Welt,
die auf Frieden hofft, auf eine Geborgenheit,
die uns eine Stütze sein kann, fürs Leben.
Amen

Gen 11, 1-9

Apostelgeschichte 2, 1-13

Predigt

Es ist vielleicht gut, auch heute von Anfang an zu bedenken, daß Pfingsten eigentlich ein Fest der Pilger war. Und zwar in verschiedenem Sinn des Wortes. Nicht nur kamen viele Pilger aus der damaligen Welt nach Jerusalem um dort gemeinsam einen der Höhepunkte ihres Glaubens zu feiern, sondern sie feierten auch so etwas wie das Pilger-Sein an sich: daß wir Menschen immer unterwegs sind; daß das Volk, zu dem sie sich bekannten, immer unterwegs ist, ihr Ziel noch immer nicht erreicht hat. Sie feierten aber auch, daß ihr Gott sie genau zu dieser Pilgerschaft genötigt hatte, beim Auszug aus Ägypten, den sie mit dem Passahfest feierten, und daß er ihnen unterwegs in der Wüste begegnet war, ihnen die fürs Leben notwendige Weisung gegeben hatte, mit dem Gesetz am Sinai, und daß sie danach wieder voller Hoffnung ihre Pilgerreise durch die Wüste fortsetzen konnten. Die Höhepunkte jüdischen Lebens und Glaubens waren also vollständig von dem Gedanken der Pilgerschaft erfüllt: so ist das Leben eben; davon ist auch Glauben gekennzeichnet: wir sind unterwegs, wir haben unser Ziel noch nicht erreicht, aber genau darin hat Gott sich mit uns verbunden. Genau in aller Unsicherheit des Unterwegs-Seins, der Pilgerschaft zu einer unbekannten Zukunft, hat Gott sich als der mit uns Verbundene erklärt, als ein Partner im Bunde, der mit uns weiter zieht. Diese Verbundenheit in Pilgerschaft wurde schon Jahrhunderte gefeiert; dann konnte man einfach nicht zu Hause bleiben, dann musste man eben auf eine Pilgerreise! In der Nähe meistens, aber auch nach Jerusalem, wenn es möglich war. So wird das auch in unserer Pfingstgeschichte erzählt, wie Pilger aus der ganzen damaligen Welt mit all ihren eigenen Sprachen nach Jerusalem gekommen waren, um das Fest der Pilger zu feiern, und die Weisung Gottes, damit wir wissen, wie es am besten weitergehen kann, in unserem Leben: wie wir am besten miteinander umgehen können. Unterwegs, wissend, dass wir unsere Ziele noch nicht erreicht haben, glaubend aber auch, dass Gott irgendwo in unserer Nähe anwesend ist, um uns auf unserer Pilgerschaft zu begleiten.

"Du bist das Wunder in den Wüsten
das Ausgewanderten geschieht."

Diese Zeile Rilkes (Stundenbuch, 55) spricht genau dasjenige aus, was der Kern der Pilgerschaft ist: was damals in der Wüste erfahren wurde, was als immerwährende Weisung mitgetragen wird und was letztendlich für ein Kennzeichen Gottes gehalten werden darf. Daß er das "Wunder in den Wüsten",

daß er das Wunder unseres Lebens, daß er das Wunder unserer Gemeinschaft ist. Und dasß man das immer wieder auch zu ihm sagen kann und muss.
Die Pilgerschaft ist also die Grundlage des Pfingstfestes, der Grund ihres Zusammenkommens aus der ganzen Welt, der gemeinsamen Erfahrung von Gott als dem "Wunder in den Wüsten.
Es gibt aber auch, auf dieser Pilgerschaft, etwas, das diese gemeinsame Grundlage bedroht. Die dort anwesenden Menschen, "fromme Juden aus aller Herren Länder", sie sprechen so viele verschiedene Sprachen, sie kommen aus so verschiedenen Welten, dass es kaum möglich gewesen sein muß, dass sie einander verstanden.
Das Rätsel der Verschiedenheit der Sprachen der Menschheit ist fast so alt wie die Menschheit selbst. Warum gibt es so viele verschiedene Sprachen, warum nicht nur eine? Dann wäre es doch sehr viel einfacher gewesen einander zu verstehen! Die Geschichte- oder vielmehr der biblische Mythos des Turmbaus zu Babel versucht eine Erklärung dafür zu finden. Dort wird von einer allen Menschen gemeinsamen Sprache ausgegangen, diese aber ist der Ausdruck eines gemeinsamen Machtwillens, der bedrohlich ist für Menschen und für Gott. Das Streben nach einer allen gemeinsamen Einheitlichkeit -und der Turmbau ist nur der Anfang davon- wird alle Verschiedenheit von Menschen unterdrücken oder vernichten. Hier wird, vielleicht zum ersten Mal in der Geschichte der Menschheit, der Gedanke ausgesprochen, dass es eine gefährliche Einheit geben kann, die nur mit Macht oder Stolz erreicht werden kann und letztlich vernichtend ist für den Reichtum der Verschiedenheit von Menschen. Gott, der in dieser Geschichte dieser Einheit "verwirrt", er kommt damit auf für eine unaufgebbare Verschiedenheit von Menschen.
Das Heil von Menschen- auch das einfache Glück, das wir erhoffen- liegt nicht in einer von Menschen erzwungenen Einheit, erfüllt von Eigensinn und Trotz, auch wenn diese manchmal als das einzig denkbare Mittel des Fortschritts angesehen werden. Gott "verwirrt" diese Einheit, er vernichtet die gemeinsame Sprache, um genau einen Anfang der Verständigung zu schaffen. Eine Verständigung zwischen Menschen, die verschieden sind; die ihre Eigenartigkeiten haben und genau darin eigen und kostbar sind. In dieser Geschichte wird der Name "Babel" und dessen Bedeutung sachgemäß geändert: ursprünglich meinte er "Pforte des Himmels", als eine von Menschen selbst erreichbare Möglichkeit. Aber am Ende heißt es nur noch "Wirrsal", wenn eine gewalttätige Einheit von Menschen durch Gott verwirrt wird, um daraus einen Neubeginn der Menschlichkeit zu schaffen.

Wenn wir heute Pfingsten feiern und darüber nachdenken, was die Geschichte der Apostel bedeutet, dann können wir diese Geschichte mit der von Babel verbinden. Die Apostel sitzen zusammen in einem Haus, in einer Stadt, wo die versammelten Pilger ihr Fest feiern, und plötzlich erfahren sie ein wunderbares Getöse - Wind wie in einem Sturm: Feuer wie auf jedem Kopf; Menschen, die von allen Seiten auf sie zuströmen - Ereignisse, die sie ohne Zweifel nicht gleich verstanden haben, aber später interpretierten als ein Erfülltsein vom Heiligen Geist. Das Wunder, das sie erleben, liegt aber nicht so sehr in diesen Naturerscheinungen selber, sondern darin, daß die Menschen, die heran strömen -aus aller Herren Länder- in ihrer eigenen Sprache verstehen, was die Apostel sagen, wenn sie von Gottes großen Taten reden. Das Wunder ist also nicht, dass die Apostel plötzlich alle Sprachen der Welt beherrschen, sondern dass sie von ganz anderen Menschen mit ganz anderen Sprachen direkt verstanden werden.

Man könnte sagen: der heilige Geist, der hier in Menschen wirkt, überbrückt die Verschiedenheit von Menschen. Auch wenn sie verschiedene Sprachen sprechen, auch wenn sie ganz verschiedene Menschen sind, wir können, erfüllt vom Heiligen Geist, verstehen, was andere sagen, wenn wir "von Gottes großen Taten reden".

Das heißt auch, daß wir nicht nur über uns selbst reden, nicht nur unsere eigenen Meinungen auf andere übertragen, oder eine Gemeinsamkeit erwarten, wo wir nur unsere eigenen Ansichten durchsetzen mögen. Wir können aber Vertrauen haben in so etwas Ungreifbares wie den "Heiligen Geist", wenn Gott bei uns ist und ein Verständnis zustande bringt, wo wir verschiedene Sprachen sprechen, so voller verschiedener Meinungen sind, aber dennoch verstehen können, was Gott von uns hofft, wozu er uns nötigt und was andere Menschen von uns erwarten können.

Das Pfingstfest von damals macht aber auch deutlich, daß wir mit dem Heiligen geist nicht etwas Unwandelbares bekommen haben. Im Gegenteil: die Apostel werden nicht nur von Menschen aus aller Welt verstanden, sondern es gibt auch manche, die einfach damit gespottet haben. Als ob sie zu viel getrunken haben. Das ist, glaube ich, ein wichtiges Element in dieser Geschichte, das auch wirklich zu dieser Geschichte gehört. Es gibt eben eine Verletzlichkeit unseres Daseins, auch oder genau in den Momenten, die wir als die heiligen Momente unseres Lebens bezeichnen können. wenn wir uns für Gottes Offenbarung offenstellen, oder einfacher gesagt, wenn wir etwas als Heiliges erfahren und darüber sprechen möchten: dann sind wir darin verletzlich. Es hängt dann vom Heiligen Geist ab, ob wir dann verstanden werden von Menschen mit anderen Sprachen oder mit anderen Interessen. Wir können selbst nicht alles dafür, auch wenn wir versuchen mit klaren Worten zu deuten wo unsere Inspirationen liegen. So wird das Pfingstfest die Geburtsstunde der Kirche, nicht als einer Institution, die eine Einheit erzwingt, sondern als ein Ort, eine Gemeinschaft, wo es Verständnis gibt, mit all unseren Verschiedenheiten, mit unseren Verletzlichkeiten und mit dem vorsichtigen Glauben manchmal wozu wir imstande sind.

Der Dichter Rainer Maria Rilke, den ich schon zitierte, mit seinem unruhigen Leben und den vielen Orten, an denen er gelebt hat- er wusste genau, was es heißt Pilger zu sein; darüber hat er auch viele Gedichte geschrieben. Sie sprechen alle von einem Verlangen in der Nähe Gottes zu sein, darin auch von anderen respektiert zu werden, aber auch hoffend sich selbst sein zu können, wenn nötig allein.
Eines dieser Gedichte möchte ich heute zum Schluß zitieren. Es ist ein Gedicht wie ein Gebet, in aller Intimität und in aller Verletzlichkeit, aber auch in einem Wissen, diesen Weg zu Gott gehen zu können, zu müssen. So wie es ist. Dieses Gedicht lautet so:

"Du Gott, ich möchte viele Pilger sein,
um so, ein langer Zug, zu dir zugehen,
und um ein großes Stück von dir zu sein: Du Garten mit den lebenden Alleen.
Wenn ich so gehe wie ich bin, allein,-
wer merkt es dann? wer sieht mich zu dir gehen?
Wen reißt es hin? Wen regt es auf und wen
bekehrt es dir?
Als wäre nichts geschehen,
-lachen sie weiter. Und da bin ich froh,
dass ich so gehe wie ich bin; denn so
kann keiner von den Lachenden mich sehn." (84)

Amen.

Gebet

Lieber Gott
wir bitten dich
für die Verletzbaren,
für alle Menschen, die so leicht verwundbar sind
in dem was sie fühlen, denken, glauben;
für alle Menschen auch, die sich so sehr bedroht wissen
in der Grundlage ihres Daseins, durch Gewalt von Menschen,
durch den Krieg in ihrem Land,
durch die Verspottung, die Verwahrlosung anderer.
Sei du bei ihnen Gott, als einer
der ihnen Hoffnung gibt, auf Frieden in ihrem Land,
auf ein stilles Glück in ihrer Nähe.
Wir bitten dich
für die Begeisterten,
für die Menschen, die so leicht begeistert sind
von so vielem, was sie ergreift, von so vielem, was passiert,
von so vielem was ihnen notwendig erscheint.
Gib Gott, dass wir alle einen Unterschied machen können
zwischen dem, was wir richtig finden und dem
was dem Zusammenleben von Menschen dient;
gib uns allen ein offenes Auge
für was andere Menschen fühlen und brauchen,
was für ihre Selbstachtung notwendig ist.
Wir bitten dich
daß du uns allen immer wieder deinen heiligen Geist sendest,
es ist für uns notwendig, immer wieder davon zu wissen,
damit du uns in Erinnerung bringst,
was unser Glaube bedeutet, daß er lebendig sei,
von deiner Nähe weiß, von deinem Mensch-Sein,
von deiner Hoffnung was wir Menschen können.
Sei du bei uns allen, Gott, erfülle uns mit deinem Geist,
damit wir deine Menschen sind in unserer Welt.
Wir kommen zu dir und beten
Vater unser...

Gottesdienst 30 Juni 2013

Psalm 126

Gebet

Kann es immer so gehen, lieber Gott,
mit den Tränen von Menschen:
daß sie verwandelt werden in Freude,
daß wir eine neue Fruchtbarkeit erfahren
wo wir nur noch von Kummer wussten,
von einer Traurigkeit, die uns beherrschte?
Wir hören das manchmal, so leicht von Menschen gesagt,
auch wenn sie aus eigener Erfahrung sprechen,
hinterher, wenn das Schwierige vorbei ist.
Wir lesen darüber auch
in so vielen biblischen Geschichten,
wo das Los von Menschen gewendet ist,
aus der Gefangenschaft wieder nach Hause geführt,
aus einer Krankheit wieder zum Leben erweckt,
aus einer Einsamkeit wieder aufgenommen in ihre Gesellschaft.
Könnte so etwas auch uns passieren?
In unseren Umständen, in unserer Zeit?
Können auch wir eine tiefgreifende Veränderung erfahren,
wonach wir uns sehnen in unserem Leben,
die wir erhoffen für unsere Gemeinschaft,
die wir auch für andere erhoffen, die von Leid getroffen sind
und keinen Ausweg daraus sehen?
Kannst du bei Ihnen sein, als einer,
der ihnen, der uns die Wege zeigt,
die uns zur Hoffnung bringen können
auf eine neue Fruchtbarkeit,
auf ein Glück, das bei uns bleibt,
auf freudevolle Verbindungen mit Menschen.
Sei du bei uns allen, Gott,
"tu Großes an uns",
damit wir alle die Freude des Lebens wieder kennen
als deine Gabe an uns.
Amen

Text: Luk. 7: 36-50

Predigt

Das leben ist manchmal auch ein Geschenk. Wenn wir Menschen begegnen, die wirklich gut sind, ihre Freundlichkeit zeigen, ihr Vertrauen aussprechen. Oder wenn wir etwas sehr Schönes erleben, das uns hilft und uns Mut zum Leben geben kann. Oder wenn wir so etwas wie einen heiligen Moment erfahren können, eine Seltenheit selbstverständlich, aber wenn es passiert, Richtung gebend sein kann für unser ganzes Leben. Wir können das alles als ein Geschenk erfahren, als etwas, das wir so, in dieser Reinheit und Wohltätigkeit nicht erwartet haben, vielleicht nie erwarten dürften.
Über dieses Thema dachte ich nach, nachdem ich vor kurzem in Amsterdam eine ganz neue Oper gesehen und gehört hatte, die dort uraufgeführt wurde. Geschrieben wurde sie von einem holländischen Komponisten, Rob Zuidam, und heißt "Troparion". Die Musik kann ich leider nicht zu Gehör bringen, die Geschichte aber ein wenig nacherzählen. Diese Oper spielt sich ab im 4. Jahrhundert., in der Wüste in Ägypten. wo es damals viele Einsiedler gab, christliche Männer und Frauen, die dort versuchten, in Gebet und Askese ein reines Leben für Gott zu führen. Es gibt viele Geschichten und Legenden über sie, auch viele Sprüche von ihnen, die bis zum heutigen Tag gelesen, meditiert und studiert werden.
Diese Oper geht über eine Frau, die sich aus der Welt zurückgezogen hat und versucht, mit Gott und sich selbst ins Reine zu kommen. Sie betet, sie erzählt ihre Erlebnisse, ihre Visionen, und in all dem ringt sie um ihre Reinheit, um ein neues, fruchtbares Leben, in der Hoffnung, daß so etwas erreichbar ist, und ihr von Gott gegeben wird. Als ein Geschenk, das ihr gereicht wird. Das alles wird in dieser Oper sichtbar gemacht durch einen großen toten Zweig, der die Bühne beherrscht. Die Frau steht darüber und weint; sie weint über ihr Leben und versucht gleichzeitig mit ihren Tränen diesen toten Zweig in der Wüste zum Leben zu bringen. Mit ihren Tränen und mit Weihwasser: mit dem, was sie selber hervorbringen kann und mit dem, was ihr als Symbol des Glaubens gereicht wurde: Zeichen eines reinen Lebens vor Gott.
So versucht sie ein neues Leben zu stiften, für diesen Zweig und für sich selbst. Ein neues Leben als ein von Gott gegebenes Geschenk. In der Wüste, in der Wüste von damals, in der Wüste, die das Leben auch für uns manchmal sein kann.
Es hat etwas sehr Überraschendes, wenn ein solches Thema aus der Frühgeschichte des Christentums jetzt, in unserer Zeit, für eine Oper benutzt wird. Nach Aussage des Komponisten ist die Aktualität dieses Themas das immer wiederkehrende Verlangen eines Menschen nach Echtheit und Integrität, ein neuer Anfang des Lebens. In unserer Zeit, sagte er, sieht man die Trümmer dessen, was Menschen aus der Welt und den Gesellschaften gemacht haben; wir können dann die Hoffnung nicht unterdrücken auf eine beseelte Gesellschaft, wo

Menschen in Reinheit und Zuwendung zueinander ein neues Leben aufbauen können. Als das neue Leben an einem toten Zweig.
In der Oper gelingt das Wunder, aber gelingt es auch in der Gesellschaft von Menschen? Kann das auch heute noch passieren? Auch uns? Die Tränen dieser Frau in der Oper erinnerten mich an andere Tränen: an die der Frau, die ihre Tränen über die Füße Jesu rinnen lässt und diese dann mit ihren Haaren trocknet, sie küsst und mit kostbarem Öl salbt. Das sind Gesten, die alle Anwesenden mit Erstaunen erfüllten, vor allem den Gastgeber, einen Pharisäer. Das heißt: einen, der gewöhnlich als Gegner Jesu galt, ihn hier aber als Gast an seinen Tisch eingeladen hat. Es muß also bei ihm eine gewisse Offenheit und Neugier gegeben haben, daß diese Gastfreundschaft möglich war. Wenn auch innerhalb bestimmter Grenzen: er hat Jesus nicht recht herzlich begrüßt, nicht mit einem Begrüßungskuss; er hat ihm kein Wasser für die Reinigung der Füße gereicht,- elementare Umgangsformen der damaligen Gesellschaft. In all diesen unterlassenen Handlungen wird er überboten von einer Frau, die er verachtet. Unerwartet, uneingeladen, ist sie plötzlich da und tut was sie tun muß, macht gut, was unterlassen war, und weit darüber hinaus, zeigt allen Anwesenden an Jesus, was Liebe vermag.
Für sie ist das Beste, was sie hat, das Kostbarste, gerade dasjenige, das sie braucht um das einzige zu tun, das sie noch in Leben unbedingt tun muß: um diesen Mensch zu ehren, in dem sie die Würde wiedererkennt, die Gott jedem Menschen gegeben hat. In einer Reinheit , die dennoch anwesend ist; manchmal sichtbar, manchmal unsichtbar, aber immer vermutbar als die Gabe Gottes, die wir entdecken können. Auch das ist Glaube: als das Überzeugtsein von einer Würde von anderen Menschen, die nicht auf den ersten Blick erkennbar ist, die nicht so leicht verstehbar ist in allen Geschichten von Menschen, die wir hören. Es gibt diese Würde des zweiten Blicks, des zweiten Gehörs, wenn wir in der Begegnung die Reinheit erkennen können, die Gott als ein Geschenk in das Leben von jedem von uns gelegt hat, und die wir in unserem Glauben wiedererkennen können. Wieder- das heißt: auch nachdem wir diese aus unserem Blick verloren haben. Das zeigt Jesus an dieser Frau, die die Reinheit ihrer Liebe zeigt über alle verunreinigenden Blicke und Worte von anderen hinweg.
In dieser Geschichte kommt etwas Wichtiges zur Sprache, das für uns manchmal etwas Schwieriges an sich hat, nämlich das Thema der Vergebung. Wenn wir darüber nachdenken, was "Vergebung" für uns ist, stellt sich diese Frage meistens in der Form wie wir anderen dasjenige vergeben, was sie uns angetan haben. Und Menschen haben uns manchmal Schreckliches angetan!
Die Frage ist dann auch, ob unsere Nächstenliebe so groß ist oder unsere Verbundenheit mit ihnen, daß wir ihnen vergeben können, oder nicht. Wir verbinden damit manchmal gewisse Bedingungen: ob sie es bereuen, was sie uns angetan haben, das auch aufrichtig sagen oder zeigen, es wieder gutmachen

wollen, Besserung versprechen,- alles zusammen Handlungen, die wieder eine gewisse gemeinsame Zukunft versprechen, oder eine normale Zusammenarbeit. Sind diese Bedingungen aber notwendig um wirklich vergeben zu können? Hängt unsere Nächstenliebe ab von den Gegenleistungen zu denen andere imstande sind? Wie groß ist unsere Liebe wirklich?

Diese Fragen sind in unserem Leben und in den Gemeinschaften, in denen wir leben manchmal äußerst wichtig, manchmal eben entscheidend für den weiteren Fortgang unserer Verhältnisse. Es gibt aber manchmal auch einen starken Widerwillen gegen das Wort "Vergebung", und gegen das, wofür dieses Wort steht. Wir wollen manchmal nicht vergeben, wir wollen nicht, daß das von uns verlangt wird, es fällt uns leichter, in verstörten Verhältnissen zu leben, unseren Groll zu nähren, als Vergebung zu schenken oder zu erbitten. Aber wann bitten wir um Vergebung?

Unsere biblische Geschichte von heute geht weit über unsere Schwierigkeiten mit der Vergebung hinaus. Diese Schwierigkeit wird zwar gezeigt in der Mühe, die die Umstehenden damit haben, dass dieser Frau ihre Sünden vergeben werden, aber die Worte Jesu zielen auf etwas anderes hin. Er zeigt uns, daß wir alle auf Vergebung durch andere angewiesen sind, damit wir wirklich lieben können. "Der aber", sagt er, "dem wenig vergeben werden muß, wird auch weniger lieben" (42)

Das ist ein revolutionärer Satz. Hier wird nicht gesagt, daß wir viel lieben müssen, um vergeben zu können, sondern umgekehrt: daß uns viel vergeben werden muss, um lieben zu können. Die Vergebung durch andere ist die Bedingung für die Liebe zu der wir imstande sind.

Ich glaube, daß das Bewusstsein, Vergebung zu brauchen um lieben zu können, eine außerordentlich wichtige Bedingung ist für das Leben von Menschen miteinander. Das hängt zusammen mit einem Bewusstsein dessen, daß wir nie sicher sind über unsere Urteile, daß wir uns irren können, daß wir beschränkte und fehlbare Menschen sind und uns keine absoluten Urteile zustehen. Wir sind keine Götter, nur Menschen, die in unserem Herzen meistens ganz gut wissen, daß wir nicht alles zum Besten gemacht haben. Aber auch dies muss kein absolutes Dogma werden: als ob wir Menschen nur noch sündig sind, zu nichts Gutem imstande. Wir sind zu etwas imstande, zu guten und zu bösen Taten. Wir sind zur Liebe imstande: zu großzügigen Handlungen anderen gegenüber, zu einem Verstehen dessen, was in anderen passiert, auch von den Wunden, die ihnen zugefügt worden sind. Wir können aber auch zeigen, wie dennoch durch all unsere Mängel und Fehler hindurch, und vielleicht auch durch Buße und Vergebung hindurch, so etwas möglich ist wie ein offenes Leben, wo Menschen einander begegnen können in Einfalt und Liebe. Wo wir mit unseren Tränen einander stärken können für den Weg, den er oder sie gehen muß.

Wo wir mit unseren Tränen einander zum Leben erwecken können in der Wüste worin wir uns befinden, in aller Reinheit und allem Vertrauen, die uns möglich sind. Amen.

Gebet

Lieber Gott,
wir kommen und beten zu dir
in der Hoffnung, daß du uns zu reinen Menschen machst; wir brauchen das immer wieder,
um in dem Wirrwarr von Geschehnissen woran wir beteiligt sind,
so etwas wie einen festen Punkt zu finden,
von wo aus wir handeln können als wir selber,
so wie wir das Leben von dir empfangen haben.
Wir bitten dich für die,
die so beschädigt sind vom Leben,
oder verletzt von anderen Menschen,
daß sie kaum mehr wissen, wem sie vertrauen können,
wo es einen Anhaltspunkt gibt fürs Leben,
oder für einen Glauben, der sie stützt.
Sei du bei ihnen als einer, der mittragen kann
was wir allein nicht tragen können,
als einer, der uns das Leben erleichtert.
Wir bitten dich für die,
die immer wieder versuchen, andere zu ermutigen,
die verstehen können, was in anderen passiert, auch wenn sie das selber nicht so zeigen,
die andere aufsuchen in ihrer Not,
die ihr Können bereitstellen in einer wirklichen Gastfreundschaft,
die Gerechtigkeit suchen in all ihren Äußerungen
in all ihren Handlungen gegenüber anderen Menschen.
Sei du bei ihnen als einer,
der sie stützt in ihrer Aufrichtigkeit,
der ihnen Kraft gibt für alles was sie unternehmen,
der ihnen den Mut gibt, die Liebe so zu verbreiten.
Sei du bei uns allen, Gott,
gib uns immer wieder Glauben in dich, Glauben in deine Zukunft,
gib uns Glauben in Menschen damit es Frieden gibt in unserer Welt.
Wir kommen zu dir und beten die Worte, die Jesus uns lehrte:
Vater unser....

Gottesdienst 25 August 2013

Jes. 57:14-15

Gebet

Lieber Gott,
oft fühlen wir uns kleine Menschen,
wenn wir nachdenken über uns selbst,
klein gegenüber andere Menscheb
    die wir für groß halten, und wichtig,
klein manchmal auch gegenüber uns selbst,
    wenn wir hinterbleiben bei dem was wir können;
    uns machtlos fühlen wenn wir sehen
        was eigentlich notwendig ist um zu tun,
        nicht wissend was wir ändern können,
        auch uns selbst nicht ändern können;
wir fühlen uns manchmal auch klein wenn wir nachdenken über dich,
wenn wir uns vorstellen wie mächtig du bist,
    auch wenn wir nicht immer verstehen
        warum du deine Macht nicht zeigst,
wir fühlen uns klein gegenüber dem
    was du in Menschen gezeigt hast von Möglichkeiten
    um unsere Schwachheit in Kraft zu verwandlen,
    um die Chancen zu benutzen um mutig zu sein,
    um rechfertig zu sein wo Menschen mit einander streiten,
    um Frieden zu stiften wo es nötig ist.
Wir bitten dich
    sei du uns nah in unsere Schwachheit
        damit wir etwas deiner Stärke zeigen,
    sei du uns nah wo wir uns bedrückt fühlen
        und gib uns Aussicht in das weite Leben,
    sei du uns nah wo wir uns zerschlagen fühlen,
        richte uns auf, und gib uns Mut zum Leben.
Sei du uns allen na, o Gott,
    damit es Frieden gibt in unsere Welt,
    damit wir alle deine Namen preisen,
    und glücklich mit einander leben können.

                        Amen

Jes. 53: 1-4a
Lukas 9: 46-48

Predigt

Heute möchte ich anfangen mit einem der vielen Bilder die der große Gelehrte und Theologie Erasmus von Rotterdam benützt und überliefert had. Erasmus war ein Europäer, obwohl er aus kleine Verhältnisse in den Niederlande kam. Es hat nie eine wichtige Stelle in der Kirche, an einem Hofe onder an einer Universität bekleidet, dennoch war sein Name überall bekannt, und las man seine Schriften. Er hat das klassische Altertum geliebt and ihre Schriften wieder ausgegeben, aber auch versucht eine moderne Theologie zu gestalten, eine Einfachheit des Glaubens und der Lebensgestaltung zu formulieren, und mit scharfer Kritik Missstände in der Kirche (und der Gesellschaft!) anzugreifen. Dabei unterstützt von einem großen Humor, wie noch heute sichtbar ist in seinem berühmtesten Buch: "Das Lob der Torheit". Diesen Erasmus kann man sehen als einen der Vorläufer der Remonstranten.
Eines der vielen faszinierenden Bilder die er benutzt ist zu finden in seine Versammlung der "Sprichwörter", (Adagia), die er zeitlebens versammelt, und manchmal ausführlich beschrieben hat.
So spricht er über allte "Sileni", Bilder von Stein aus der Altertum, die man öffnen konnte, wie eine Dose. Von außen angesehen waren sie meist hässlich, aber drinnen konnte man manchmal die schönste Schätze bewundern.
Dieses Bild der 'Sileni' wurde schon im Altertum benutzt um auf die Kostbarkeit von Menschen selber hinzuweisen. Berühmt ist das Beispiel von Sokrates, der Philosoph, dessen Äusseres ziemlich hässlich gewesen sein muß, dessen Inneres aber die wichtigste Gedanken hervorbringen konnte, und die schönste Gespräche mit anderen herauslockte. Schon einer seiner Schüler, Alkibíades, hat ihn mit einem Silenus verglichen, und das war als ein Kompliment gemeint: "dass er so ganz anders war wenn man ihn genauer ansah als sein Äusseres und seine Kleidung vermuten lässten", wie Erasmus schreibt.
Er, Erasmus, wirkt diese Bild der Sileni ausführlich aus, bschreibt nicht nur Sokrates in dieser Hinsicht, aber auch viele andere Menschen aus dem Altertum. Es geht ihm dabei vor allem darum daß wir andere Menschen nicht nur nach ihr Äusseres beurteilen, sondern uns auch verwundern können um ihr Inneres. Daß wir Unterschied machen können auch zwischen dem was Menschen sagen, und was sie meinen, oder tun. Zwischen dem auch was Menschen sagen zu glauben, und was sie mit ihrem Glauben wirklich tun. Ob dieses Glauben eine Rolle spielt im täglichen Leben, oder nur etwas ist worüber Menschen reden, ohne wirkliche Folgen für ihr Leben.
Erasmus nun bleibt nicht stehen bei Beispiele aus dem Altertum, sondern wendet das Bild der Sileni auch auf Christus an, "wenn man (sagt er) so über ihn sprechen darf". Erasmus spricht immer in großer Ehrfurcht und Glauben über

Christus, wie spöttisch er sonst auch sein mag. Er beschreibt Christus als Silenus so: "Arme und einfache Eltern, ein schlichter Wohnung. Er selbst war arm, mit nur noch ärmere Jünger.(...) Und denn das Leben das er führte: meilenweit von jedem Komfort, voll Hunger und Sorge, Beleidigungen und Spott, bis er letztendlich am Kreuz endete. (...) Aber wenn man das Glück hat diesen Silenus näher zu betrachten, das will sagen, wenn er sich jemandern zeigt nachdem die Augen seines Herzens gereinigt sind, meine Güte, welch ein nicht in Worten zu fassen Schatz wird man dann finden: eine Perle in diesem Hässliche, Erhabenheit inmitten von Bescheidenheit, Reichtum in dieser Armut, unvorstellbare Kraft in aller Schwachheit, Glorie in aller Schmach, eine absolute Ruhe in aller Plegerei, und letzendlich eine ewige Quelle von Unsterblichkeit die aufgewallt aus diesem bitteren Tod".

Für Erasmus selber war diese Beschreibung von Christus das reine Bild seines Glaubens, auch wenn er genau wußte das dieses Bild nicht so geliebt war bei viele Christen, am alle Zeiten des Christentums. Er wußte ganz bestimmt daß dieser Glaube richtig war, wie weit entfernt auch von so viele /auffassungen von Philosophen und Kirchenleiter der Welt. Es war für ihn das einzige Bild (schreibt er)

„der verschafft was allen aus verschiedenen Wegen versuchen zu erreichen: das Glück".

Dieser einfache Glauben in Christus, den Erasmus beschreibt, hat er nicht nur im Neuen Testament gefunden, sondern auch beim Prophet Jesaja. Den zitiert er auch, aus dem Lied von Gottesknecht, das wir heute lasen: „Er hatte keine schöne und edle Gestalt, sodass wir ihn anschauen mochten. Er sah nicht so aus, dass wir Gefallen fanden an ihm. Er wurde verachtet und von den Menschen gemieden, ein Mann voller Schmerzen, mit Krankheit fertraut. (...) Aber er hat unsere Krankheit getragen und unsere Schmerzen auf sich geladen". (53:2 und folgend)

Die Lieder vom Knecht Gottes, so erstmals von Jesaja formuliert, in 5ten Jahrhundert vor Christus, sind später eine wichtige Grundlage geworden um ein bisschen verstehen zu können wer Jesus war: daß dieser Mann, in ein entlegener Winkel der damaligen Welt, so entscheidend sein konnte für soviele Menschen, in seinen eigener Zeit, und die ganze Geschichte hindurch. Daß dieser Mann, durch seine Genesungen, durch seine Worte soviel für amderen bedeuten konnte, ohne jede Ansprüche für sich selbst. Daß er, ohne besondere Bildung, auch das Denken so vieler Menschen beeinflußte, und richtunggebend war für ihr Leben. Daß dieser Mensch, die andere Menschen so nah stand, soviel tat für ihr Leben, - daß er ein Bild dessen werden konnte was Gott für Menschen ist. Das alles ist so paradox, scheint sosehr mit einander streitig zu sein, fragt aber auch darum bei einander gehalten zu werden, auf einander bezogen zu bleiben, daß Menschen versuchten das alles in Bilder auszudrücken. Jesaja in seine Bilder vom Knecht Gottes, der genau in seiner Armut, in seine Verletzungen, etwas von Gott zeigen kann. So versucht Erasmus, auf seine Weise, im Bild vom

Silenus, das Unscheinbare und das Erhobene in Christus zu verbinden; seine Armut und seine Reichtum; seine Schwachheit und seine Kraft; um so auch sein Mensch-sein und sein Gott-sein mit einander zu verbinden. Vielleicht ist die kürzeste Formulierung dafür, daß Jesus immer anders war, anders ist als man von ihm erwartete. Daß wir immer wieder die vertraute Bilder hinter us lassen müssen um ihm zu verstehen. Um ihm zu sehen, überhaupt. Vielleicht müssen tatsächlich immer wieder die "Augen unseres Herzens gereinigt werden", wie Erasmus sagt. Um ihm sehen zu können. Um ihm zuzulassen in unserem Leben. Um das Einfache von ihm und das Großartige der Nähe Gottes mit einander verbinden zu können.

So etwas wird auch sichtbar in der biblische Geschichte vom Kinde, das Jesus neben sich stellte. Er tut das in eine bestimmte Situation. Die Jünger streiten unter sich "wer wohl der Größte von ihnen sei". Es ist die immer wieder zurückkerende Frage von Menschen wie wichtig wir eigentlich sind; ob die anderen auch erkennen wer wir sind, was wir können; es spricht hier das Verlangen gesehen zu werden in unseren unschätzbare Werte. Vielleicht ist das alles nicht ganz falsch, wird es erst falsch wenn wir, durch dieses Verlangen selbst, anderen herabwürdigen und gering schätzen, und ihren Wert nicht sehen. Jesus "durchschaute" die Jünger, in dieser Herabwürdigung, und stellt ihnen ein Kind als Vorbild. Nicht ein bestimmtes Kind, sondern ein Kind als solcher. Nicht alsob Kinder das Verlangen über anderen zu herschen, um der Wichtigste zu sein, nicht kennen würden. Aber ein Kind als das damalige Beispiel eines unwichtigen Menschen, von allen geringschätzt weil es noch etwas werden muß, noch nichts erreicht hat, eines der vielen die in Wege stehen wenn man Eile hat. Jesus sieht das Kind als einen Mensch in seiner unersetzlicher Einzigartigkeit, und er hat damit etwas neues getan. Er hat entdeckt, und gezeigt, daß Mensch-sein nicht davon abhängt was man erreicht hat, wie wichtig man ist, sondern als solches eine Kostbarkeit ist. An diese Kostbarkeit des reinen Mensch-seins werden alle Überlegungen gemessen. An dieser Reinheit und an diese immer – überraschende Möglichkeiten eines Kindes kann man sehen wie groß wir Menschen sein können. Auch wenn wir das nicht immer sind.

Nicht nur an Kinder können wir das sehen. Kinder werden in unsere Zeit nicht mehr so geringschätzt, in Gegenteil manchmal. Es gibt aber anderen die geringschätzt werden, und manchmal unnennbar viele.

Vielleicht verlieren wir durch unsere bewußte oder unbewußte Geringschätzung anderer wohl auch so etwas wie unser Glaube, unser Sicht auf Gott.

Und vielleicht können wir diesen Glauben wieder gewinnen wenn wir offen stehen für Menschen die zu oft für gering gehalten werden.

Zum Schluß möchte ich ein Beispiel davon geben.
Der große Schriftsteller Robert Walser hat die zweite Hälfte seines Lebens in einem Irrenanstalt gewohnt. Dort besuchte ihn oft ein Mann der sein Betreuer wurde, Carl Seelig, und er bekam das Erlaubnis mit Walser spazieren zu gehen. Während diese lange Wanderungen haben diese beide viele Gespräche geführt, und viele davon hat Seelig später notiert. So erzählt er:

„Auf dem Abendweg bemerkt Robert über die Geistlichen von heute: 'Mir ist aufgefallen, wie viele Pfarrer so tun, als lebten sie noch immer in der Zeit von Luther, Calvin, Zwingli oder Bullinger. Krampfhaft bemühen sie sich um eine Askese, deren Notwendigkeit sie selber nicht mehr einsehen. Aber sie meinen sie der Tradition schuldig zu sein, obwohl sie heute viel wichtigere Dinge zu tun hätten'. – 'Zum Beispiel?'- 'Weniger von Gott reden und mehr nach Gott handeln'.

Vielleicht gilt das nicht nur für Pfarrer, sondern auch für uns alle: um mehr nach Gott zu handeln.
Amen.

Gebet

Lieber Gott,
wir bitten dich
daß wir Menschen immer besser verstehen können
was ein Glaube sein kann der von dich inspiriert ist.
daß wir verstehen können
wie du in Menschen wirkst.
in aller Einfachheit, in aller Großartigkeit, die du uns allen gibst;
daß wir verstehen können
wie du gerade in die Menschen wirkst
die gelten können als eine Offenbarung von dir;
die mit ihrem Leben gezeigt haben
    wie du uns er füllst mit deiner Gnade
    wie nah du uns bist
    und uns erhebst zu dir:
daß wir verstehen können
wie du in den Mensch anwesend bist
der für uns ein Bild von dir ist.
so anders als wir manchmal meinen,
anders als wir erwartet haben.
uns aber treffend durch seine Menschlichkeit,
seine unbedingte Liebe, seine Umsicht nach uns.
Wir bitten dich
daß du uns die Kraft gibst
um Nachfolger von ihm zu sein,
daß wir vertrauen können auf deine Kraft.
daß wir verzichten können auf zuviel für uns selbst.
daß wir Menschen wirklich lieben können
    so wie sie sind, wie sich uns brauchen.
und offen stehen für die große Fragen
    die wirksam sind in unsere Welt, und eine Lösung brauchen –
Sei du bei uns allen, Gott, in unsere Welt
damit wir deine Menschen sind.
Wir kommen zu dir und beten die alte Worte:
Vater unser ...
Amen

Gottesdienst 29 September 2013.

Psalm 126

Gebet

Lieber Gott,
Auch wir sind heute wieder in dein Haus gekommen
um für ein Moment bei dir zu sein,-
auch wir sind aus unseren Häusern ausgezogen,
wie die Pilger von damals, um uns frei zu machen von dem
was uns bedrückt und beängstigt im Leben,-
auch wir wissen um soviele verschiedene Erfahrungen
die wir in unserem Leben gemacht haben,
Momente von Trauer und Tränen,
Momente von Freude und Lachen,-
auch wir kennen in unserem Leben die Erfahrung
gefangen zu sein, uns nicht bewegen zu können,
machtlos zu sein wo wir soviel ändern mögen,
auf etwas fixiert zu sein das uns von anderen verfremdet,
in uns selber beschlossen zu sein ohne einen Ausweg zu finden,
oder mit sovielen Verpflichtungen überladen
daß wir kaum mehr wissen was Leben ist.
Wir kommen zu dir, lieber Gott,
in der Hoffnung daß du uns hilfst
um einige Klarheit zu schaffen in was uns beschäftigt,
um befreit zu werden von dem was nicht gut ist,
um verfügbar zu sein für Menschen die uns brauchen,
um imstande zu sein so zu handeln
daß auch andere sich befreit und erlöst fühlen können;
um vielleicht wieder durch ihren Trännen hindurch
wieder lachen zu können,
die Freude des Lebens zu erfahren;
um wieder zu wissen was es heisst
um von dir das Leben zu empfangen,
um ein Mensch von dir zu sein,
in dieser Stadt, in dieser Welt,
um uns alle von dir gesegnet zu wissen. Amen

Apostelgeschichte 28: 30 – 31
I Johannes 3: 19 – 24

Predigt:

Die Frage von heute ist: ob wir alles sagen was wir sagen können? Oder, ob wir alles sagen was wir denken; ob wir uns Beschränkungen auflegen in dem was wir sagen, und welche das sind. Warum wir schweigen, zB, in bestimmte Umstände, oder umgekehrt, den Mut fassen um zu sprechen; wenn wir denken das das notwendig ist. Als auch: warum sagen wir nicht alles was wir sagen können? Darüber geht es heute.
 Wie Sie vielleicht wissen ist eines der Bücher die ich immer in Reichweite haben muss, das Tagebuch von Dag Hammarskjöld, des ehemaligen Generalsekretärs der Vereinten Nationen, der in 1961 ermordet wurde. "Zeichen am Weg" heisst es auf Deutsch. Es ist gleichzeitig ein Buch worin man seine innere, geistige Entwicklung verfolgen kann, und ein Beispiel wie man in unsere Zeit über persönlichen Glauben sprechen kann. In diesem Buch, das aus kurze Aufzeichnungen bestehet, spricht Hammarskjöld auch über eine (in seiner Augen) notwendige Zurückhaltung beim Sprechen. So schreibt er:

> "Nur berichten was für andere Bedeutung hat. Nur fragen, was man zu wissen wünscht. Beides auf das beschränken, was der Sprecher beherrscht. Nur diskutieren, um ein Ergebnis zu erzielen. 'Laut Denken' nur mit dem, bei dem es sinnvoll ist. Lass Plaudern die Zeit füllen und Schweigen die tragende Schwelle sein für das Ungesagte nur zwischen zwei Gleichgestimmten".

Er selbst hält diese Anweisungen (für sich selbst, an erster Stelle!) für "eine gute Diätanweisung", weiß aber auch dass eine solche Haltung "im Gesellschaftsleben nicht gerade populär ist", wie er schreibt.
Diese Zeilen hat Hammarskjöld geschrieben, schon lange bevor er für sein besonderes Amt gewählt wurde. Diese hier beschriebene Haltung hat ihn wahrscheinlich auch sehr geeignet gemacht für seine Arbeit. Und er muss diese Haltung auch immer beibehalten haben. Selbst nennt er das später mit dem Stichwort "Achtung vor dem Wort", und er schreibt darüber diese bedeutenden Sätze:

> "Achtung vor dem Wort ist die erste Forderung in der Disziplin, durch welche ein Mensch zur Reife erzogen werden kann – intellektuell, im Gefühl und sittlich".

Wenn er das so schreibt, könnte man denken, daß es sich vor allem um eine individuelle Sache handelt. Zwar ziemlich umfassend, sowohl wichtig für unser Verstand, für unsere Gefühle und für unsere Gewissensentscheidungen. Aber

nur für unsere eigene Entwicklung? – könnte man fragen. Aber Hammarskjöld geht dann so weiter:
 "Achtung vor dem Wort – seinem Gebrauch in strengster Sorgfalt und in unbestechlicher Wahrheitsliebe -, das ist auch die Bedingung des Wachstums für Gemeinschaft und Menschengeschlecht".
Und er zieht dann auch die Schlussfolgerung daraus:
 "Das Wort missbrauchen, heisst den Menschen verachten. Das unterminiert die Brücken und vergiftet die Quellen. So führt es uns rückwärts auf der Menschwerdung langen Weg".
Sowohl für die Entwicklung von uns selbst wie für das Wachstum unserer Gesellschaft, auch unserer Gemeinde, ist diese Achtung vor dem Wort also einfach notwendig. Wir müssen versuchen unsere Worte sauber zu halten, sie sorgfältig zu wählen, und die Wahrheit sprechen, sonst können wir einander nicht mehr erreichen, - dann werden die Brücken unterminiert. Dann wissen wir nicht mehr woraus wir wirklich leben: dann werden die Quellen vergiftet. So wichtig kann es also sein um genau zu wissen was wir sagen; um darin manchmal zurückhaltend zu sein, und versuchen zu verstehen was wir mit unseren Worten erreichen wollen.

Wenn man hierüber nachdenkt, kommt die Frage natürlich auf wie in der Bibel gesprochen wird über die "Achtung vor dem Wort".
Wie werden dort die 'Brücken" aufrechterhalten?
Wie bleiben dort die "Quellen" sauber?
Heute möchte ich gerne etwas sagen über ein Wort, das zwar nicht so oft in der Bibel vorkommt, aber dennoch äußerst wichtig sein kann: das Wort "Freimut". So wie das z.B. benutzt wird in den letzten Versen der Apostelgeschichte, wo von Paulus erzählt wird:

 "Er blieb zwei volle Jahre in seiner Mietwohnung und empfing alle, die zu ihm kamen. Er verkündete das Reich Gottes und trug ungehindert und mit allem Freimut die Lehre über Jesus Christus, den Herrn, vor".

Um diesen Text verstehen zu können, ist es notwendig einiges darüber zu erzählen. Man muss wissen dass Paulus als Gefangener nach Rom geführt wurde um dort vors Gericht zu kommen, auf Beschuldigung von Gotteslästerung. In Rom hatte er die Freiheit eine Wohnung zu mieten, um selbständig zu wohnen, sei es mit einem Soldaten der ihn bewachte: er stand also unter Hausarrest. Alles was er tat wurde beobachtet, alle Besucher registriert, vermutlich auch alle seine Worte aufgeschrieben, bewahrt und weitergeleitet. Dennoch spricht er auch dort über das Reich Gottes, und über Jesus Christus, wie gesagt "mit allem Freimut". Dieser Freimut muss ihn auch in dieser Situation gekennzeichnet haben.

Es ist auch das letzte Wort das über ihn geschrieben wurde, in der Apostelgeschichte. Es ist alsob dieser Freimut auch Risiken mit sich mitbringt, gefährlich ist für den Sprecher selbst. Paulus muss das auch selber gewusst haben, denn genau wegen dieses Freimuts wurde er gefangengesetzt. Aber dennoch hat er weitergesprochen, über dasjenige das ihm vor allem wichtig war: sein Glaube, in den Mensch Jesus Christus, und in seiner Verkündigung des Kommen des Reichs Gottes.

Freimut hat also mit zwei Dinge zu tun: erstens mit der Notwendigkeit des Sprechens über das wichtigste im Leben, worüber man nicht schweigen kann. Für Paulus ist das sein Glaube geworden, unerwartet und vorherrschend. Und zweitens mit dem Wissen, dass dieses Sprechen Risiken mit sich bringt, Risiken die man auf sich nimmt, mit allem Mut worüber man verfügt.
Paulus ist nicht der erste, und auch nicht der letzte, von dem dieser Freimut berichtet wird. Innerhalb der Apostelgeschichte wird das auch von anderen gesagt. Eine besondere Stele steht im 4ten Kapitel, wo die Jünger einen Gelähmten genesen haben und anschließend "vor dem Hohen Rat" (!) Verantwortung dafür abgelegt haben. Dann steht dort:

"Als sie den Freimut des Petrus und des Johannes sahen und merkten, daß es ungelehrte und einfache Leute waren, wunderten sie sich. Sie erkannten sie als Jünger Jesu".
Wichtig ist hier, glaube ich, dass Freimut nichts zu tun hat mit Entwicklung, intellektuelles Rüstzeug, sondern einfach mit dem Jünger-sein-Jesu, also mit der Nachfolge Christi.

Wenn wir freimütig handeln, wo wir freimütig sprechen, kommt es vor allem darauf an ob wir uns betragen als Jünger Jesu. Wir können ziemlich ungewöhnliche Dinge tun, ungewöhnlich in den Augen von Menschen die vor allem ihre eigene Sicherheit benachdrücken, oder ihre Eigeninteressen; - wir können ziemlich ungewöhnliche Dinge sagen, die Menschen nicht erwarten die vor allem gefasst sind auf dasjenige was 'man' denkt und sagt. Aber das Ungewöhnliche das wir tun können, dass wir sagen können, ist erst im christlichen Sinne freimutig, wenn wir etwas der Liebe Christi verwirklichen können. Er was das von Gott inspirierte Beispiel eines Freimuts, wobei Freiheit, Mut und Liebe mit einander verbunden sind. Weil er einfach Menschen liebte, für sie aufkam, in Taten und in Worten, ohne sich Sorgen zu machen über sich selbst.

Können wir wirklich Jünger Jesu sein, in den Freimut unseres Sprechens und Handelns, irgendwo in dem Spannungsfeld zwischen Freiheit, Mut und Liebe?

Johannes, vermutlich derselbe der auch das Evangelium geschrieben hat das seinen Namen trägt,- er bekümmert sich vor allem in seinen Briefe um die Frage wie wir, spätere Jünger, in unserem Leben die Liebe Christi bewahren und verwirklichen können.
So spricht er auch über den Freimut. Dieser Freimut ist nicht nur wichtig gegenüber anderen und uns selbst, sondern auch vor Gott. Auch vor Gott können wir in allen Freimut stehen. Das ist eine so außerordentlicher Gedanke daß selbst die meisten Übersetzer der Bibel das kaum glauben können, und diese Freimut ('Parresia' auf Griechisch) mit Zuversicht übersetzen. Das kommt auch tatsächlich bei einander in der Nähe.
Dieser Freimut, diese Zuversicht gegenüber Gott, tritt dann in Wirkung wenn "das Herz uns nicht verurteilt", schreibt er. Dann können wir (um so zu sagen) ruhig mit Gott reden. Aber Johannes weiß auch daß das nicht immer der Fall ist; wenn wir wissen daß etwas nicht stimmt: in unseren Gedanken, in uns Sprechen mit Menschen, in all demjenigen das wir tun. Das tröstende aber, laut Johannes, ist die Gedanke dass "Gott grösser ist als unser Herz".

Von ihm, von Gott, können wir lernen wie viel grösser unser Herz sein kann als wir manchmal denken: wenn wir uns selbst erlauben klein zu sein. Von ihm, von Gott, können wir lernen unsere Kleinheit hinter uns zu lassen; um frei zu sein, um mutig zu sein, um voller Liebe zu sein gegenüber anderen.
Um freimutig zu sein in unserem Sprechen.
Um großmütig zu sein in unserem Handeln.
Um voller Zuversicht zu Gott beten zu können um ein reines Herz.
Damit wir weitergehen können, in unserem Leben, mit allen Menschen die uns anvertraut sind.
Amen

Gebet:

Lieber Gott,
Wir bitten dich daß du uns immer wieder zeigst
wie wir einander erreichen können,
mit unseren Worten, wenn sie aufrecht und sauber sind,
mit unsren Gesten, wenn sie zeugen von Offenheit und Nähe,
mit einer Aufmerksamkeit die fühlt was in anderen umgeht,
mit einer Mut die uns unbesorgt macht über uns selbst.
Gib daß wir die Brücken benutzen können
          die uns zu anderen führen,
gib uns den Mut um neue zu bauen
wenn welche vernichtet scheinen zu sein.

Wir bitten dich daß du uns immer wieder zeigst
wieviel wir mit unseren Worte vernichten und aufbauen können,
wie verletzend sie auch manchmal sind
wenn wir sie nachlässig, ohne Sorgfalt, benutzen,
wie tröstend sie auch manchmal sind
wenn sie aufmerksam sind auf was uns quält.
Gib daß wir unsere Worte wählen können
          in Wahrheit und in Liebe,
damit sie eine Gemeinschaft aufbauen von Menschen.

Wir bitten dich daß du uns immer wieder zeigst
wie wir leben können auf Grund unseres Glaubens,
daß wir uns die Zeit nehmen um zu verstehen
          was dieser Glaube für uns bedeutet,
daß wir den Mut haben um immer wieder zuzulassen
          wie unser Leben dadurch erneuert werden kann,
daß wir die Freiheit immer wieder gewinnen
          um darüber mit anderen zu sprechen.
Gib daß wir die Quellen sauber halten
Die uns mit dir, die uns mit Menschen verbinden,
Damit wir deine Menschen sind, in unsere Welt.
Vaterunser...
Amen

Gottesdienst 27 Oktober 2013

Psalm 42: 2 – 6.

Gebet

Wir kommen zu dir, lieber Gott,
mit unserem Gebet, das manchmal voller Zweifel ist;
wir suchen Worte um zu dir zu sprechen,
wissen aber nicht ob wir dich erreichen,
auch wenn wir wissen wie sehr wir es brauchen
dass du da bist, für uns, für anderen in dieser Welt;
verlangen wir danach daß du uns hörst, verstehst,
und daß du zu uns sprichst, tief in unserem Herzen,
damit wir wissen was wir tun müssen,
damit es Licht gibt in unserem Leben,
und Klarheit auch in aller Umgang mit den Menschen.
Wir sind nicht immer klar, o Gott,
in was wir denken, fühlen, tun,
wir wissen uns zu oft umgeben von einer Dunkelheit
die uns vergessen tut wer wir wirklich sind,
was wir im Leben wirklich tun müssen;
wir lassen unsere Tätigkeit so oft bestimmen
von soviel das ohne weiteres vorbei kommt,
von Moden angereicht, vom Zwang in der Gesellschaft,
von Menschen die uns sagen was wir jetzt tun müssen,
wie unser Leben zu gestalten;
wir können oft die Stimmungen nicht fassen
die uns manchmal so beherrschen,
zu großen Freuden aufgehoben
oder tief bedrückt, wenn uns das Leben schmerzt.
Dann wissen wir kaum mehr auf welche Wege
wir zu dir kommen können, und wissen daß das gut ist,
wie wir zu dir beten können,
wie wir verkehren können mit den Menschen
die kostbar für uns sind, uns anvertraut,
um etwas zu zeigen deiner Liebe
und deiner Hoffnung
daß wir deine Menschen sind.
Amen

Bibellesungen:

> Numeri 11: 10 – 16
> Matthäus 14: 22 – 36

Predigt:

Heute möchte ich etwas über den Zweifel sagen. Dabei schließe ich ausnahmsweise an an einem Gedicht eines holländischen Dichter, Gerard Reve, der in den Niederlanden ziemlich bekannt ist. In diesem Gedicht, das eigentlich ein Gebet ist, ruft er Gott so an:

> "Eigentlich glaube ich nichts
> uns zweifle an alles, selbst an Dich,
> manchmal aber, wenn ich denke daß Du wahrhaft lebst
> dann denke ich, daß Du Liebe bist, und einsam
> und daß, in gleicher Verzweiflung, Du mich suchst."

Es gibt, in diesem Gedicht/Gebet, eine Art Bewegung, die vielleicht der Mühe wert ist zu verfolgen. Annehmend daß wir diese 'Denkbewegung' auch selber vielleicht ein bisschen kennen; oder hoffen diese selber machen zu können. Der Zweifel fängt meistens bei uns selber an. Im religiösen Bereich, aber sicher auch da draußen, und fängt schon früh an in unserem Leben. Zweifel, ob wir können was von uns erwartet wird das wir tun. Zweifel, ob wir der Mühe wert sind, in den Augen derjenigen von wen wir hoffen daß sie uns sehen. Allmählig in unserem Leben verbinden wir diese manchmal großen Zweifel über uns selbst mit allen möglichen Zweifel über so viel das uns je gereicht wurde. Ob es wahr ist was so selbstverständlich gesagt wurde? Ob es gut war was uns als Normen und Richtlinien vorgehalten wurden? Und auch: ob Gott so für uns existiert wie wir als Kind geglaubt haben; wie wir über Ihn erzählen hörten, auch wenn das auf eine inspirierte und tragfähige Weise passierte. Aber manchmal wissen wir nicht ob diese Inspiration von damals bei uns geblieben ist; ob diese ein Leben lang mit-geht; ob der Zweifel nicht ein Teil unseres Glaubens überwuchert hat, verdunkelt; ob wir noch bei unserem Glauben können wenn das notwendig ist. Das Besondere an dem Gedicht/Gebet von Reve ist, dass er seine Zweifel über Gott vorlegt an Gott. Er behält seine Zweifel nicht für sich, bleibt nicht nur mit sich darüber streiten, aber sucht die Verbindung mit Demjenigen an wen er zweifelt. Und genau darin entdeckt er so etwas wie eine Umkehr: dass Gott auch umgekehrt nach uns suchen könnte so wie wir nach Ihn. Daß Er genau so einsam sein könnte wie wir, sich keinen Rat wusste mit seiner Liebe, vielleicht verzweifelt ist ob es gut kommt, mit seiner Existenz, und mit der unsrige. Wenn wir einander so wenig erreichen können.

Ein Gebet voller Zweifel als die Stelle wo entdeckt wird wie aufs neue eine Verbindung gemacht werden kann: eine Verbindung mit Gott, eine Verbindung mit uns selbst (in unserer Echtheit), eine Verbindung auch mit all denjenigen die durch ein vergleichbares Gebet hindurchgegangen sind (was vieleicht eine schöne Definition einer christliche Gemeinde sein könnte...): also für wen der Zweifel ein Moment ihres lebendigen Glaubens geworden ist. Und bei uns gehört.

Es kann manchmal eine Beruhigung sein zu wissen dass auch die "Große Gläubigen" ihre Zweifel gekannt haben. Ihre eigene Zweifel, die Zweifel die gehören bei ihren spezifischen Glauben, oder bei den Auftrag, den sie für ihr Leben bekamen. So wie das von Mose erzählt wird, wenn das Leben in der Wüste fast unmenschlich schwer geworden ist. Die Menschen weinen, und beklagen sich, bei Mose und bei Gott, daß es zu wenig Essen gibt. Sie klagen Gott an, daß Er sie aus Ägypten geführt hat, aus dem Überfluss hinaus. Und Mose steht irgendwo dazwischen, auf seinem Kopf sinkt die Wut aller hinab. Wenn das öfter passiert, glaubt auch er kaum noch an seinem Auftrag, er zweifelt an die ganze Unternehmung, und eigentlich betet er zu Gott daß Er seinen Auftrag zurücknimmt. Am liebsten würde er zur Stelle sterben: "bring mich lieber gleich um, wenn ich überhaupt deine Gnade gefunden habe."

Der eigene Zweifel von Mose besteht nicht darin, daß er nicht mehr an Gott glaubt, sondern daß er nicht mehr glaubt an den Auftrag Gottes, seine Berufung durch Ihn. Dieser Zweifel hat seine Existenz unsicher, oder eben sinnlos gemacht.

Später, im Buche Numeri, wird sich zeigen dass Gott Mose nicht im Stich gelassen hat. Er hat sein Gebet gehört, zu Herzen genommen, und Er stellt 70 andere Menschen neben Mose an, um seine Verantwortlichkeit zu teilen. Sie empfangen, so wird gesagt, ein Teil des Geistes der auf Mose ruhte, und sie werden, zusammen mit ihm, das Volk durch die Wüste leiten.

Das Ermutigende dieser Geschichte über Mose ist, daß es gut ist den eigenen Zweifel auszusprechen, auch gegenüber Gott: so wird ein Mensch dazu befähigt den Geist den er empfing mit anderen zu teilen, zum Heil des Volkes unterwegs. Von dieser Geschichte kann man lernen daß der Zweifel der in einem aufkommt, der eigene Zweifel der bei dir gehört, - daß man diesen ruhig mit anderen teilen kann; auch mit Gott, in einem Gebet. Vielleicht können so auch unsere eigene Zweifel fruchtbar werden.

Vergleichbar mit diesem Zweifel Mosis, und mit seinem Gebet, ist die Geschichte über Petrus der in den Wellen unterzugehen droht, und daraus durch Jesus gerettet wird. Dann kommt auch sein Zweifel zur Sprache, als ein Vorwurf, Zeichen eines zu kleinen Glaubens.

Was können wir mit dieser Geschichte?

Um ehrlich zu sein: diese Geschichte ruft auch einen gewissen Widerwille in uns auf. In unserer Welt stimmt es nicht, daß einer über das Wasser geht, - wenn

so etwas erzählt wird, kommen alle unsere Zweifel auf. Auch die Frage: muss es darum gehen, in unserem Glauben?
Auch die harte Worte Jesu Petrus gegenüber können uns stören. So fremd ist es doch nicht um zu versinken wenn man ins Wasser gerät....
Aber, trotz dieser Widerwille, können wir versuchen uns einen Zugang zu dieser Geschichte zu entdecken. Und dieser Zugang liegt (denke ich) im Gebet Jesu. Man könnte eben sagen; die ganze Geschichte steht im Rahmen des Gebets Jesu. Am Abend davor, nach der Speisung der Fünftausend, schickt Jesus die Jünger schon voraus, mit dem Boot, er selbst kommt später. Er will, muss, erst noch beten, alleine. Dieses Gebet dauert die ganze Nacht, wird erzählt, so lang muss er alleine sein mit Gott. So etwas wird öfter von ihm erzählt, daß er so lang in Gebet ist: als ein notwendiges Sprechen mit Gott; als ein Wiedergewinnen der Kraft die er an Menschen gegeben hat; als eine Eichung vielleicht auch der eigenen Auftrag. Nach dieser langen Nacht des Gebets fügt er sich wieder bei den Jüngern, zu Fuß, über das Wasser, wird erzählt, - ich habe die Neigung das – dennoch- stehen zu lassen, als ein Zeichen seiner wiedergewonnene Kraft.
Das ist die eine Seite der Geschichte, die Seite Jesu.

Aber es gibt auch die Seite Petri, die Seite seines Glaubens und seines Zweifels. Sein Glauben kann man sehen in seinem manchmal plötzlichen und meistens heftigen Verlangen um Jesus nachzufolgen. Er will tun was Jesus tut, alles will er nachahmen. Vielleicht könnte man ihm wünschen daß er manchmal ein bisschen mehr Abstand nimmt, erst nachdenkt über den Sinn genau seiner Nachfolge. Aber vieleicht müssen wir diesen Wunsch für ihn vor allem für uns selber wünschen.
Aber die Nachfolge Petri ist ganz authentisch, er ist aufrichtig darin, und will sein ganzes Leben daran widmen.
Aber an Petrus kann an auch sehen, daß seine aufrichtige Nahfolge ein eigener Zweifel kennt. Alsob er plötzlich nicht mehr sicher weiß, ob er diese Nachfolge wahr machen kann. Ob diese Nachfolge mehr ist als ein Impuls dazu. Ob er dauerhaft bleiben kann und wird, die Schwierigkeiten überwinden. Ob diese Nachfolge ein Leben lang lebendig bei ihm bleibt.
Wenn Petrus das bedenkt, und bezweifelt, sinkt er durch die Wellen nach unten. Aber er wird daraus gerettet, weil Jesus ihn ergreift, und wieder auf seine eigene Beine setzt.
Auch in allem was hier mit Petrus passiert, können wir sein Gebet erkennen. Und das unsrige. Auch in unsere Gebete gehen die Wellen manchmal hoch, wenn wir ehrlich sind gegenüber Gott, und ehrlich gegenüber uns selbst.

Auch in unseren Gebete kennen wir manchmal das Gefühl jeden Grund unter den Füssen zu verlieren, von den Wellen des Lebens überflutet.
Aber genau darin können wir auch die Erfahrung haben nach oben gehoben zu werden, und wieder ins Boot gezogen.
Das Boot, vielleicht auch dasjenige unseres Glaubens, aber vielleicht vor allem unserer Auftrag im Leben.
Daß wir wieder wissen was wir tun müssen.
Daß wir das auch können, getragen vom Geist Gottes, den wir mit soviele Menschen teilen können.
Amen.

Gebet

Wir bitten dich für all die Menschen
die verwickelt sind in einem Kampf um das eigene Leben,
die voller Zweifel sind über ihre eigene Möglichkeiten,
die nicht mehr wissen ob sie geliebt werden
        von den die sie lieben,
die nicht mehr wissen ob sie gesehen werden
        von den die wichtig für sie sind,
die nicht mehr wissen ob – was sie können –
        einen Platz haben kann in den Herzen von Menschen.
Sei du bei Ihnen, Gott, sei du bei uns,
ergreife unsere Hände, unser Herz,
und stell uns wieder fest auf unsere Füße,
damit es wieder so etwas wie Vertrauen gibt
ins Leben, in den Menschen, für wen wir da sind,
die zu unserem Auftrag gehören.

Wir bitten dich für all die Menschen
von wem wir hören, die Bilder sehen, jeden Tag,
die aus ihrem Land geflüchtet sind, in Boote über das Meer;
die voller Hoffnung weggegangen sind,
nicht wissend was passieren konnte
auf dem Meer wenn es plötzlich Stürme gibt,
nicht wissend wie schlecht die Menschen sein können
an wen sie sich anvertraut haben.
Sei du bei ihnen, Gott, als einer
die ihnen die Hände greift wenn sie in Not verkehren,
stell sie auf ihre Füße wieder, in ein neues Land,
gib ihnen Vertrauen wieder, in eine neue Zukunft,
Vertrauen auch in Menschen die zu Hilfe bereit sind,
den Mut haben zu sehen was Menschenwürde braucht,
was Menschenliebe bewirken kann
wenn wir alle voller Hoffnung sind.
Vater unser ...
Amen.

Gottesdienst 24 November 2013 - Ewigkeitssonntag

Gebet:

Lieber Gott,
auch wir verlangen manchmal danach
daß wir deine Nähe erfahren
wie Menschen sie damals erfahren haben:
daß du bei uns bist, uns im Leben vertraut,
uns verstehst, und uns behütest.
Auch wir verlangen nach deine Nähe
wenn uns das Leben bedrückt und schwer fällt,
wenn wir uns kümmern um andere Menschen
und uns machtlos fühlen, nicht wissend was zu tun,
nicht wissend was zu sagen;
wenn wir uns Gedanken machen über den Tod,
den eigenen, den Tod von anderen, geliebten Menschen
die von uns hingegangen sind,
die wir vermissen.
Wir fragen uns ob sie in deiner Nähe sind,
jetzt, wo sie sind, wo wir nicht wissen wo sie sind,
wir fragen uns, ob das für uns eine Perspektive ist
womit wir rechnen können, wonach wir uns sehnen können,
wir fragen uns, ob das auch unser Leben bestimmen kann,
mit Hoffnung erfüllt, Gefühl von Richtung.
Sei du uns nah, in alle Verwirrung unseres Lebens,
in alle Finsternis die uns umgibt,
damit es klar wird, wie am Tag,
damit es Licht gibt,
für uns selbst,
für soviel Menschen in der Welt die deine Nähe brauchen,
damit wir alle wissen
daß es gut ist um zu leben,
damit wir deine Menschen sind.
Amen

Bibellesungen:

        Psalm 139: 1 – 12
        Lukas 7: 11 – 17

Predigt:

Eine der wichtigsten Fragen im Leben, ist –glaube ich – die Frage nach dem Tod. Wie wir damit umgehen, daß unser Leben begrenzt ist, letztendlich abgeschlossen wird von dem Tod. Wie wir damit umgehen, daß für uns wichtige, liebe Menschen sterben, und wir manchmal nicht wissen wie wir umgehen mit diesem Verlust, was die Trauer um sie für uns bedeutet. Können wir das überhaupt auch wissen? Ist nicht jeder Verlust ganz neu für uns, und müssen wir also immer von vorne anfangen darüber nach zu denken, was genau dieser Verlust für uns bedeutet?
Gibt es aber auch nicht in unserem Leben grosse Verluste, von Menschen die uns immer nah gestanden haben, worüber wir immer nachdenken müssen? Alsob sie immer nah und fern zugleich sind, und wir immer versuchen müssen dieses Rätsel von Ferne und Nähe im Tode zu lösen. Wie lange wir auch schon damit beschäftigt sind, manchmal fast das ganze Leben.
Heute möchte ich etwas sagen über die Nähe des Todes, und vor allem über die Nähe der Toten. Auch wenn sie gestorben sind, - und vielleicht in dem Maße worin wir sie geliebt haben – bleiben sie uns im gewissen Sinne nah, und können wir das auch als gut erfahren. Alsob wir die Stelle sind wo sie weiterleben.
Einer der Texte die in dieser Hinsicht sehr wichtig sein können, wurde geschrieben vom großen Deutschen Dichter Friedrich Hölderlin. Er schrieb:

      "Es ist schön, daß es dem Menschen so schwer wird, sich vom Tode dessen was er liebt, zu überzeugen, und es ist wohl keiner noch zu seines Freundes Grabe gegangen, ohne die leise Hoffnung, da dem Freunde wirklich zu begegnen."

Er schrieb diese Worte als er noch jung war, aber auch damals war er schon sehr mit dem Tod vertraut. Hier schreibt er über das Gehen zu dem Grabe eines Freundes, wohl wissend daß er gestorben ist, wohl wissend was das bedeutet, aber dennoch mit der Hoffnung seinem Freunde wirklich zu begegnen. So etwas muß er erfahren haben, in seinem Gemüth. Es muß für ihn eine so überraschende Erfahrung gewesen sein, daß er darüber lange nachgedacht hat, und zu der Folgerung gekommen ist, daß es etwas "schönes" an sich hat, daß wir den Tod nicht so leicht akzeptieren können; den Tod eines Freundes zum Beispiel; daß wir die Ferne die das bedeutet nicht so leicht hinnehmen können;

daß wir "die leise Hoffnung" auf eine wirkliche Begegnung – fast natürlicherweise – hegen können.

In diesen Worte Hölderlins können wir etwas lesen von einem Verlangen nach einer bleibende Nähe die nicht wirklich von dem Tod abgebrochen wird. Die vielleicht anders wird, im Laufe der Zeit, aber erst nachdem es gelungen ist uns zu "überzeugen" (wie er schreibt), von dieser Wirklichkeit des Todes. Und das ist manchmal nicht so leicht!

Was, denke ich, auch bemutigend ist in diesen Worte Hölderlins, das ist, daß es so etwas gibt wie eine Legitimität unserer Gefühle: daß es wichtig ist darauf aufmerksam zu sein was wir innerlich erfahren. Daß wir diese Gefühle nich weg-lachen, auch nich bei uns selbst; daß wir diese nicht weg-denken, verharmlosen, im voraus unwichtig finden. Aber darüber nachdenken können, und so etwas wie eine Bedeutung dessen aussprechen können was wir innerlich erfahren. Es ist wahrscheinlich immer wichtig um das zu tun, aber vielleicht muß das gesagt werden angesichts unserer Erfahrungen dem Tod gegenüber. Weil wir diese so oft verharmlosen, aus dem Wege gehen, darüber kaum sprechen können, und manchmal so hilflos bleiben gegenüber alle Fragen die der Tod uns stellen kann.

Heute haben wir die biblische Geschichte gelesen von der Auferweckung eines jungen Mannes – durch Jesus – in Naïn. Es ist eine schauerliche Geschichte, nicht nur für uns die diese Geschichte lesen, aber auch für die Beteiligten von damals. "Alle wurden von Furcht ergriffen..." so wird die erste Reaktion der Umstehenden beschrieben. Sie wußten nicht was sie davon denken konnten daß dieser junge Mann vom Tode auferweckt wurde. Genau so wenig wie sie wußten was sie von diesem Tod denken konnten.

Es muß eine allgemeine Verwirrung gegeben haben, die sich erst allmählich in Glauben umgesetzt hat. In Glauben in diesem Mann, Jesus, der offenbar den Tod in Leben verwandeln konnte. Diese Verwirrung betrifft auch hier das Verhältnis von Nähe und Ferne, im Leben und im Tod. Nähe von lebendigen Menschen, auch wenn der Tod da ist. Nähe vom Leben, auch wenn der Tod uns Menschen entrückt. Nähe von Menschen die aus der Ferne da sind, und anderen das Leben wieder schenken das sie verloren hatten.

Die Geschichte fängt an mit der Nähe von Menschen. Zwei Gruppen von Menschen begegnen einander, beim Stadttor: die Menge um Jesus herum, und die viele Leute die eine Witwe begleiten die ihren einzigen Sohn begraben muß. Die Menschen wissen alle: jetzt darf sie nicht alleine sein, wir stehen um sie herum. Von Anfang an wird diese Geschichte getragen vom Mitgefühl der Menschen. Sie können es nicht verstehen: für sie alle ist dieser junge Mann so nah, so lebendig; sie können nicht verstehen daß er tot ist. Auch Jesus kann das nicht: er wird in seinem Mitleid mit Mutter und Sohn gezeichnet. Auch für ihn hat es offenbar etwas Unakzeptabeles daß dieser Jungen jetzt schon gestorben ist.

Das Wunder selbst, die Auferweckung, wird äusserst schlicht beschrieben. Er, Jesus, geht zu der Bahre hin, und fasst sie an, damit der Zug der Trauernden stille steht. Danach ruft er ihn auf zum Leben. Was dann tatsächlich passiert: "der Tote richtete sich auf und begann zu sprechen".
Alsob ein Dialog im Schlafe angefangen ist, und wachend weiter geführt wird.
Alsob der Tod nicht wirklich da gewesen ist, das Leben nur unterbrochen.
Alsob Menschen nicht von einander getrennt sein müssen, sondern weiterleben mit einander, weiterreden mit einander, um das Leben mit einander zu genießen.
Der wichtigste Satz vielleicht dieser ganzen Geschichte steht danach: "Jesus gab ihn seiner Mutter zurück".
Mit diesen Worte wird das Wunder bestätigt: jetzt sind sie wieder zusammen, Mutter und Sohn, jetzt geht das Leben wieder weiter.
Aber weit darüber hinaus klingen diese Worte durch die Jahrhunderte hindurch:
wie Jesus Menschen zurückgibt an einander;
wie im Mitleid, wo es wirklich gezeigt wird, Menschen das Leben geöffnet wird, und sie aneinander zurück gegeben werden;
wie Menschen einander wieder nah sein können, auch dann wenn sie ferne von einander standen;
wie die Liebe den Tod überwindet, den Tod unserer Körper, den Tod unserer Seelen,
damit wir alle wieder wissen wie gut das Leben ist, das Gott uns alle hat gegeben.
Amen.

Gebet

Lieber Gott,
wir bitten dich für all die Menschen
die geliebte Menschen verloren haben,
durch den Tod, der sie weggenommen hat,
durch das Leben, das Menschen auseinander treibt;
wir verlieren Menschen,
und können nicht immer verstehen warum,
wir vermissen Menschen, die unersetzbar für uns sind,
woran wir oft denken müssen,
die uns so lange begleitet haben
auf unseren Wege im Leben
daß es kaum vorstellbar ist daß sie das nicht mehr tun.

Oder, tun sie das dennoch?

Du, lieber Gott, muß von dem Geheimnis wissen
das Leben und Tod umfasst,
du muß von einer Nähe wissen
die uns im Leben behütet,
im Tode Ruhe gibt;
sei du bei denen die in Trauer leben,
und tröste sie mit deiner Nähe;
sei du bei denen die verzweifelt sind
über das Leben das sie leben müssen,
und gib sie Aussicht auf das was dennoch möglich ist;
sei du bei denen die, mit ihrem Land, mit ihren Häusern,
verwüstet sind, alles verloren was sie aufgebaut;
sei du bei ihnen als ein Helfer da,
der uns ermutigt selber da zu sein,
als Helfer im Not,
als Tröster in Trauer,
als Menschen die das Glück auch für anderen hoffen,
als Menschen die dich dienen wollen,
als Menschen die auf Frieden hoffen.
Amen.

Weihnachten 2013

Eine der schönen Fragen die wir einander in dieser Weihnachtszeit stellen können, ist die Frage wie wir dieses Jahr das Weihnachtsfest feiern werden. Diese Frage stellen wir in verschiedene Formen. Ob die Kinder kommen die schon irgendwo anders wohnen? Ob wir die Eltern noch besuchen werden? Ob wir viele Gäste haben dieses Jahr? Ob wir alleine sind, und das auch lieber bleiben? Diese Fragen sind also abhängig von unserem Alter, unserer Lebenssituation, unserer Hoffnung auch wie wir die Feiertage verbringen werden. Jede und jeder von uns wird auf diese Fragen ein eigenes Antwort geben. Und jeder Antwort ist geprägt von unserer Lebenserfahrungen, von früher und von jetzt.

Ein konkretes Beispiel. Ich las: "Auf die Feiertage komme ich gewiß. Nur weiß ich die Zeit nicht genauer zu bestimmen, da ich noch manches auszufertigen habe, ehe ich abreise. Auf das dringende Zureden meiner Freunde habe ich ihnen versprochen, nachher wenigstens noch einen Tag auf Besuch hierherzukommen".

Diese Worte stammen aus dem Brief eines dreißigjährigen Mann, unverheiratet, beschäftigt, mit guten Freunden. Kurz vor Weihnachten schreibt er seiner Schwester, daß er kommen wird, aber noch soviel erledigen muß, daß er nicht weiß wann er genau kommen kann. So geht es manchmal mit Menschen von diesem Alter: das Hohe Fest scheint eingeklemmt zu sein durch vielerlei eigene Beschäftigungen und die Ansprüche von Freunden. Das gilt aber vielleicht nicht nur für Menschen von diesem Alter: viele von uns erfahren genau in dieser Weihnachtszeit wieviel Mühe es kostet um eine Ruhe zu organisieren, worin wir wirklich Zuhause sein können. Oder wirklich Gäste sein können. Wo wir wirklich da sein können wo wir sind, um das Fest zu feiern, und bedenken können warum es darin eigentlich geht.

Vieleicht denken wir zu schnell daß diese Problematik des Festes kennzeichnend ist für unsere Zeit. Dann ist es gut um zu bedenken daß der Brief (den ich zitierte) schon im Jahre 1800 geschrieben wurde, und zwar von Friedrich Hölderlin. Auch damals war es nicht mehr selbstverständlich um in aller Ruhe Weihnachten zu feiern. Auch wenn man das gerne gemeinsam mit der Familie (und mit Freunden) machte.

Vielleicht ist es gut noch ein anderes Moment aus einem Brief Hölderlins hervorzuheben. Als Fünfzehnjährige, als er auf der Klosterschule von Denkendorf war, und auch dort sehr beschäftigt, schrieb er seiner Mutter kurz vor Weihnachten u.a. die folgende Zeile: " ich wolle dem l.Gott mit rechter Christtagsfreude danken, daß er Sie mir auch dieses beinahe vollendte Jahr wieder gesund erhalten habe".

Hoffentlich können auch wir etwas erfahren von dieser "rechter Christtagsfreude". In Dankbarkeit für alles was uns, und die anderen, gegeben ist. Auch für ein bisschen Ruhe, damit wir bedenken können was der liebe Gott uns schenkt.

Das wünsche ich Ihnen zu, in eine gute und fröhliche Weihnachtszeit.

Gottesdienst 24 Dezember 2013 - Heiligabend

Bibellesungen:

Jesaja 9: 2 – 7
Lukas 2: 1 - 20

Gebet

Lieber Gott,
vielleicht brauchen wir es jedes Jahr
um zu hören daß uns ein Kind geboren ist,
als ein Licht in der Finsternis von Menschen,
ein Kind als ein Bild des Friedens
worauf wir Menschen immer hoffen,
ein Kind als ein Bild der Weisheit
die wir Menschen so sehr brauchen,
ein Kind als ein Bild der Unschuld
das um Gerechtigkeit bittet,
um Aufmerksamkeit und Liebe.
Wir suchen dich, lieber Gott,
als ein solches Licht,
auch in der Finsternis die wir erfahren
auf soviele Stellen in unserer Welt,
wo es Hass gibt und Krieg
und die Menschen von Hunger sterben;
wir suchen dich auch als ein Licht
in der Finsternis die es in unserem Leben gibt,
in einer Einsamkeit die wir nicht aufheben können,
in den Trauer über Menschen die wir verloren,
in den Schmerz über schwierige Verhältnisse.
Wir suchen dich als ein Licht in unserer Finsternis,
als ein Kind woran wir uns zuvertrauen können,
damit es Weisheit gibt
um die große Fragen unseres Lebens zu lösen,
damit wir wieder wissen was unsere Unschuld war
die uns auch jetzt zum Handeln bringen kann,
damit wir wieder wissen daß es Frieden geben kann,
in unserer Welt, in unserem Leben,
damit wir deine Menschen sind,
und wissen auch von dir geliebt zu sein.
Amen

Predigt

Heute möchte ich die Predigt anfangen mit einer kurzen Geschichte. An sich ist es keine Weihnachtsgeschichte, im eigentlichen Sinne des Wortes. Sie kann uns aber hilfen die ursprüngliche Weihnachtsgeschichte, so wie wir sie heute gelesen haben, und gehört, zu verstehen. Ein bisschen anders vielleicht als früher, aber hoffentlich passend in unserem Leben jetzt. Diese Geschichte wurde geschrieben vom Holländischen Schriftsteller Toon Tellegen, und ist ein Kapittel aus seinem auf Deutsch erschienenen Buch "Josefs Vater".

"Mein Vater ist sehr groß. Er ist so groß, daß ich, wenn ich ihm etwas erzählen will, bis ganz nach oben klettern muß. Das ist ganz schön weit. Vor allem von seinem Gürtel bis zu seinem Kinn ist es sehr weit.
Meistens komm ich ganz außer Atem an seinem Ohr an. Und dann habe ich immer vergessen, was ich ihm erzählen wollte. Ich stehe dann ein bisschen verloren auf seiner Schulter.
"Ja?", fragt mein Vater.
"Na ja", sage ich. "Ich habe gedacht, ich klettere mal ein Stück, und so bin ich eben hier gelandet."
"Willst du mich was fragen?"
"Nein, ich glaube nicht. Nein."
"Oh.
"Ich ruhe mich auf seiner Schulter aus. Mit den Rücken an seinem Hals. Von seiner Schulter aus überblicke ich die ganze Welt.
Ich glaube, mein Vater ist der mächtigste Mann der Welt. Ich weiß das nicht sicher, aber einer muß es ja schließlich sein. In einer Herde Elephanten ist ein Elephant der mächtigste. Immer. Unter den Menschen ist das eben mein Vater. Warum nicht?
Und manchmal erinnere ich mich plötzlich, was ich ihn fragen wollte. "Ist irgenjemand größer als du?"
"Nein", sagt er. "Aber auch niemand kleiner.
Das ist eine seltsame Antwort.
"Und ich?" frage ich dann.
"Du bist nicht kleiner als ich."
"Nein?"
"Nein", sagt er. Aber er erklärt mir das nicht.
Und während ich darüber nachdenke, klettere ich wieder hinunter.
Ich habe einen sehr eigenartigen Vater.
"Das kannst du ruhig laut sagen, Josef", sage ich manchmal zu mir selbst, "einen sehr eigenartiger Vater."
Zu anderen sage ich es dann doch nicht.
Die sehen ja selbst, wie groß und eigenartig mein Vater ist."

Jedes Jahr, mit Weihnachten, stellt sich dieselbe Frage: wie feiern wir dieses Jahr das Fest? Aber, jedes Jahr stellt sich dieselbe Frage anders. Die Umstände worin wir leben, haben sich geändert, tiefgreifend manchmal, oder fast unmerkbar. Die Menschen mit wen wir so oft, oder fast immer, das Fest gefeiert haben, sind dieses Jahr irgendwo anders, sind vielleicht nicht mehr da. Und wir denken an sie, ganz bewußt, oder unwillkürlich; alsob sie dennoch bei uns zur Gast sind, uns ganz klar vor Augen stehen. Aber nicht nur die Umstände, und nicht nur die andere Menschen haben sich geändert,- auch wir selbst sind dieses Jahr wieder anders geworden: ein bisschen weiser, ein bisschen trauriger; ein bisschen glücklicher, ein bisschen einsamer; ein bisschen verletzt, oder realistischer auch, hoffentlich ohne allen guten Mut verloren zu haben; mit Liebe erfüllt vielleicht, vielleicht auch ein bisschen enttäuscht im Leben, in Menschen. Kleine und große Änderungen haben sich - auch in uns – vollzogen, wenn wir darüber nachdenken, und sie machen unsere Lebensfragen auch ein bisschen anders. Auch die Frage nach Weihnachten: was das Fest dieses Jahr für uns bedeutet.

Wenn wir nachdenken über diese Änderungen, dieses Jahr, mit Weihnachten, stellt sich auch die Frage nach dem Bleibenden. Was bleibt, in unserem Leben? Was bleibt wichtig, für uns? Alle Jahre wieder wichtig? Gibt es etwas, das, durch all unsere Lebensjahre hindurch, uns immer wichtig bleibt? Woran wir immer mit Freude und Dankbarkeit denken können?

Ich denke eigentlich, daß wir das auch manchmal vergessen. In aller Hektik unseres Lebens, in all unsere Beschäftigungen, in alle unsere Sorgen über teuere Menschen, in alle Freuden auch die uns das Leben bietet,- in all diese Wirbeln die unaufhörlich unsere Aufmerksamkeit fragen, wo kaum Zeit übrig ist um stille zu stehen, vergessen wir manchmal genau das Bleibende: was immer bei uns bleibt, unser Leben trägt; was wir dennoch suchen, mit Weihnachten vor allem. Weihnachten kann man dann umschreiben als die Suche nach dem Bleibenden in unserem Leben. Nach dem was uns trägt, auch wenn wir es oft vergessen. Weihnachten als die Suche nach so etwas wie eine fast geheime Freude unseres Lebens.

Vielleicht können wir versuchen diese Freude ein bisschen zu verstehen, wenn wir nachdenken über die kurze Geschichte von dem kleinen Jungen mit seinem großen Vater. Ab und zu muß er ihn etwas erzählen, klettert nach oben, bis er auf seine Schulter steht. Das hört sich an wie ein Bild eines Menschen der versucht seinen Gott zu erreichen, sein Ohr zu erreichen, wie in einem Gebet. Dazu muß er hoch über sich selber hinaussteigen. Aber auch dann, wenn wir wirklich imstande sind zu beten, - auch dann wissen wir nicht immer was wir sagen können; können aber dennoch erfahren daß es gut ist uns ein bisschen auszuruhen, dort oben. So wie es in dieser Geschichte erzählt wird.

Dann kann es uns auch passieren, daß wir plötzlich dem Vater die wichtige Frage stellen, wie in der Geschichte: "Ist irgendjemand größer als du?"

Wichtiger aber noch als diese Frage ist die 'seltsame' Antwort die der Vater dann gibt: "Nein," sagt er. "Aber auch niemand kleiner."
Es ist nicht so sehr eine tröstende Antwort die hier gegeben wird, alsob der Kleine sich nicht klein zu fühlen braucht. Sondern es wird hier (um sozusagen) eine theologische Antwort gegeben, eine Antwort aus dem Glauben heraus: Gott, auch wenn er groß ist und bleibt, ist genau so klein wie der Mensch der ihn sucht; der zu ihm betet; er ist genau so groß wie der Mensch der versucht über sich selber hinauszusteigen, um für ein Moment bei Gott zu sein.
Man kann das auch anders sagen: Gott, auch wenn er groß ist und bleibt, liebt den Menschen, wie klein er auch ist; er ist in seiner Kleinheit bei ihm, mit seiner Liebe, und versucht auch die Liebe in Menschen zu entzünden. Damit er sich selbst überwindet, und ein Bildnis der Liebe Gottes wird; damit es Frieden gibt auf Erden.
    Das alles wird eigentlich auch schon gesagt in der Weihnachtsgeschichte selbst, die Geschichte der Geburt Jesu. Bei Lukas ist das eine Geschichte von kleinen Menschen: ein Mann, eine Frau die betteln müssen um eine Unterkunft, für sich selbst und das kleine Kind das kommt. Es ist die Geschichte von einfachen Hirten, von Menschen am Rande der Gesellschaft, arme Leute, von anderen meistens gering geschätzt. Vielleicht haben sie alle auf mehr gehofft, für ihr Leben. Vielleicht haben sie alle gehofft hinauf zu klettern zum Vater, aber nicht gewußt wie man das macht; wie man nach oben kommt und ausruhen kann; wie man zum Vater sprechen kann, wie von Angesicht zu Angesicht.
Dann aber haben sie das Wunder erlebt, daß der Vater (um sozusagen) nach unten kam, sichtbar in einem kleinen Kind, damit er genau so klein ist wie die Menschen die auf ihn hoffen. Dann brauchen wir nicht mehr nach oben zu klettern, sondern wissen von ihm in unserer Nähe, auf unserer Ebene; auch wenn er groß ist und die ganze Welt erblicken kann; sich aber seiner Kleinheit nicht schämt.
So etwas singen die Engel auch, in ihrer himmlischen Freude:
    "Ehre sei Gott in den Höhen
    und Friede auf Erden
    unter den Menschen
    an denen Gott Wohlgefallen hat."
Die Größe Gottes und die Kleinheit von Menschen werden hier zusammengesungen. Die Freude der Engel ist groß, weil die Liebe Gottes sichtbar auf Erden gekommen ist in dieses kleine Kind; mit der Liebe auch die dieses Kind später, erwachsen geworden, den Menschen zeigen wird. Wenn er sich ihnen sein Leben widmet.
Damit auch wir diese Freude erfahren können.
Damit auch wir Gottes Wohlgefallen an uns weitergeben an anderen Menschen.
Damit es Frieden gibt auf Erden.
Amen.

Gebet

Lieber Gott,
wir bitten dich für alle Menschen
die sich klein fühlen, gedemütigt im Leben,
die sich von anderen erniedrigt fühlen,
die sich zu arm wissen um etwas erreichen zu können,
ein bisschen nach oben zu steigen,
um gesehen zu werden, mit Liebe begegnet,
mit Selbstachtung, mit Würde bekleidet.
Sei du bei ihnen, Gott, mit deiner Liebe
die deine Größe mit unserer Kleinheit verbindet.
Wir bitten dich für alle Menschen
die versuchen ein bisschen mehr Gerechtigkeit zu realisieren
in den Verhältnissen worin sie leben,
in der Hoffnung daß wir Menschen sehen können
wer anderen sind, was anderen brauchen,
was wirklich notwendig ist um zu tun,
was wirklich notwendig ist um zu teilen.
Sei du bei ihnen, Gott, mit deiner Liebe
damit wir zusammenleben können auf dieser Welt.
Wir bitten dich für alle Menschen
die versuchen ein bisschen mehr Frieden zu realisieren
wo sie wohnen, wo sie arbeiten,
wo ihr Einsatz notwendig ist, und gefragt.
Sei du bei ihnen, Gott, mit deiner Liebe,
die Menschen sich wirklich nähern tut.
Wir bitten dich für alle Menschen
die versuchen Weihnachten zu feiern
in einer Atmosphäre von Aufrichtigkeit und Aufmerksamkeit,
die versuchen einander in Liebe zu begegnen,
um ihrer Hoffnung wissen für unsere Welt.
Sei du bei ihnen, Gott, sei du bei uns,
damit wir alle von deiner Liebe wissen.
Vater unser
Amen

Predigt beim Neujahrsempfang der Gemeinde Friedrichstadt,
gehalten in der Kirche am 7. Januar 2014.

Bibellesung: Lukas 2: 41 – 52.

Wir sind es vielleicht gewohnt, die Geschichte die wir eben gelesen haben und gehört, vor allem zu verstehen als ein Teil der Biografie Jesu. Als eine Verbindung zwischen den Geschichten über seine Geburt, die Begegnungen im Tempel, mit Simeon und Anna, und sein späteres Leben. Als er erwachsen war, mit den Menschen sprach und sie heilte, als Messias erkannt wurde, von den Menschen verworfen, starb aber auferweckt wurde, - wie erzählt wird. Wir haben die erste Geschichten seines Lebens den vergangenen Wochen gefeiert, und sind jetzt daran das neue Jahr zu feiern, an die Arbeit zu gehen, an das normale Leben. Wir warten vielleicht ab was das uns bringen wird; in unserem Leben, in unserer Stadt, in unseren Kirchen. Vielleicht auch mit neuen Ereignissen, neuen Geschichten, neuen Interpretationen, und – hoffentlich – neuen Inspirationen für unser Leben, für unser Umgang mit den Menschen die wir begegnen werden.
Was können wir dann jetzt mit dieser Geschichte über den jungen Jesus?

Vielleicht können wir diese heute lesen, nicht nur als ein Teil seiner Biografie, sondern auch als eine Geschichte über eine große Pilgerschar. Sie haben sich aufgemacht um das große Fest zu feiern, und wenn das vorbei ist, kehren sie nach Hause zurück. Das könnte ein Bild dessen sein, wie wir uns vorbereitet haben auf das große Fest, das gefeiert haben und wieder nach Hause gehen, zurück in das normale Leben. Wie wir das versuchen zu tun in dieses neue Jahr.

So könnten auch wir ein Teil dieser Pilgerschar sein: wir als individuelle Menschen, wir als Mitglieder unserer Kirchen, wir als Einwohner dieser Stadt. In diese verschiedene Verbände, und in viele andere auch,- in unserer Arbeit, mit unseren Familien und Freunden, - überall sind wir irgendwo unterwegs. Irgendwie machen wir uns auf den Weg, aus unseren Häusern zu den verschiedenen Stellen wo unsere Anwesenheit gewünscht ist, wo wir notwendig sind, oder wo wir selbst gerne sind. Irgendwann hoffen wir auch wieder nach Hause zu kommen, aber vor allem hoffen wir unterwegs gesegnet zu sein: zu wissen daß es gut ist was wir erfahren; daß es uns glücklich macht und uns bereichert; daß wir unterwegs die Kraft bekommen um dem Leben gewachsen zu sein. Zusammen mit allen Menschen mit wem wir uns verbunden wissen; mit wem wir Pilger sind, irgendwo auf der Reise des Lebens.

Dieses Wissen Pilger zu sein, - eine Uralte Vorstellung von Menschsein, in der Praxis der Pilgerschaft begründet, als die Suche nach dem Heiligen das notwendig ist um zu leben; später erweitert als ein Bild von Mensch-sein überhaupt, als ein Wissen im Leben unterwegs zu sein, unsere Ziele noch immer vor uns, aber begleitet von vielen anderen, - diese Pilgerschaft können auch wir lesen in unserer Geschichte über den jungen Jesus. Wie er mit seinen Eltern unterwegs ist, Jerusalem durchstreift und unbemerkt dort hinterbleibt, um zu tun was er offenbar tun muß.

Was können wir, als Pilger jetzt, in dieser Geschichte von uns selbst erkennen? Von uns selbst und von diesem jungen Mann "worin Gott und Menschen ihre Freude hatten", wie erzählt wird?

Drei Elemente sind es, die ich heute hervorheben möchte aus dieser Geschichte.

An erster Stelle eine gewisse Sorglosigkeit, womit die Geschichte anfängt. Es ist die Sorglosigkeit der Freiheit, unterwegs auf die Reise, zu Fuß gehend mit anderen, die bekannte Lieder singend oder in Gespräch, voll Erwartungen über das ferne Ziel, in Freude das Leben mit einander teilend. Es muß nur schön sein an einer solchen Pilgerreise teil zu nehmen. So gehen auch Jesus und seine Eltern ganz in dieser Pilgerfahrt auf, auf die Hinreise, wie (was den Eltern betrifft) auch auf die Rückreise: in einer friedlichen Sorglosigkeit. Alles wird in Ordnung sein, auch ohne dass man sich um viel bekümmert.

Vielleicht kann man sagen daß auch unser Leben manchmal von einer solchen Sorglosigkeit gekennzeichnet ist. Wir tun was wir tun müssen, irgendwo unterwegs, mit vielen Menschen sprechend, arbeitend, in alle verschiedenen Verbände unseres Lebens. Und, fast immer und überall annehmend, daß es gut ist was passiert; daß es gut kommen wird, in unserer Gesellschaft, in unserer Welt. Lebend mit dem Gefühl daß die Freude die es gibt, immer weiter gehen wird, unbedroht ist.

Aber manchmal passiert dann doch etwas das unsere Freude bedroht, unser sorgloses Glück, oder die gute Zusammenarbeit. Wenn plötzlich eine Besorgtheit einbricht in unsere einfache Sorglosigkeit. So wie in unsere Geschichte die Eltern plötzlich bemerken daß ihr Kind nicht mehr da ist, nicht irgendwo bei den anderen Pilger auf die Heimreise. Sie sind entsetzt und werden selbstverständlich alles tun um ihr Kind wieder zu finden. Ein Kind das uns fehlt, ein Mensch der uns fehlt, - das steht für die schlimmste Besorgtheit die wir Menschen kennen. Es steht überhaupt für alle Besorgtheit die wir kennen: für alle Angst, für alle unaufhebbare Verbundenheit die bedroht wird. So gibt es auch ein Bild dessen wie wir in unseren Gemeinschaften leben: in unserer Stadt, in unseren Kirchen, mit unseren Freunden. Wissend auch von unseren Sorgen, unsere Besorgtheit um teueren Menschen; hoffend sie zurückzufinden, wenn wir denken sie verloren zu haben. Hoffend daß wir wieder glücklich werden.

Wenn die Eltern, aus unserer Geschichte, ihr Kind wiederfinden, und ihre Besorgtheit, ihre Angst, sich in Bosheit und Vorwürfe äußert, - dann begegnet ihnen etwas das sie nicht erwartet haben, und vielleicht auch nicht kennen. Sie werden konfrontiert mit der Bestimmung ihres Kindes; mit demjenigen wofür er mit seinem ganzen Leben stehen wird. "Ihr hättet euch doch denken können, daß ich im Haus meines Vaters bin." Hier wird nich den Platz angedeutet wo sie ihn finden, sondern seine Verbundenheit mit Gott, die sein Leben bestimmt. Wovon er jetzt schon weiß; die er immer zeigen wird.

Das Wort 'Bestimmung' benutzen wir vielleicht nicht oft wenn wir versuchen zu sagen warum es geht, in unserem Leben. Vielleicht ist es zu groß für uns, sind wir mit dem Wort verlegen. Aber dennoch ist es gut um dieses Wort zu kennen, und zu wissen daß es auch unser Leben kennzeichnen kann. Daß es auch in unserem Leben um wirklich große Dinge gehen kann, möglicherweise auch dann, wenn wir in den Fußspuren gehen können des Mannes der schon als Kind von seiner Bestimmung wußte, in der Nähe des Vaters.

Das können wir auch einander wünschen, in diesem neuen Jahr: daß wir alle von unserer Bestimmung wissen; was wirklich wichtig ist, in unserem Leben; was wirklich wichtig ist auch im Leben von anderen Menschen; was wirklich wichtig ist für unsere Stadt, für ihr Wohlstand und für den Frieden die es geben kann.

Das wünsche ich Ihnen zu, auf unsere Reise, dieses neue Jahr.

Amen.

Gottesdienst 26 Januar 2014

Psalm 4

Gebet:

Lieber Gott,
auch wir kennen die Erfahrung
uns bedrängt zu fühlen, von soviel das uns umringt;
auch wir kennen das Verlangen daraus befreit zu werden,
um wieder soviel Raum in unserem Leben zu erfahren
daß wir frei atmen können,
und mit Vertrauen tun was wir tun müssen;
auch wir hoffen dann eine Stimme in uns zu finden
die sagen kann was uns bedrängt,
unsere Gefühle mit Worten ausdrücken kann;
auch wir hoffen dann daß jemand uns hört,
jemand wie du
den wir als unser Gott betrachten,
der es sein muß wenn unser Not zu hoch ist,
der unser Verlangen kennt und beantwortet,
der uns Raum gibt für ein eigenes Leben,
der unsere Stimme Kraft verleiht
und Mut gibt für die Echtheit dessen
was wir in unsere Seele wirklich erfahren.
Sei du bei uns, o Gott,
als einer der uns wirklich nah ist,
der uns verstehen kann, vielleicht noch besser
als wir uns selbst verstehen können;
sei du bei uns als einer
der uns Mut zum Leben gibt,
zu allem was von uns gefragt wird,
sei du bei uns als einer
der uns verstehen tut
wo wir nötig sind, wo man uns braucht,
wo wir beitragen zu einem Frieden
den wir alle sosehr brauchen.
Sei du bei uns in unserem Wissen, daß du unser Gott bist,
alle Tage unseres Lebens,
für alle Menschen dieser Welt.
Amen.

Matthäus 21: 28 – 32

Predigt:

Auf den ersten Blick ist "das Gleichnis von den ungleichen Söhnen" eine Geschichte, die auch wir leicht erkennen können. In unserem eigenen Leben, in unserer eigenen Umgebung. Aus eigener Erfahrung kennen wir das Betragen des ersten Sohnes aus dem Gleichnis der Ja sagt zum Vater, auf seine Bitte hin um im Weinberg zu arbeiten, es dann aber dennoch nicht tut; wir kennen vielleicht auch das Betragen des zweiten Sohnes, der Nein sagt, sich aber später bedenkt, es bereut daß er Nein gesagt hat, und dann doch an die Arbeit geht. Ja-sagen, und es dann nicht tun, Nein-sagen und dann doch tun was gefragt wurde, - wir sehen das öfter passieren in unserem eigenen Leben.
Im ersten Fall haben wir manchmal unsere Entschuldigungen parat, wenn wir nicht tun was wir zugesagt hatten; umgekehrt kennen wir unsere Ärgernisse, wenn anderen uns etwas versprochen haben um zu tun, und es dann unterlassen; manchmal ohne uns einen Grund dafür anzugeben. Vielleicht ist dieser Fall auch der, der am deutlichsten ist: Ja-sagen, und es dann nicht tun. Weil uns zuviel beschäftigt im Leben; weil wir zu vergesslich sind; weil wir nicht immer dieselben Interessen wie die anderen haben, andere Prioritäten, und nicht dazu kommen zu tun was sie uns gefragt haben; worauf wir Ja gesagt haben.
Vielleicht ist der zweite Fall etwas schwieriger zu erkennen: Nein-sagen und es dann doch tun. Oder Nein-sagen überhaupt. Wann sagen wir Nein zu Menschen? Und beschäftigt uns dieses Nein so sehr daß wir manchmal noch lange Zeit darüber nachdenken, und dann – nach wiederholten Überlegungen – beschließen dieses Nein in einem Ja zu verwandeln. Um dann doch zu tun was uns gefragt wurde. Es geht hierbei nicht um all die leichte, fast selbstverständliche Fälle, wo wir Nein sagen weil es uns einfach nicht möglich ist um Ja zu sagen. Wo wir es einfach nicht können; wo wir nicht da sind; wo uns die Zeit wirklich fehlt. In diese und andere Fälle denken wir meistens nicht lange darüber nach. Weil die Situation so deutlich ist.
Es gibt aber Fälle wo es nicht so deutlich ist. Wo unser Nein, anderen gegenüber, uns selbst verfolgt; wo wir genötigt werden darüber weiter nachzudenken. Wo dieses Nein-sagen uns selber überrascht, und uns zu denken gibt. Wann sagen wir Nein, und wie wichtig ist das für uns? Was steht damit für uns auf dem Spiel?
Es gibt eine Geschichte wo das Nein eines Menschen zum Thema gemacht wird. Sie wurde geschrieben vom Italienischen Schriftsteller Claudio Magris, und heißt "Der Conde", der Graf, auf Portugiesisch. Diese ziemlich schauererregende Geschichte spielt sich ab in Portugal, vor lange Zeit, auf dem Fluß der Douro, und auf dem Meer. In Zeiten von großen Überschwemmungen und nach schweren Sturmen fuhren der Conde und sein Knecht in einem kleinen Boot hinaus um die Ertrunkenen zu suchen, und sie in ihrem Boot aufzuheben,

damit sie bestattet werden konnten. Das machen sie Jahre lang, ohne viel zu sagen, in einer großen Vertraulichkeit. Wenn auch der Knecht manchmal sehr erniedrigt wird vom Grafen, der es sich auch erlaubt schreckliche Witze mit ihm zu machen. Der Knecht weiß nicht anderes zu tun als dies alles zu akzeptieren; er hat das Gefühl ein Niemand zu sein, kein eigenes Leben zu haben, keine Würde für sich selbst. Dann aber, in einer Nacht, wenn sie wieder auf dem Wasser sind, und etwas Schweres sich in ihr Netz befindet, entdecken sie eine Gallionsfigur, Bruchstück eines untergegangenen Schiffes. Sie binden sie fest an ihrem Schiff, tun was sie weiter noch tun müssen, und gehen nach Hause. Wenn sie fast im Hafen sind, sagt der Conde zu ihm, erzählt der Knecht:

> "Dieses benutzen wir als Brennholz, das Haupt aber nehme ich mit nach Hause und hange ich vor dem Tür", und er holt seine Axt zum Vorschein. Ich bin nur aufgestanden und habe 'Nein' gesagt, ganz einfach, aber er muß verstanden haben daß er nur noch ein Wort zu sagen brauchte, und dann war ich weiß nicht was passiert, und er schwieg, auch wenn ich ihr später, am Kai, aufgehoben habe, in meinen Arme genommen, groß und schwer wie sie war, und hierher gebracht habe. Und so habe ich (...) mit ihr gezeigt wer ich bin..

In diesem Nein, das der Knecht sagt, auf dieses Moment seines Lebens, nachdem er so oft erniedrigt war,- in diesem Nein findet er sein Leben wieder; und seine Würde, ein Wissen seines Selbst. Wer er ist, wodurch er gerührt wird, was letztendlich wichtig für ihn ist. Man könnte auch sagen, daß er –in diesem Nein – seine Freiheit entdeckt, eine Selbständigkeit die ihn befähigt eigene Entscheidungen zu treffen, und so auch anderen als gleichwertige Menschen ins Auge zu sehen, und zu beggenen. Nein-sagen, als das Moment der Entdeckung wer man wirklich ist; als das Moment der Freiheit, der Würde. Damit man, vielleicht zum ersten Mal im Leben, wirklich weiß wofür man steht, und darüber entscheiden kann was man tut.
Laß uns zurückkehren zum Gleichnis das Jesus erzählt von den ungleichen Söhnen: was können wir dann sagen über den Sohn der Nein sagt, später aber doch im Weinberg arbeiten geht?
Es ist wichtig, glaube ich, um zu bedenken daß es nicht immer so leicht ist um zu tun was anderen uns sagen. Beide Söhne aus dem Gleichnis werden vom Vater aufgefordert zu tun was er bedacht hat; sie werden aufgefordert gehorsam zu sein. Man könnte sagen: beide Söhne verweigern sich diese Gehorsam, der eine wenn er Ja sagt und es nicht tut, der andere dadurch daß er öffentlich Nein sagt. Es ist nicht immer so leicht um gehorsam zu sein; um etwas zu tun weil anderen es uns gesagt haben. Es ist alsob dadurch Abbruch getan wird an unsere Würde, wenn wir selber nicht darüber entscheiden was wir tun oder lassen können.
Man könnte auch sagen: der Nein-Sager aus dem Gleichnis nimmt sich Zeit um zu einer eigenen Entscheidung zu kommen, eine Entscheidung die nicht nur vom

Gehorsam geleitet ist, sondern ihn innerlich dazu befähigt. Aus eigener Antrieb, mit ganzem Herzen, um mit Aufmerksamkeit und Liebe dasjenige zu tun, was von ihm erwartet wird.

Nun müssen wir auch bedenken, daß es im Gleichnis nicht um eine willkürliche Arbeit geht, nicht um irgendeine Aufgabe, aber um eine Arbeit im Weinberg. Das heißt: eine Arbeit für Gott, aus dem Glauben heraus. Der Weinberg ist in der Bibel immer eine Metapher für die Stelle wo Er uns erwartet; wo Er uns fragt, uns einlädt um in seinem Namen anwesend zu sein, und etwas fruchtbares zu tun.

Das Gleichnis spricht darüber daß es Menschen gibt, die auf diese Einladung Gottes mit Ja antworten, es aber dennoch nicht tun. Es gibt aber auch Menschen die Nein sagen, und es dann dennoch tun. Im Gleichnis selbst ist der Unterschied zwischen Ja- und Nein-Sager nicht so sehr formell, es wird auch inhaltlich bestimmt: die Nein-Sager aus dem Gleichnis werden von Jesus identifiziert mit den Zöllnern und Dirnen. Mit Menschen also die im allgemeinen aller Respekt verloren haben, ihre Wuürde verspielt, aber immer noch die Möglichkeit haben zu tun, oder zu sein, was der Herr von ihnen erwartet. Die, durch ihr Nein hindurch, Ja-Sager werden können.

Das Gleichnis geht also auch über gute und falsche Erwartungen von Menschen. Um ein Wissen, daß die Menschen die Ja sagen auf den Aufgaben Gottes nicht immer die Erwartungen die damit verbunden sind, auch wirklich wahrmachen, in die Tat umsetzen. Und auch umgekehrt: daß die Menschen von wen man wenig erwartet, von wen man nicht erwartet das sie Ja sagen zu Gott, daß ausgerechnet sie fröhlich in seinem Weinberg arbeiten; daß sie ein warmes Herz haben für die Menschen und wirklich sehen was sie brauchen, und ihre Bedürfnisse auch beantworten,- daß ausgerechnet sie, die Geringgeschätzten, gepriesen werden weil sie "den Willen des Vaters erfüllen", das wird hier von Jesus gesagt, fast am Ende seines Lebens.

Als eine Erklärung fast für sein Verkehr mit Menschen die von anderen geringgeschätzt werden. Um ihnen Hoffnung zu geben auf ein anderes Leben, und Mut einzusprechen für eine Änderung ihres Lebens, die völlig authentisch ist und hervorgeht aus ihren eigenen Herzen; als ein Ja das völlig gemeint ist. Er erzählt dieses Gleichnis auch, damit wir wissen was wir tun wenn wir Ja sagen oder Nein.

Manchmal ist ein Nein notwendig.

Nicht nur weil wir damit uns selber finden können, sondern auch um dadurch zu wissen was unser Ja bedeuten kann, errungen manchmal in einem Zweikampf mit uns selber, oder übriggeblieben als ein kostbarer Schatz aus allen Erfahrungen unseres Lebens.

Dieses Ja gilt es zu behüten, als das Wissen um das Ja Gottes zu uns.
Damit wir fruchtbar unser Leben leben.
Amen.

Gebet:

Lieber Gott,
wir bitten dich für alle Menschen
die versuchen ein eigenes Leben zu leben,
auch wo die Umstände das kaum zulassen:
wo sie von anderen tyrannisiert werden
        und kaum eigene Entscheidungen nehmen können;
wo sie von Krieg und Armut beherrscht werden
        und keine Freiheit haben um das für ihnen Notwendigste zu tun;
wo sie nur noch von eigenen Antriebe gezwungen werden
        und nicht mehr wissen was im eigenen Herzen passiert.
Sei du bei ihnen allen, Gott, als einer
der aufkommt für das Leben von Menschen,
als einer der uns wissen tut was wirklich wichtig ist.
Wir bitten dich für alle Menschen,
die versuchen in aller Einfalt mutig zu sein,
die zeigen können worauf es im Leben ankommt,
die die Wirklichkeit, auch von anderen Menschen, unter Augen sehen
und Folgerungen schließen können für was sie selbst tun.
Wir bitten dich für alle Menschen
die sich so leicht im Leben verlieren,
in alle schönen Dinge die es gibt,
in alle schönen Dinge für sich selber,
und kaum mehr sehen was anderen brauchen,
was sie selber für anderen sein können.
Wir bitten dich für diejenigen
die versuchen Verantwortlichkeiten zu tragen,
für die Gemeinschaft worin sie leben,
für unsere Kirche auch, unsere Glaubensgemeinschaft.
Sei du bei ihnen, Gott, sei du bei uns,
damit wir deine Zeugen sein können,
deine Menschen in unsere Welt.
"Vaterunser"
Amen.

Gottesdienst 23 Februari 2014

Psalm 131

Gebet:

Lieber Gott,
Wir kommen zu dir mit unserem Gebet,
hoffend manchmal in unserem Leben
eine Einfalt zu finden
die bei uns passt,
worin wir uns selbst sein können,
die uns die Menschen begegnen tut
in aller Offenheit, auf das Wesentliche gerichtet;
worin wir auch bei dir sein können
als ein Kind von der Mutter gestillt,
in den Armen des Vaters geborgen.
Wir wissen aber auch wie schwierig das Leben manchmal ist,
wieviel Sorgen es gibt über Menschen,
wieviel Sorgen es gibt über die Verhältnisse
worin wir leben, auch gerne leben mögen,
wieviel Streit es gibt über Sachen
die wir später manchmal als Kleinigkeiten bezeichnen;
wieviel Krieg es gibt in unserer Welt,
verbunden mit soviel Eigennützigkeit,
mit soviel Hoffnung auch auf bessere Zeiten,
wenn den Menschen recht getan wird,
und sie endlich in Frieden zusammen leben können.
Wir bitten dich,
daß du bei uns bist,
uns eine Einfalt lehrt die aufbaut
was wir Menschen mit einander können,
die uns zu der Erkenntnis bringt
was wirklich wichtig ist,
für uns, für uns gemeinsam, für alle Verbände worin wir leben;
sei du bei uns als Menschen
die auf Frieden hoffen,
und selber dazu beitragen diesen zu stiften,
diesen zu bewahren wenn es möglich ist;
damit wir alle uns als deine Kinder betrachten können,
als deine große Menschen,
von dir in diese Welt gestellt,
von dir geliebt. Amen.

Bibellesung:

Lukas 15: 11 – 32

Predigt:

Einer alten Jüdischen Tradition zufolge gibt es von jeder biblischen Geschichte siebzig verschiedene Interpretationen. Das sagt etwas über die Reichtum der Biblischen Geschichten, es ist aber auch eine Warnung darin beschlossen um nicht nur eine Interpretation für die allein-gültige zu halten. Wie es eine Verschiedenheit von Menschen gibt, die einfach nicht aufzuheben ist, so gibt es auch eine Vielfalt von Bedeutungen die in den heiligen Texten liegt. Es kann deshalb wichtig sein nach neue Interpretationen zu suchen, um die Reichtum des Textes zu suchen. Es liegt also auch eine gewisse Freiheit darin, daß man eine Interpretation zulässt die nicht von der Tradition schon vorgegeben wurde.
Heute haben wir das bekannte Gleichnis vom verlorenen Sohn gelesen, das Lukas uns als einzige der Evangelisten überliefert hat. Jesus spricht davon in einem Kontext wo von Verlieren und Wiederfinden die Rede ist. Das sind (um so zu sagen) Urerfahrungen von Menschen: daß wir etwas verlieren, manchmal dann erst merken wie kostbar das für uns ist, oder das schon wissen, und uns dann sehr darüber freuen wenn wir es wieder gefunden haben. In diesem Sinne sind Verlust und Freude Urthemen unseres Lebens: jeder hat so etwas in seinem oder ihrem Leben erlebt. In den biblischen Geschichten die Jesus hier erzählt, geht es auch noch um etwas anderes: Um die Erfahrung selber verloren zu sein, mit diesem Gefühl lange Zeit zu leben, und dann zu erfahren daß man wieder gefunden wird. Man findet nicht selber etwas Kostbares zurück, sondern man wird selbst als eine kostbare Person wiedergefunden. Wir werden wieder auf die Beine gestellt. Oder, wir werden mit einem Aussicht auf einem Leben erfüllt, das wirklich das unsrige sein kann. Auch das kann eine Erfahrung sein die viele von uns selber kennen: daß wir 'gerettet' werden; daß uns so etwas wie eine neue Sicht auf unserem Leben gegeben wird. Das Wort 'gegeben' ist hier äusserst wichtig: wir sind manchmal nicht imstande uns an unseren Haaren aus dem Morast zu ziehen (oder wie der Baron von Münchhausen, an unserer Perücke). Wir brauchen andere Menschen dafür, oder eben der Andere, Gott, der uns auf irgendeiner Weise wissen tut wie wir unser Leben ändern können, oder müssen.
Aber umgekehrt müssen wir auch bedenken daß wir nicht immer abwarten müssen ob oder wann ein ander, ein Mensch oder Gott, uns grundlegend weiter hilft. Wir haben auch eine eigene Verantwortung fürs eigene Leben, wir nehmen auch selber die wichtigste Entscheidungen, und können nicht erwarten das ein ander alles gut macht was wir selber falsch gemacht haben.
Auch darüber geht das Gleichnis des verlorenen Sohn.

Von diesem Gleichnis sind im Laufe der Zeit die wunderschönste Interpretationen gegeben. Vor allem im zwanzigsten Jahrhundert. Es ist alsob dieses Jahrhundert uns ein genaues Bild davon gegeben hat was 'verloren-sein' bedeutet. Wie Menschen sich verloren wissen in einer Welt wo sie nicht mehr zu Hause sind, nicht mehr wissen was ihr Leben bedeutet. Wo wir das Kostbarste unseres Lebens verloren haben, und uns nicht mehr erinnern können was das war. Wo nicht nur der Sohn aus dem Gleichnis sich verloren wusste, sondern wir auch den Vater aus dem Gleichnis verloren haben, nicht mehr wissen daß es Ihn jemals gegeben hat; nicht mehr wissen wo wir Ihn zurückfinden können. Vielleicht liegt das auch an uns. Drei verschiedene große Schriftsteller des zwanzigsten jahrhunderts haben dieses Gleichnis so interpretiert, daß etwas grundlegendes mit dem Menschen passiert ist. Daß er seine Fähigkeit zu Lieben verloren hat, wie Rilke erzählt, und damit die wichtigste Grundlage seines Daseins. Oder daß er sich zurück gezogen hat in eine Unzufriedenheit, die bestimmend geworden ist für sein Leben, wie Robert Walser in eine wunderschöne Geschichte erzählt, worin er aufkommt für den ältesten Bruder, der in seine Unzufriedenheit ein Bild dessen gibt wie wir uns manchmal im Leben betragen. Oder daß wir uns verloren haben in eine Neugierigkeit, wohl wissend von alle Gefahren dieser Welt, aber darauf vertrauen daß wir die Gefahren die den jüngsten Sohn aus dem Gleichnis zu einem verlorenen Mensch gemacht haben besser als er überstehen werden, wie André Gide erzählt. Er hat eine Geschichte erfunden worin ein noch jüngere Bruder auftritt der die Geschichten des heimgekehrten Bruders anhört, und am nächsten Tag selber verschwunden ist, in der Welt gezogen, um selber zu erfahren was dort möglich ist, was er selber kann. Mit Selbstvertrauen also und Neugierigkeit, die immer wieder von Menschen geübt werden, und – vielleicht! – der Anfang unserer Verlorenheit ist.

Vor vier Wochen wurde an dieser Stelle gesprochen über das Gleichnis Jesu, über den ungleichen Söhne: beide werden von dem Vater beauftragt um in den Weinberg zu arbeiten. Der erste sagt Ja und tut es nicht, der andere sagt Nein und tut es dennoch. Der Weinberg ist die Stelle wo Gott uns erwartet; wo er uns fragt um in seinem Namen anwesend zu sein, und etwas fruchtbares zu tun. Vielleicht ist es möglich um diese beide Gleichnisse mit einander zu verbinden, und auch im Gleichnis des verlorenen Sohn ein Ja und ein Nein zu unterscheiden.

Der älteste Sohn aus dem Gleichnis des verlorenen Sohn ist immer bei den Vater geblieben. Er hat Ja gesagt zu dem Auftrag um die Arbeit für den Vater zu tun. Die Frage ist aber ob er mit seinem Herzen dabei war; ob sein Ja vollends gemeint war, oder nur eine halbherzige Anpassung an der Situation. Wo es das einfachste war um Ja zu sagen, weil er nichts besseres wusste als sich anzupassen an die gegebene Erwartungen. Ungefähr so wie man manchmal Mitglied einer Kirche geworden ist, mit einem Ja, das noch nicht die volle Wachstum einer entscheidenden Glaubensbekenntnis erreicht hatte, wofür man stehen kann auch wenn es nicht mehr selbstverständlich ist um wirklich Christ zu sein.

Der jüngste Sohn aus dem Gleichnis muss ursprünglich auch Ja gesagt haben, er weiß was es ist um im Dienst seines Vaters zu arbeiten. Er entdeckt aber auch, im Laufe der Zeit, daß es mehr gibt im Leben als nur diese Arbeit. Es zieht ihm an um das Leben kennen zu lernen, in aller Vollheit und, wenn es sein muß, in aller Elend. Bis er auch diese am eigenen Leib in aller Härte erlebt, und kaum mehr weiß wie er sich im Leben erhalten kann. Die Frage ist dann was man sich erinnert von einem Ja das man je gesprochen hat. Die Frage ist dann ob wir, lebend in einer Welt mit all ihre Möglichkeiten von Genuß und Elend, von scheinbaren Selbstverständlichkeiten und einer fast normalen Ichbezogenheit, - was wir uns dann noch erinnern von Hoffnungen des Vaters. Vielleicht ist Verlorenheit, in dieser Situation, nicht daß wir in Besorgnis erregende Zustände geraten sind, sondern vor allem daß wir nicht mehr wissen, daß es ein Zuhause gibt. Daß es um ein Ja geht, das wir, vielleicht ohne genau zu wissen was das bedeutet, je zum Vater gegeben haben. Daß es letztendlich auch in unserem Leben um den Dienst an Gott geht, daß es immer noch Möglichkeiten dazu gibt, auch wenn wir uns fast verloren wähnen.

Der jüngste Sohn ist also nicht verloren: er weiß noch immer von seinem Vater, noch immer vom eigenen Ja, auch wenn er weiß daß der Heimweg schwierig sein wird für ihn. Er weiß genau wie sein Leben verlaufen ist, wie zwiespältig er im Leben steht, mit seinem Hang zum Leben, mit seinem Wissen auch von Gott. Aber er geht den langen Rückweg nach Hause. Hoffend nur daß er empfangen wird von einem Ja des Vaters, der ihn als sein eigenes Kind empfangen wird. Sein Betragen schon stellt uns vor großen Fragen. Wissen wir genau wie es um uns gestellt ist? Können wir mit Sicherheit sagen das es uns gut geht, im Leben, auch hinsichtlich die Frage nach unserem Zuhause, unserer Verbindung zum Gott? Haben wir das ursprüngliche Ja unseres Lebens realisieren können in unser Sein in der Welt, oder ist eigenlich kaum etwas davon übriggeblieben in allem was wir tun und lassen?

Es sind die großen Fragen unseres Lebens. Es ist wichtig diese nicht zu vergessen, aber manchmal ein bisschen zu ergründen wie es um diese Fragen steht. Wie es steht mit unserem Ja und mit unserem Nein; ob wir uns aufrecht erhalten können, vor unserem eigenen Gewissen, und vor dem Angesicht Gottes. Glauben, in dieser Hinscht, heißt vielleicht vor allem zu wissen vom Ja Gottes, der, wie der Vater aus dem Gleichnis, immer Aussicht auf uns hält, immer seine Hoffnung auf uns hat, immer weiß daß wir zu ihm zurückkehren können.

Vor lange Zeit habe ich einen Ballet gesehen, auf Musik von Prokofjef, vom Gleichnis des Verlorenen Sohn. Am Ende schleicht der Sohn am Gartenzaun des elterlichen Hauses vorbei, hoffend und fürchtend daß der Vater nach draussen kommt. Und wenn er kommt und seine Ärme ausbreitet, springt er in den Ärmen seines Vaters, und liegt dort geborgen wie ein kleines Kind. Ein großer Tanzer ist auf einmal ein geborgenes Kind geworden.

Vielleicht können auch wir, mit alle unsere Erwartungen vom Leben, mit unseren großen Plänen für uns selbst, mit unseren manchmal auch zu kleinen Hoffnungen für das Leben von anderen und von uns selbst, etwas verstehen von der großen Liebe des Vaters. Daß auch wir als ein geborgenes Kind in seinen großen und großmütigen Armen aufgenommen werden.

Amen.

Gebet:

Lieber Gott,
wir bitten dich für alle Menschen
die leben im Gefühl verloren zu sein,
die nicht mehr wissen was sie tun können
um ihr Leben in Würde zu leben,
die so arm geworden sind
daß sie nicht wissen wie sie morgen leben,
die so isoliert von anderen leben
daß sie fürchten zu sterben wenn niemand ihnen hilft,
die ohne Beschützung leben
und nicht wissen wo sie diese finden können;
sei du bei ihnen, Gott,
als Einer der ihnen eine Aussicht geben kann
auf eine neue Zukunft,
wie das Leben sich bessern kann.
Wir bitten dich für all diejenigen
die versuchen mit einem reinen Gewissen zu leben,
wissend was in ihrem Inneres lebt,
wovon sie gerührt und begeistert sind,
mit wem sie verbunden sind, um wem besorgt,
und versuchen etwas damit in der Welt zu tun,
damit diese besser wird, an unseren Hoffnungen beantwortet,
damit sie wird was sie in deinen Augen sein kann.
Sei du bei ihnen, und hilf uns alle
um bessere Menschen zu werden in eine bessere Welt.
Wir bitten dich für all die Menschen
die versuchen Frieden zu bewirken
in alle Verhältnisse worin sie leben;
in den Bürgerkrieg ihres Landes,
in den Streit zwischen verschiedene Glaubensauffassungen,
in den häuslichen Umstände worin sie leben;
Sei du bei ihnen als Einer der uns Mut zum Frieden gibt,
Vertrauen um in Gespräch zu bleiben,
Hoffnung daß Offenheit und Ehrlichkeit
Boten deiner Zukunft sein können,
die uns den Weg weisen zu einander,
zu dir, zu einer friedvollen Welt.
Vater unser,
Amen

Gottesdienst 28 September 2014

Psalm 121

Gebet:

Lieber Gott,

Wir kommen zu dir, mit unserem Gebet,
auf alle unsere Lebenswege,
unsicher manchmal ob wir unser Ziel erreichen,
unsicher ob es irgendwelche Ziele gibt.
Wir versuchen unsere Wege zu gehen,
vertrauend darauf daß sie gut sind und sicher,
wissend aber auch von soviel das passiert
im Leben von Menschen,
soiel das uns verletzen kann und vernichten,
das uns enttäuschen kann, unsere Hoffnung wegnehmen,
soviel das unsere Pläne durchkreuzen kann
und all' unsere Halt tut verlieren.
Wir beten dann manchmal zu dir,
in einem Gebet das in uns hochkommt,
aus unserem Herzen, aus unserem Munde,
hoffend daß es dich erreicht,
auch wenn wir nicht wissen wo du bist,
wie wir uns dich vorstellen können.
Wir hoffen dann manchmal von dir erleichtert zu werden,
von dir mit neuer Kraft gestärkt zu werden,
um wieder mit neuer Hoffnung die Zukunft entgegen zu sehen,
und Vertrauen im Leben zu haben,
das Leben mit Menschen zu genießen.
Wir danken dir, Gott, für alles was du uns gibst,
für alles wovon du uns befreiest,
für alle Menschen die da sind, auch für uns.
Bleib bei uns allen, Gott, in unserem Leben,
damit wir deine Menschen sind,
und deine Gemeinde,
in dieser Stadt, in dieser Welt.
Amen.

Bibellesung:

Johannes 2: 23 – 3: 9.

Predigt:

Sie können, denke ich, leicht verstehen daß ich in den vergangenen Monate ausführlich nachgedacht habe über die Frage was es heißt um krank zu sein. Das war nicht zum ersten Mal in meinem Leben. Und man denkt nicht nur darüber nach, wenn man selbst von einer Krankheit betroffen wird. Warum werden Menschen krank? Gibt es dafür noch andere als körperliche Gründe? Wir gehen manchmal davon aus, daß es sich nicht gehört daß wir krank werden; daß unser Körper an sich so gesund ist daß wir eigentlich nicht krank werden können. Wenn es dennoch passiert, muß die Ursache außerhalb uns, bei anderen liegen; kaum an uns selbst. Auch auf die religiöse Ebene stellt sich diese Frage: hat Gott etwas mit unseren Krankheiten zu tun? Hat Er es bestimmt daß wir krank werden? Hat Er es bestimmt daß wir wieder von unseren Krankheiten genesen? Hat Er eine Absicht damit? Mit unserem Leben?
Heute möchte ich einen Abschnitt vorlesen über einen der wichtigsten Momente bei einer Krankheit, den Moment worauf der Kranke selber die Erfahrung macht wieder zurückzukehren zum Leben, gerufen zu werden zum Leben. Thomas Mann schreibt in seinem "Buddenbrooks":
    "In die fernen Fieberträume, in die glühende Verlorenheit des Kranken wird das Leben hineinrufen mit unverkennbarer, ermunternder Stimme. Hart und frisch wird diese Stimme den Geist auf dem fremden, heißen Wege erreichen, auf dem er vorwärts wandelt und der in den Schatten, die Kühle, den Frieden führt. Aufhorchend wird der Mensch diese helle, muntere, ein wenig hönische Mahnung zur Umkehr und Rückkehr vernehmen, die aus jener Gegend zu ihm dringt, die er so weit zurück-gelassen und schon vergessen hatte. Wallt es dann auf in ihm, wie ein Gefühl der feigen Plichtversäumnis, der Scham, der erneuten Energie, des Mutes und der Freude, der Liebe und Zugehörigkeit zu dem spöttischen, bunten und brutalen Getriebe, das er im Rücken gelassen: wie weit er auch auf dem fremden, heißen Pfade fortgeirrt sein mag, er wird umkehren und leben."
Es wird hier von Thomas Mann so vorgestellt alsob das Leben uns ruft, den kranken Menschen, uns zurückruft zum Leben. Alsob sie, wir, die Kranken, nur diese Stimme zu hören brauchen, diese "Mahnung zur Umkehr", und dann passiert es auch: daß wir "umkehren und leben". Alsob tief in unserem Innern eine Lebenskraft darauf wartet gerufen zu werden, und wenn sie diese Stimme hört, kommt sie auch, "wie weit er (der Mensch) auch auf dem fremden, heißen Pfade fortgeirrt sein mag".

Thomas Mann weiß ganz gut, daß es nicht immer so geht. Er schreibt diese Sätze (die ich eben zitierte) im Kontext der Krankheit von Hanno Buddenbrooks, der junge Sohn des Senators, der später sterben wird. Hier aber ist es noch nicht so weit, und es besteht immer noch die Möglichkeit, die Hoffnung, daß er von seiner Krankheit genesen wird; daß er zurückgerufen wird zum Leben.

Woran liegt es dann daß wir genesen? Woran liegt es wenn die Krankheit nicht weicht, und wir sterben? Das sind Fragen die wir eigentlich nicht beantworten können, auch wenn wir nicht aufhören sie zu stellen. Auch wenn die Antworten so dringend sind, daß unser Leben davon abzuhängen scheint. Ich komme noch auf diese Fragen zurück. Jetzt ist es wichtig genug um von dieser Möglichkeit zu hören; um zu wissen daß es so etwas gibt wie eine "Mahnung zur Umkehr" in unserer Krankheit. Daß es so etwas gibt wie eine "ermunternder Stimme", die uns zum Leben ruft.

Manchmal erfahren wir so etwas wenn wir krank sind, und alleine, und die erste Zeichen einer neuen Lebenskraft sich ankündigen. Fast unmerkbar erst, wir sagen es noch niemand, aber so wichtig, daß wir wieder ein bisschen Vertrauen in eine mögliche Genesung haben.

Manchmal erfahren wir so etwas wenn jemand uns aufsucht, uns anruft, eine Karte sendet, und uns damit auch zurückruft zum Leben; uns wissen tut daß wir der Mühe wert sind. Damit entzünden Menschen manchmal eine Funke im Leben anderer, die uns aufmuntern kann um wieder zu leben. Um wieder dafür zu kämpfen; um zurückzuerobern was wir an Lebenskraft drohen zu verlieren. Die Genesung eines Menschen ist oft die Interaktion sovieler Menschen, sovieler Handlungen, sovieler Gedanken auch, die man zusammenfassen kann als einen Ruf zum Leben; den man langsam lernt zu gehorchen.

Vielleicht ist es passend diese Gedanken über eine mögliche Rückkehr zum Leben zu verbinden mit der biblische Geschichte vom Gespräch Jesu mit dem Pharisäer Nikodemus. Dieses Gespräch geht über so etwas wie eine Neugeburt, und wird vom Evangelisten Johannes beschrieben in seinem eigenen Stil, wobei Missverständnisse und nähere Explikationen einander abwechseln. Es ist wichtig um zu sagen daß dieses Gespräch bei Nacht stattfindet. Manchmal wird dabei gedacht daß es geheim bleiben mußte daß dieser wichtige Mann ein Gespräch mit Jesus haben wollte. Es gibt aber eine andere und wichtigere Deutung davon. Kurz davor wird gesagt daß diese Ereignisse stattfinden beim Passahfest; wenn man also zurückdachte an den Auszug aus Ägypten, und den

Durchzug durch die Rote See. Es geht dabei also um Fragen von Leben und Tod, um Befreiung aus der Sklaverei, aus dem Tode also auch, und eine neue Hinführung zum Leben. Zu einem von Gott gewolltes Leben. In diesem Kontext kommt Nikodemus zu Jesus. Wenn sie also sprechen von Neugeburt, wie es üblicherweise übersetzt wurde, wissen sie worüber sie reden. Auch wenn Nikodemus das anfänglich nicht wahrhaben woll.
Nikodemus fragt, obwohl er nicht direkt, nicht wirklich fragt. Er will aber wissen wie Jesus die Wunder bewirkt, das kann nicht anders sein als wie ein Kommen von Gott. Jesus antwortet und spricht über "von neuem geboren werden", oder, wie unser neue Übersetzung, "von oben her geboren werden". Wenn wir dabei gewesen wären, hätten wir auch danach gefragt was mit diesen Worten gemeint war. Im Griechischen Text steht tatsächlich: "von oben her", "anothen". Es geht also um eine Geburt, eine neue Geburt, die nicht wie die erste am Anfang unseres Lebens stattfindet, sondern um eine zweite, spätere, wobei Gott eine gewisse Rolle spielt; die uns (sagt Jesus) eine Aussicht gibt auf das Reich Gottes. Man könnte sagen: wie das Leben eigentlich sein soll. Oder, wie Dietrich Bonhoeffer sagte über das Reich Gottes: " wenn wir Gott und den Menschen gleichzeitig lieben".
Wir können also, später im Leben, entdecken was das Leben für uns eigentlich ist; was wir am besten tun können. Wir können das entdecken auch auf die Momente worauf wir das Leben scheinen zu verpassen. Wenn unsere Kräfte uns entschwinden, wenn wir nicht mehr wissen was wir im Leben noch tun können, niemand uns zu lieben scheint, und wir keine Freude mehr im Leben entdecken. Aber auch dann können wir "von oben her geboren werden", neugeboren.
In der Zeitung las ich ein Gespräch mit einer Englischen Sängerin, Marianne Faithful, die ganz kurz in Holland war, und eine neue CD ausgebracht hat. In diesem Gespräch erzählt sie daß sie zwei Jahre als Junkie, als Drogenabhängige, durch London umhergestreut ist, bis sie wieder auf eigene Beine gestellt wurde. Es ist kaum zu sagen wie das passierte; sie nennt es ein "neugeboren sein". Man könnte sagen: so etwas hören wie eine Stimme von oben, tief im eigenen Herzen, vielleicht in den Blicken von anderen gelesen, oder tatsächlich gehört, daß das Leben auch besser sein kann. Was ihr passierte, kann uns alle passieren, in der eine und in der andere Richtung. Aber das heißt auch: wir können eine Stimme hören die uns das Leben wieder entdecken tut; eine Stimme wie eine Stimme von oben. Alsob Gott uns selber zurückruft zum Leben.

Das heißt, glaube ich, nicht daß Gott (um sozusagen) alles in unserem Leben bestimmt. Es heißt auch nicht, daß wir selber alles in unserem Leben bestimmen können, wie gerne wir das auch tun (oder denken) mögen. Es heißt vielleicht, daß wir versuchen zu erklären was wir erklären können; daß wir tun, am Besten tun, was wir tun können; es heißt vielleicht auch daß wir uns öffnen für ungedachte Möglichkeiten, die außerhalb unsere eigene Möglichkeiten liegen. Vielleicht können wir diese "von oben her" nennen, als „die noch nicht erwachte Absichten Gottes" (Musil).

Diesen Sommer las ich einer der fröhlichste Bücher der Weltliteratur, "Jakob und sein Herr" von Denis Diderot. (1792). Der Knecht, Jakob, wird darin ein Fatalist genannt, weil er so ungefähr bei alles was er sagt, auch sagt daß es "dort oben geschrieben ist", das hat er von seinem Hauptmann gehört. Die Wiederholung dieses Satzes hat das Effekt daß das Gegenteil ironischerweise wahrer wird als der Satz selber. Dennoch spielt das "von oben her" eine wichtige Rolle. Wie in diesem Dialog zwischen Jakob und sein Herr:

"Weil Jakob hier zu reden aufhörte, so fragte ihn sein Herr: was denkst du? Was hast du vor?
Jakob. Ich bete.
Herr. Du betest?
Jakob. Zuweilen.
Herr. Und wie betest du denn?
Jakob. Ich bete:" du, der du das große Buch gemacht hast, du, wer du auch bist, der du alles das schreibst, was dort oben geschrieben steht! Du wußtest von Anbeginn her, was mir gut ist; dein Wille geschehe! Amen."
Herr. Würdest du nicht eben so wohl tun, wenn du das nicht betest?
Jakob. Vielleicht ja, vielleicht nein. Ich bete auf alle Fälle." (206)

Zur Überraschung von anderen Menschen, vielleicht auch zur unser eigenen Überraschung beten wir manchmal. Auch von Menschen wird gebetet die das theoretisch nicht ganz verantworten können. Manchmal sind die Umstände unserer Lebens so daß sie um ein Gebet fragen; um ein Hinweis von oben, aus einem Verlangen auch zurückzukehren zum Leben. Weil wir gerne leben, und nicht immer wissen wie wir das selber tun können.
Vielleicht hilft es, vielleicht nicht. Ich bete auf alle Fälle.
Amen.

Gebet:

Lieber Gott,
wir bitten dich,
daß du uns Menschen zurückrufst zum Leben,
wenn wir nicht mehr wissen wie wir leben können:
wenn wir krank sind, und eine Genesung weit weg,
wenn wir hoffnungslos sind, und niemand da ist
um das Leben zu teilen,
wenn wir uns verloren fühlen, und wir nicht mehr wissen
wie wir den Weg zum Leben zurückfinden können;
sei dann bei uns, und ruf das Leben wach
das wir dennoch in uns tragen.

Wir bitten dich
daß du uns zurückrufst zum Frieden,
in all den Kriegen die jetzt in der Welt geführt werden;
sei du da
als einer der uns wissen tut wie kostbar das Leben von Menschen ist,
auch wenn sie anders sind als wir,
mit einem anderen Glauben, mit andere Gefühle und Werte,
mit anderen Erwartungen vom Leben;
sei bei uns Menschen, und ruf ein Verlangen nach Frieden wach
das wir alle in uns tragen.

Wir bitten dich,
sei bei uns allen Gott,
in unsere kleine Verhältnisse, in unsere große Erwartungen,
mach uns allen zu Menschen von dir,
die die Liebe zu Menschen in uns tragen,
und diese versuchen zu verwirklichen
überall wo wir anderen begegnen.

"Vater unser"

Amen

Gottesdienst 26 Oktober 2014

Psalm 1

Gebet:

Lieber Gott,
warum sind nicht alle Menschen weise?
    Es könnte so einfach sein, das Leben,
    wenn wir nur wüssten was das Beste ist
    was wir alle tun könnten,
    für uns selbst, für andere Menschen.
Warum sind nicht alle Menschen gut?
    Es könnte so herrlich sein, das Leben,
    wenn wir nur wüssten was das Richtige war
    in allem was wir wählen konnen,
    in soviel das wir tun müssen.
Wir möchten so gerne einfach wachsen
    so wie ein Baum am Wasser wächst,
wir möchten so gerne Früchte tragen
    die genießbar sind für alle Menschen;
daß wir zu Ende führen können was wir begonnen sind,
daß es als gut beurteilt wird was wir schaffen können,
daß Menschen genießen können von dem was wir tun,
ohne neidisch zu sein, nicht eifersüchtig,
ohne vernichten zu wollen was anderen machen,
ohne Menschen zu hassen um was sie können.
Gib, Gott, das Verlangen in uns
um einfach zu tun was wir können,
um zu sehen was Menschen an Qualitäten haben – auch wir selbst –
um damit in Ruhe zu arbeiten;
gib uns das Verlangen, Gott,
um anderen zu sehen
und wirklich zu begegnen,
um zu sehen auch was sie brauchen,
und einfach zu tun was wir tun können.
Sei du bei uns allen, Gott, laß uns deine Schöpfung sein,
damit wir diese fortsetzen können auf unsere Welt.
Amen.

Bibellesungen:

Johannes 5: 1 – 18

Predigt:

Im letzten Jahr seines Lebens hat der große Schriftsteller Gotthold Ephraim Lessing noch ein interessantes Denkexperiment gemacht, und darüber ein spannender Text geschrieben. Dieser Text heißt: " Dass mehr als fünf Sinne für den Menschen sein können". Er versucht darüber nachzudenken ob es in der Evolution der Menschheit möglich ist, daß die fünf Sinne die wir jetzt kennen, - Sehen, Hören, Riechen, Schmecken, Tasten,- erst langsam zustande gekommen sind, und ob es eine Weiterentwicklung geben kann. Gehört diese Entwicklung zu der Möglichkeiten der Seele, die zwar "ein einfaches Wesen" ist, aber "unendlicher Vorstellungen fähig" ist? Schreibt er. Er selbst nennt "den Sinn der Elektricität" und "den Sinn des Magnetismus", - er lebt im achtzehnten Jahrhundert,- aber ganz evident sind diese Beispiele zu erweitern zu anderen Gebiete des menschlichen Lebens. Auf jeden Fall wurde das Erstaunen groß sein wenn uns plötzlich eine ganz neue Möglichkeit der Erfahrung zuteil wurde. Lessing selbst nennt das Beispiel des englischen Mathematiker Nicholas Saundersen, der blind war, aber dennoch Professor in Cambridge. Wenn wir einen neuen Sinn erfahren, schreibt er: "so wird es uns gehen wie es Saundersen würde ergangen sein, wenn er auf einmal das Gesicht erhalten hätte.. Es wird auf einmal für uns eine ganz neue Welt voll der herrlichste Phänomene entstehen, von denen wir uns jetzt eben so wenig ein Begriff machen können, als er sich von Licht und Farben machen könnte."
Und seine Schlussfolgerung ist diese: "Wenn wir nur vier Sinne hätten, und der Sinn des Gesichts uns fehlte, so würden wir uns von diesem eben so wenig ein Begriff machen können, als von einem sechsten Sinne. Und also darf man an der Möglichkeit eines sechsten Sinnes und mehrerer Sinne eben so weinig zweifeln, als wir in jenem Zustande an der Möglichkeit des fünften zweifeln dürften. Der Sinn des Gesichts dient uns, die Materie des Lichts empfindbar zu machen, und alle dieselbe Verhältnisse gegen andere Körper. Wie viel andere dergleichen Materie kann es nicht noch geben, die eben so allgemein durch die Schöpfung verbreitet ist".

Man kann in Sätze wie diese etwas lesen von einer großen Zuversicht in den Möglichkeiten von Menschen, wie es üblich war im Zeitalter der Aufklärung, des Optimismus. Aber sicher auch von einem Verlangen nach einer weitere Verbesserung der Menschen, nicht nur in physikalischer Hinsicht, sondern auch in sittlich-moralischer Hinsicht. Lessing stand darin nicht alleine. Ein Holländischer Zeitgenosse von ihm, der Philosoph Frans Hemsterhuis, der bekannter war im damaligen Deutschland als in den Niederlande selbst, spricht von einem "moralischen Organ", das zwar in allen Menschen als anwesend gedacht werden muss, aber sich dennoch weiterentwickeln muss. Es könnte so etwas sein wie ein sechster Sinn. Die Frage ist dann natürlich immer, ob dieses moralisches Organ einfach eine faktische Konstatierung ist, etwas das alle Menschen mit einander gemeinsam haben (wie die andere Sinne), oder ein Wunsch, ein Verlangen, eine Hoffnung vielleicht daß es auch in dieser Hinsicht eine wesentliche Verbesserung der Menschheit geben würde.

Vielleicht gibt es Zeiten, worin dieses Verlangen nach so etwas wie ein moralisches Organ starker ist als anders. Vielleicht leben wir jetzt in einer solche Zeit. Verlangen wir danach, daß Menschen einfach wissen daß man bestimmte Dinge nicht tut, nicht tun mag. Daß man Menschen nicht enthaupten kann aus politischen Gründe; daß man nicht über die Grenze von anderen Menschen, von anderen Völker, hingehen kann; daß es so etwas gibt wie eine Autonomie, Selbständigkeit und Freiheit von Menschen, die man einfach respektieren muß. Wir haben manchmal geglaubt, daß es dieses moralische Organ wirklich gibt; daß die Menschheit sich so weit entwickelt hat daß es bestimmte Errungenschaften gibt die unauflöslich sind; daß wir jetzt endlich wissen was gut und böse ist und uns daran halten. Aber immer wieder scheint es so zu sein alsob wir von vorne anfangen müssen, um wieder zu entdecken wozu wir uns wirklich bewegen lassen können; wozu wir uns inspirieren (oder verleiten) lassen können. Aber immer von der Frage begleitet ob das nur für uns gilt, oder eigentlich für alle Menschen auf dieser Erde. Ob wir soviel gemeinsam haben daß es ein moralisches Organ wirklich gibt.

Wozu lassen wir uns bewegen? In der Geschichte des gelahmten Mannes, der von Jesus genesen wird am Bethesda-Teich, kann man lesen, wie lange wir unbeweglich sein können. Von diesem Manne wird erzählt daß er 38 Jahre am Rande des Wassers lag. Nur beschäftigt mit seinem Wunsch wieder gehen zu können. Nur fixiert auf die eine Möglichkeit, wird erzählt, um als erster ins Wasser zu steigen. Das ist eine fast unmenschliche Forderung die hier gestellt wurde für eine Genesung. Das Außerordentliche einer Genesung wird hier symbolisiert durch die seltene Anwesenheit einer Engel der das Wasser in Bewegung bracht; wer dann als erster ins Wasser stieg, wurde genesen. Textkritisch muß man sagen daß diese Worte über den Engel erst später im Evangelium zugefügt wurden. Man kann sich auch kaum vorstellen daß ein Gott, der ein Engel sendet um Menschen zu genesen es gleichzeitig verhindert daß andere Menschen genesen werden; daß er Menschen zu einem solchen Wettbewerb ermutigt. Dann würden Gut und Böse auch wirklich so in Gott verbunden, daß es fast unmoralisch wird, für unser Gefühl.

Gegenüber diesem Wettbewerb stellt Jesus sich auf. Von ihm wird erzählt: " er sah ihn daliegen und gewahrte, daß er sich schon lange mit seiner Krankheit quälte". Mit diesem Sehen (und Gewahren) fängt es an. Die Genesung geht weiter mit Respekt für die Freiheit des Mannes (" Willst du gesund werden?"), und mit der Zurückgabe seiner Selbständigkeit: er stellt ihn wieder auf die eigene Beine. Er kann wieder tun was er tun mag, sein eigenes Leben leben.
Jesus wird hier, in dieser Geschichte, gezeichnet in seiner Menschlichkeit, vor allem; in seinem Interesse in Menschen, in seinem Erbarmen: er sieht was ihnen passiert. Aber gleichzeitig wird etwas ganz anderes angedeutet in dieser Geschichte: seine Verbundenheit mit Gott. Das wird am meisten offenbar in seine Freiheit gegenüber dem Sabbat. Das ist auch was den Menschen am meisten schoquiert. Sie reden nicht über das Wunder der Genesung, das scheint ihnen ganz kalt zu sein, sie reden nur darüber daß diese Genesung am Sabbat statt findet. Am Sabbat arbeitet man nicht: man darf sein Bett, sein Strohsack nicht tragen; man darf auch nicht jemand von seiner Krankheit genesen.
Ist das wirklich wahr? Das ist die Frage die Jesus eigentlich stellt. Und seine eigene Antwort schoquiert die Menschen noch mehr als als die Genesung selbst: "Mein Vater wirkt ohne Unterbrechung, und so halte ich es auch" (5:17). Das Schoquierende ist nicht nur, daß Jesus hier sein Verwandschaft mit Gott ausspricht, aber auch daß er eigentlich verneint daß Gott selbst den Sabbat hält: " er wirkt ohne Unterbrechung". In der rabbinische Theologie war das immer schon eine umstrittene Frage gewesen, ob Gott "am siebten Tag ruht, nachdem er sein ganzes Werk vollbracht hatte", wie es in der Schöpfunggeschichte steht. Von vielen Rabbinern wurde diese Vorstellung von Gott als zu menschlich gedacht. Der jüdische Philosoph Philo (der ungefähr gleichzeitig mit Jesus in Alexandrië lebte) sagt eben daß "Gott seine schöpferische Aktivität nicht einstellt", also nicht ruht. Man kann sagen daß Jesus sich in dieser Linie aufstellt; daß die schöpferische Aktivität von Gott immer weiter geht, auch auf den Sabbat der Menschen, und daß Menschen sich in dieser Hinsicht von Gott inspirieren lassen mögen. Er selbst befreit Menschen von dem Übel worunter sie leiden, und er ruft andere Menschen auf dasselbe zu tun. Das ist eine Mitarbeit an der von Gott gewollte Schöpfung; das Böse das Menschen in den Griff hält wird durchbrochen, überwunden, damit das Gute (das möglich ist) realisiert wird auf Erden.

Ist das so etwas wie ein moralisches Organ? Vielleicht könnte man dieses umschreiben als die Fähigkeit in verschiedene Situationen Gut und Böse zu unterscheiden, und mit aller Kreativität die man in sich hat das Gute zu verwirklichen. Auf diese Weise setzt Jesus die Schöpfung weiter fort, womit Gott angefangen hat; in seiner Verbundenheit mit Ihm ruft er Menschen auf, auf ihre Weise, diese Arbeit fortzusetzen.

Man könnte auch sagen: er gibt uns Flügel um über uns selbst hinauszusteigen, um das Gute in uns selbst zu fördern; um auch anderen zu sehen, in ihrem Leiden, in allem was sie brauchen; um so bei ihnen zu sein daß ihr Leben wirklich besser wird. Damit die Schöpfung Gottes ein bisschen weiter geführt wird.

Der Dichter Novalis hat in seinem kurzen Leben den schon genannten Philosoph Frans Hemsterhuis intensiv studiert, er war fasziniert von seinem Begriff des moralischen Organs. Zwischen seinen Aufzeichnungen über seine Lektüre schreibt er für sich selbst:
    "Wünsche und Begehrungen sind Flügel – Es gibt Wünsche, und Begehrungen – die so wenig dem Zustande unsers irrdischen Lebens angemessen sind, daß wir sicher auf einen Zustand schließen können, wo sie zu mächtigen Schwingen werden, auf ein Element, das sie heben wird, und Inseln, wo sie sich niederlassen können".

Vielleicht müssen wir manchmal noch ein bisschen üben, bevor wir unsere Flügel richtig benutzen können. Aber es ist gut um zu wissen, daß es diese Flügel gibt; daß wir weit hinaussteigen können über uns selbst, und kreativ umgehen können mit soviel das auf unsere Wege gestellt ist. In uns selbst und in andere Menschen.
Damit wir Insel des Glücks schaffen können, für eine Zeit.
Damit so etwas wie das Reich Gottes eine Wirklichkeit wird für alle Menschen.
Amen

Gebet:

Lieber Gott,
Wir bitten dich daß du uns in Bewegung setzest,
wo wir manchmal ein bisschen zuviel gelähmt sind,
wo wir uns nicht mehr rühren,
wo wir nicht mehr gerührt werden,
nicht mehr wissen wozu wir uns bewegen,
nicht mehr wissen warum wir eigentlich leben;
sei du in unser Leben da
als einer der uns wach ruft,
uns wieder auf die eigene Beine stellt,
uns wissen tut was unser Auftrag ist im Leben,
und uns die Kraft gibt dieses Leben auch zu leben.
Wir bitten dich
daß du uns Menschen immer wieder dazu rufst
um zu unterscheiden zwischen gut und böse,
um zu wissen was wir tun und lassen müssen,
worüber wir reden wollen, worüber nicht;
gib uns den Mut um anderen zu sehen,
zu gewahren was unbedingt notwendig ist in ihrem Dasein,
um zu entscheiden was wir selber tun können.
Wir bitten dich
für die zahllose Menschen die so hoffnungslos krank sind,
von einer Seuche befallen, von Ebola, die so bedrohlich ist,
die soviel vernichtet auch im Zusammenleben von Menschen,
auch die Arbeit, die ökonomische Verhältnisse,
alle Hoffnung auf ein gutes Leben;
sei du bei ihnen, Gott, als einer
der Menschen hilft ihr Leiden zu tragen,
als einer der aufruft zur Hilfe,
als einer der es möglich macht zu heilen
      was jetzt noch oft unheilbar scheint.
Mach es uns allen möglich, Gott, um Mensch zu sein
      so wie du uns Menschen gedacht hast.
Vater unser.
Amen.

Gottesdienst 23 November 2014 - Ewigkeitssonntag

Weisheit 1: 12 – 15

Gebet:

Lieber Gott,
Wir kommen heute zu dir,
wissend von soviel das passiert, im Leben von Menschen,
soviel das uns erschüttert, in der Nähe und weit weg;
wir hören von soviel Gewalt das Menschen gegen einander einsetzen,
wie Menschen einander den Tod nahebringen,
und damit das Leben so vieler vernichten;
wir hören wie schlecht Menschen über einander denken, und sprechen,
und einander das Leben so schwierig machen
wir hören wie Menschen über anderen herrschen wollen,
in ihrer Macht, in ihrer Reichtum,
und damit die Zukunft anderer Menschen manchmal unmöglich machen.
Wir erleben den Tod manchmal auch in unserem eigenen Umgebung,
als eine Erfahrung die uns erschüttert,
wenn teuere Menschen aus dem Leben weggenommen werden;
wenn der Tod uns selber bedroht,
und wir vom Leben Abschied nehmen müssen,
oder fürchten das tun zu müssen.

Hast du wirklich den Tod nicht gemacht, lieber Gott?

Hast du nicht gewollt daß dieser manchmal so herrschend ist
im Leben von Menschen?
Hast du wirklich nur unser Dasein gewollt,
damit wir Menschen es gut mit einander haben?
Wir suchen dich als ein Gott
der das Leben von Menschen fördert, überall in unsere Welt;
als ein Gott der uns wissen tut wie wir selber
das Leben von Menschen fördern können,
einander in Respekt und Liebe begegnen,
mit einer Offenheit die uns einander wirklich begegnen tut,
damit wir alle das Leben wählen können als die Stelle
wo du uns liebst, wo wir deine Menschen sind.
Amen.

Bibellesungen:

I Johannes 3: 11 – 15.
Johannes 5: 19 – 25.

Predigt:

Es war einmal eines der geliebtesten Bücher Deutschlands, und weit darüber hinaus: "Die Weise von Liebe und Tod des Cornets Christoph Rilke", das Rilke als junger Mann in 1899 geschrieben hat. Sechzig Jahre später wurden schon mehr als eine Million Exemplare verkauft, als erster Band der Insel-Bücherei. Vor hundert Jahre, im ersten Weltkrieg, hat dieses Buch beigetragen zur damals herrschende Begeisterung für den Krieg, sosehr daß Rilke selbst Abstand davon genommen hat: er wollte nicht mit dieser Begeisterung identifiziert werden. Einen Orden des Österreichischen Kaisers Karl hat er damals abgelehnt. Wenn man dieses Buch heute liest, kann man überrascht werden von der Aktualität dieses Buches. Es ist die Geschichte eines jungen Mannes, 18 Jahre alt, der beschließt teilzunehmen an dem damaligen Krieg gegen den Türken, im siebzehnten Jahrhundert, in Ungarn. Die Armee besteht aus Männer aus vielen verschiedenen Völker, so wie das heute in Syrien der Fall ist. Dieser junger Mann, Christoph Rilke, wird zum Cornet ernannt, er muß die Fahne tragen. Unwillkürlich wird man daran erinnert, daß auch jetzt wieder die Fahnen flattern, sie müssen offenbar dabei sein, als ein Zeichen der Identifikation und der Bemutigung. Diese Fahnen halten zusammen was so verschieden ist, sie geben Mut zum Streit. Der Cornet schreibt seiner Mutter:
"Meine gute Mutter,
seid stolz: Ich trage die Fahne,
seid ohne Sorge: Ich trage die Fahne,
habt mich lieb: Ich trage die Fahne".

Vielleicht gehen auch jetzt so viele junge Männer (und jetzt auch Frauen) im Krieg, auf soviele Stellen in unserer Welt. Sie haben alle eine Mutter, wie stark sie auch aussehen, wie unverletzbar sie sich auch fühlen. Die Mütter sind das Gemeinsame das sie alle haben. Rilke erzählt:

" Jemand erzählt von seiner Mutter. Ein Deutscher offenbar. Laut und langsam setzt er seine Worte. Wie ein Mädchen, das Blumen bindet, nachdenklich Blume um Blume probt und noch nicht weiß, was aus dem Ganzen wird -: so fügt er seine Worte. Zu Lust? Zu Leide? Alle lauschen. Sogar das Spucken hört auf. Denn es sind lauter Herren, die wissen, was sich gehört. Und wer das Deutsche nicht kann in dem Haufen, der versteht es auf einmal, fühlt einzelne Worte: "Abends... Klein war..."

Offenbar gibt es Worte die über alle Grenzen hingehen; die alle verstehen; die nachfühlbar sind. Weil wir alle wissen wie es damals war, am Abend; als wir klein waren, und die Mütter bei alle Kinder der Welt kamen um sie zuzudecken, um sie eine Gute Nacht zu küssen. Damit wir beruhigt schlafen konnten, damals; und später noch, als wir uns diese teuere Momenten erinnerten. Wenn wir einander davon erzählen, wie die Soldaten; damals, und vielleicht auch jetzt noch.

Es gibt nicht nur diese Liebe der Mütter, in diesem Buch, und nicht nur die Liebe zu den Müttern, eingestanden oder nicht. Es geht auch, und vielleicht vor allem, um die eigene Liebe dieser jungen Männer, und dieses Cornets. Um die Erfahrung der Liebe mit einem Menschen; wenn die Waffenrock keinen Dienst mehr tut, und nur zählt was Menschen für einander fühlen. Im Buch Rilkes ist diese Erfahrung der Liebe unmittelbar mit dem Tode verbunden, wenn der Cornet, in seiner Liebesnacht, direkt vom brennenden Schloß in die Schlacht hinein reitet, mit seiner Fahne, und fällt. Wenn ein Kurier "im nächsten Frühjahr" die Nachricht seines Todes zu Hause meldet, schreibt Rilke: "Dort hat er eine alte Frau weinen sehen". Mit diesen Worten wird das Buch abgeschlossen.

Wenn dieses Buch so außerordentlich geliebt war, ging es vielleicht nicht so sehr um eine Begeisterung für den Krieg; auch hier war der Krieg ziemlich sinnlos, nicht mit hochtrabenden Gedanken verbunden; es war ein Abenteuer für junge Menschen das oft mit dem Tod endet. Das Besondere des Buches liegt vielleicht mehr in die Beschreibung der Gefühle die auch in diese Umstände gezeigt und geteilt werden. Wie die Liebe der Mütter, und die Liebe zu ihnen. Daß es etwas Gemeinsames gibt in alle unsere verschiedene Lebens. Daß es etwas gibt das das alles zusammenhalten kann, wie die Fahne damals, vielleicht auch noch jetzt. Daß es Menschen gibt die diese Zusammenhalt bewirken. So notwendig wie ein Cornet im Armee, aber weniger sichtbar vielleicht, friedlicher auch. Auf jeden Fall jemand der weiß was Liebe bedeutet. Für sich selbst und für andere Menschen. Der also auch weiß was der Tod bedeutet, im Leben von Menschen.

"Die Weise von Liebe und Tod", von diesem Menschen, damals. Die Zeiten haben sich geändert, obwohl man bei einem Satz wie diesem auch Fragezeichen setzen kann. Vielleicht haben sich nur die Stellen geändert, die Kampfplätze, wo Geschehnisse wie diese immer wieder passieren. Wie gesagt: noch immer suchen junge Menschen den Streit, und die Liebe. Noch immer sterben sie wo sie einander bekämpfen. Noch immer weinen die Mütter wenn sie die Nachricht davon hören.

Wenn wir von diesen Dingen hören, und die Bilder davon im Fernsehen sehen, auch die fast tägliche Bilder von Trauer und Wut, dringt sich manchmal die Frage auf ob es nicht anders kann. Ist diese "Weise von Liebe und Tod" das einzige Modell womit wir leben? Junge Menschen vor allem, die so leicht das Opfer ihrer eigenen Ideale werden.
Vielleicht müssen wir tatsächlich immer wieder hören daß es andere Modelle gibt. Daß es nicht nur diese Weise von Liebe und Tod gibt, nicht nur diese, die wir selbst suchen alsob die Erfahrung von Menschen immer aufs neue anfangen muß. Wir können auch hören von einer Liebe und Tod die uns je vorgelebt und gezeigt wurden; die wir nicht vergessen mögen ohne große Schaden für uns selbst und für unsere Welt.

"Die Weise von Liebe und Tod" (kann man sagen) ist genau das große Thema des Johannes-Evangeliums: die Weise worauf er das Vorbild und die Weisung von Jesus von Nazareth auslegt für die Gemeinde womit er sich verbunden weiß. Entscheidend für unser Verständnis für seine Worte ist um zu sehen wie er die übliche Verbindung von Leben und Tod radikal ändert, umkehrt. Wir haben uns daran gewöhnt um die Verbindung von Leben und Tod als eine Folge zu sehen: erst kommt das Leben, dann folgt der Tod. Johannes aber dreht diese Folge um: erst gibt es den Tod, damit später das Leben folgen kann. Johannes kann das sagen, weil er den Tod auffasst als ein Leben in Haß, als Lieblosigkeit, wobei Menschen nur ihre eigene Interessen folgen, und anderen, die uns im Wege stehen, am liebsten töten mögen, faktisch oder in Gedanken. Aus diesem Tod gilt es auferstehen zu können, den Haß hinter uns zu lassen, damit wir imstande sind anderen zu lieben. Sowohl in unsere kleine Verhältnisse wie in die große ist es äußerst wichtig diese Auferstehung aus dem Tod des Hasses zu verwirklichen, damit wir das Leben in Liebe für einander leben können. So schreibt er in seinem Brief: "Wir wissen, daß wir den großen und entscheidenden Schritt vom Tod zum Leben getan haben, denn wir lieben unsere Geschwister." (I Joh.3:14). Und später in seinem Evangelium: (er) "hat den Tod schon hinter sich gelassen und ist ins Leben gekommen". (Joh.5:24).
"Ins Leben gekommen-sein", - wie macht man das? Es ist genau das Verlangen aller junge Menschen, - und nicht nur von ihnen – um zu leben. Um zu lieben auch, um geliebt zu werden, auch wenn wir manchmal nicht wissen wie man das eigentlich macht. Für den Evangelisten Johannes ist es entscheidend um die mögliche Liebe von Menschen zu verbinden mit der Liebe die Jesus in seiner Liebe für Menschen gezeigt hat. Um nicht nur sich selbst zu suchen; um ein offenes Auge zu haben für die Andersheit von andere Menschen; um zu versuchen das Beste auch für sie zu tun.

Johannes lebte noch in der lebendige Erinnerung an Jesus selbst; er war von seinem Vorbild direkt inspiriert, und dadurch imstande seine Liebe für Menschen als eine Richtlinie für sein eigenes Betragen zu verwirklichen. Für uns liegt das vielleicht ein bisschen anders: wir müssen Mühe tun um diese Inspiration nachzufühlen; wir müssen darüber nachdenken wie wir selber immer wieder die Lieblosigkeit, den Hass, den Tod, hinter uns lassen können; wie wir auferstehen können zum Leben. Man könnte auch sagen: wie wir die Präsenz Jesu in unserem Leben zeigen können, in einer Liebe die immer möglich ist. Diese Liebe gilt auch für diejenigen die wir durch den Tod verloren haben. Wir hätten ihnen vielleicht ein langeres Leben gegönnt, oder ein glücklicheres Leben. Wir können manchmal dankbar sein für die Liebe die sie im Leben empfangen haben, die so oft den Sinn ihres Lebens ausgemacht hat. Es ist nicht immer leicht um Abschied zu nehmen von Menschen die wir sosehr geliebt haben. Wir können aber auch ein Vertrauen haben daß sie, in alle Liebe die sie erfahren haben, auch schon etwas gewußt haben von der Liebe Gottes, die nicht fahren läßt was er an uns begann. Wenn wir das glauben können, - und manchmal verlangen wir danach, - dann haben wir den Tod schon ein bisschen hinter uns gelassen, und sind "ins Leben gekommen", wie Johannes schreibt. Als ein immer neues Wissen in der Nähe Gottes zu sein.
Amen.

Gebet:

Lieber Gott,
Wir bitten dich,
sei du bei uns allen die trauern
um den Tod von geliebten Menschen,
wo auch immer in der Welt,
wann auch immer in unserem Leben;
es gibt auch eine Trauer um Verluste
die niemals vorüber geht,
die wir das ganze Leben mit uns tragen,
die wir nicht an Menschen zeigen,
sondern nur zuvertrauen an dir:
sei bei uns allen, Gott, in unserer Trauer,
gib uns das Leben wieder wonach wir uns sehnen.
Sei du bei den weinenden Mütter, Gott,
und trockne ihre Tränen;
sei du bei den trauernden Vätern, Gott,
gib ihnen Mut zum Leben;
sei du bei Menschen die gemeinsam versuchen zu verstehen
was Abschied bedeutet, Trennung durch den Tod, durch das Leben;
sei du bei denen die darin alleine sind
und versuchen zu verstehen was Leben sit.
Sei du bei uns allen, Gott,
wenn wir das Leben suchen,
in Weisheit und Gerechtigkeit für Menschen,
wenn wir das Glück suchen
das Menschen gegeben werden kann,
wenn wir versuchen an andere Menschen zu zeigen
was mit Mensch-sein gemeint ist, mit Leben,
mit einem Leben so wie es von dir gemeint ist,
ein Leben in Frieden mit einander.
Sei du bei uns allen, Gott, auf unsere Welt,
laß uns das Leben suchen.
Amen.

Lichterheilig

Als der später so berühmt geworden Dichter Rainer Maria Rilke nur dreiundzwanzig Jahre alt war, in 1898, hat er eine Gedichtsammlung publiziert mit dem Titel "Advent". Vielleicht geht es in diesen Gedichte mehr um die Erwartungen fürs Leben, als um die Zeit vor Weihnachten. Dennoch öffnet diese Sammlung mit einem Gedicht das auch "Advent" heißt, und als eine Art Widmung für die ganze Sammlung erscheint. Es lautet so:

Advent

Es treibt der Wind im Winterwalde
die Flockenherde wie ein Hirt,
und manche Tanne ahnt, wie balde
sie fromm und lichterheilig wird;
und lauscht hinaus. Den weißen Wegen
streckt sie die Zweige hin – bereit,
und wehrt den Wind und wächst entgegen
der einen Nacht der Herrlichkeit.

In aller Einfalt wird hier ein winterliches Bild benutzt um etwas anzudeuten was auch im Menschen möglich ist. Auch wir leben manchmal in großen Gegensätzen, es geht uns nicht immer so im Leben wie wir das am liebsten sehen. Im Gedicht wird das gesagt im Bild von Schnee und Wind, die der Wald, das Leben, unheimlich machen können. Merken Sie sich wie schön das Bild vom Wind ist, der als ein Hirt der seine Herde, die Schneeflocken, treibt. Die Tannen aber erleiden nicht nur den eisigen Wind, sondern sie "ahnen" etwas, von einer bevorstehenden Zukunft: "wie balde sie fromm und lichterheilig" werden. Sie werden eine wichtige Rolle spielen in den warmen Häusern der Menschen, sie werden das Licht der Kerzen tragen, und etwas von der Heiligkeit des großen Festes wird auf ihn sie übertragen. Sie werden "lichterheilig" sein.

Vielleicht ist es wichtig von Zeit zu Zeit ein solches Wort zu bedenken:'lichterheilig'. Auch wenn wir nicht einfach Bäume sind die man mit Kerzen schmücken kann, wir können etwas von einem Licht ausstrahlen das uns je gegeben wurde. Nicht nur mit Weihnachten die wir je erfahren haben, sondern überhaupt im Leben. Wie im Licht und Wärme, in der Liebe von Menschen, in soviele Erfahrungen worin uns das Leben als gut erschienen ist.

Wenn die Tannen, im Gedicht, als „lichterheilig" erscheinen, ist das nicht nur etwas das ihnen widerfährt; sie sind nicht nur passiv darin, sondern sie tragen auch selber bei am Wohlsein der Welt. Sie strecken die Zweige und wehren den Wind, sie wachsen einer Nacht der Herrlichkeit entgegen. Sie tun also was sie können um „die Nacht der Herrlichkeit", Weihnachten also, so gut wie möglich zu entgegnen. Um sich selber so gut wie möglich darauf vorzubereiten, und das auch für andere möglich zu machen.

So etwas wünsche ich ihnen zu: um wieder 'lichterheilig' zu werden, mit genau soviel Licht zu strahlen wie wir am besten können. Um etwas von der Herrlichkeit zu erfahren die uns damals gegeben wurde, in der Nacht in Bethlehem, und die wir auch in unserem Leben erfahren können. Was wir auch an anderen weitergeben können.

Gottesdienst 24 Dezember 2014 - Heiligabend

Bibellesungen:
    Jesaja 11: 1 – 9.
    Lukas 2: 1 – 20.

Gebet I

Lieber Gott,
an diesem Heiligabend kommen wir zu dir
um dir zu danken für die Geburt deines Sohnes,
für dein Mensch auf unsere Erde;
in ihn hast du uns gezeigt
wie ein Mensch am Besten sein kann,
in der Reinheit seiner Geburt,
in den Erwartungen von Menschen,
in einem Leben für anderen,
in seinem Verlangen nach Frieden.
Wir dankem dir wie du ihn gezeigt hast,
in seiner Armut und Hilflosigkeit,
    als ein Zeichen deiner Anwesenheit,
in der Liebe seiner Eltern,
    als ein Zeichen deiner Wärme,
in der Aufmerksamkeit von Hirten und Könige,
    als ein Vorbild für uns;
damit wir uns angesprochen fühlen
und wissen daß wir jetzt an der Reihe sind
um ihn anzubeten,
um ihn nachzufolgen,
um zu versuchen zu sein wie er.
Damit es Liebe gibt zwischen Menschen,
damit es Frieden gibt zwischen den Völkern,
damit unsere Welt endlich so sein kann
wie sie von dir gemeint war,
wo alles gut ist, und sehr gut.
Sei du bei uns allen, mit deiner Liebe,
damit wir deine Menschen sind.
Amen

Weihnachtsgeschichte von Astrid Lindgren: Pelle zieht aus.

Pelle ist böse. Er ist in einem solchen Grade böse, daß er beschlossen hat, von zu Hause wegzuziehen. Man kann einfach nicht weiter bei einer Familie wohnen, wo man in dieser Weise behandelt wird.
Das war morgens, als Papa ins Büro gehen wollte und sein Füllfederhalter nicht finden konnte.
"Pelle, hast du schon wieder meinen Füllfederhalter genommen?" fragte Papa und packte Pelle hart am Arm.
Pelle hatte schon manchmal Papas Füller ausgeliehen. Aber nicht heute. Heute steckte der Füller in Papas brauner Jacke, die im Schrank hing. Pelle war vollkommen unschuldig. Und Papa, der ihn so hart am Arm gepackt hatte? Und Mama? Sie hielt selbstverständlich zu Papa. Das hört jetzt aber auf! Pelle hat die Absicht umzuziehen.
Aber wohin? Er kann zur See gehen. Das kann er. Auf das Meer, wo die großen Schiffe und die großen Wellen sind. Dort kann er sterben. Dann können die zu Hause aber jammern. Er kann auch nach Afrika fahren, wo wilde Löwen umherlaufen. Wenn Papa dann aus dem Büro nach Hause kommt und wie immer fragt: "Wo ist mein kleiner Pelle?", dann weint Mama und sagt: "Pelle ist von einem Löwen aufgefressen worden." Ja, ja, so geht es, wenn man ungerecht ist!
Aber Afrika ist weit fort. Pelle würde gern etwas mehr in der Nähe bleiben, damit er sehen konnte, wie Papa und Mama nach ihm weinen. Pelle beschließt deshalb, nach "Herzhausen" zu ziehen. Herzhausen – so nennen sie das kleine rote Häuschen unten im Hof mit dem Herz in der Tür. Dort wird er hinziehen. Er fängt sofort an zu packen, seinen Ball, seine Mundharmonika und "Max und Moritz". Und dann ein Licht. Ja, in zwei Tage ist doch Weihnachten. Pelle will in Herzhausen Weihnachten feiern. Da will er dann sein kleines Licht anzünden, dort sitzen und "O, du fröhliche, o du selige" auf der Mundharmonika spielen. Das wird sehr traurig klingen, und man wird es bis hinauf zu Mama und Papa hören können.
Pelle zieht sich seinen feinen, hellblauen Mantel und die Handschuhe an und setzt die Ledermütze auf. Er nimmt die große Papiertüte mit dem Ball und der Mundharmonika und dem Licht in die eine Hand und "Max und Moritz" in die andere. Und dann geht er direkt durch die Küche, damit Mama sehen kann, daß er jetzt umzieht.
"Aber Pelle, willst du schon ausgehen?" fragt Mama.
Pelle antwortet nicht. Ausgehen, ha! Sie sollte nur wissen!
Mama sieht, daß Pelle eine tiefe Falte auf der Stirn hat und daß seine Augen so dunkel sind.
"Pelle, Liebling, was hast du, wo willst du hin?"
"Ich ziehe um!"
"Wohin denn?" fragt Mama.

"Nach Herzhausen:, sagt Pelle.
"Pelle, das kann doch nicht dein Ernst sein! Wie lange willst du dort wohnen?"
"Immer", sagt Pelle, und legt die Hand auf den Türgriff. "Dann kann Papa ja jemand anders beschuldigen, wenn sein alter Füllhalter wegkommt."
"Lieber, guter Pelle", sagt Mama und schlingt die Arme um ihn. "Willst du doch nicht bei uns Bleiben? Wir tun dir vielleicht manchmal unrecht, aber wir lieben dich doch so sehr – so sehr."
Pelle zögert. Aber nur einen Augenblick. Er schiebt Mamas Arm beiseite, wirft ihr einen letzten vorwurfsvollen Blick zu und wandert davon. Mama steht am Eßzimmerfenster und sieht, wie eine kleine, hellblaue Gestalt hinter der Tür mit dem Herz verschwindet.
Eine halbe Stunde vergeht. Dann hört Mama einige schwache Mundharmonikatöne, die von Herzhausen herüberklingen. Es ist Pelle, er spielt "Nun ade, du mein lieb Heimatland".
Herzhausen ist ein richtig gemütlicher Ort, findet Pelle. Für den Anfang jedenfalls. "Max und Moritz" und den Ball und die Mundharmonika hat er so heimelig wie möglich aufgestellt. Und in das Fenster hat er das kleine Licht gestellt. Wie traurig wird es dort stehen und am Weihnachtsabend leuchten, falls Papa und Mama zu ihm heruntersehen. Aus dem Eßzimmerfenster.
Am Eßzimmerfenster steht der Weihnachtsbaum. Der Weihnachtsbaum, ach ja. Und – und – die Weihnachtsgeschenke. Pelle schluckt. Nein, er hat nicht die Absicht, irgendwelche Weihnachtsgeschenke von Leuten anzunehmen, die behaupten, daß er Füllfederhalter stiehlt.
Noch einmal spielt er "Nun ade, du mein lieb Heimatland". Lang, sehr lang wird die Zeit in Herzhausen. Was mag Mama jetzt machen? Papa muß inzwischen auch schon nach Hause gekommen sein.
Pelle würde so gern in die Wohnung hinaufgehen und sehen, ob sie sehr weinen. Aber es ist schwer, einen Grund dafür zu finden.
Dann hat er einen Einfall. Er öffnet rasch den Riegel an der Tür, und geht, nein, springt beinahe über den Hof und die Treppen hinauf. Mama ist in der Küche.
"Mama", sagt Pelle, "wenn für mich vielleicht Weihnachtspostkarten ankommen sollten, willst du dann wohl dem Briefträger sagen, daß ich umgezogen bin?"
Mama verspricht es zu tun. Pelle geht zögernd wieder zur Tür. Die Füsse sind ihm wie Blei.
"Pelle", sagt Mama mit ihrer weichen Stimme. "Pelle – aber was tun wir mit deinen Weihnachtsgeschenken? Sollem wir die nach Herzhausen hinunterschicken, oder kommst du herauf und holst sie?"

"Ich will keine Weihnachtsgeschenke haben", sagt Pelle mit harter Stimme.
"Aber Pelle", sagt Mama. "Das wird ja ein schrecklicher Weihnachtsabend. Kein Pelle, der die Kerze am Tannenbaum anzündet, kein Pelle der dem Weihnachtsmann die Tür aufmacht ... Alles, alles ohne Pelle ..."
"Ihr könnt euch ja einen anderen anderen Jungen anschaffen", sagt Pelle mit zitternder Stimme.
"Nie im Leben!" ruft Mama. "Pelle oder keinen! Es ist immer, immer nur unser Pelle, den wir so liebhaben."
"Ach so", sagt Pelle mit noch mehr Zittern in der Stimme.
"Papa und ich, wir werden hier herumsitzen und den ganzen Weihnachtsabend weinen. Wir werden nicht einmal die Lichter anzünden. Wir werden nur weinen."
Da lehnt Pelle den Kopf an die Küchentür und fängt an zu weinen, weint so herzzerreißend, so laut, so durchdringend – so füchterlich!
Er hat so großes Mitleid mit Papa und Mama. Und als Mama ihre Arme um ihn legt, drückt er sein Gesicht an ihren Hals und weint noch mehr, so sehr, daß Mama ganz naß davon wird.
"Ich verzeihe euch", sagt Pelle zwischen den Tränen.
"Danke, lieber Pelle", sagt Mama.
Viele, viele Stunden später kommt Papa aus dem Büro nach Hause und ruft wie immer bereits in der Diele:
"Wo ist mein kleiner Pelle?"
"Hier!" schreit Pelle und wirft sich ihm in die Arme."

Predigt:

Der Schluss der eben gelesene Geschichte – ein kleiner Jungen der sich seinem Vater in die Arme wirft – das ernnerte mich an einer wunderbaren Tanz-Vorstellung, die ich je gesehen habe. Es war ein Ballet über die biblische Geschichte vom Verlorenen Sohn, auf Musik von Prokofjef, getanzt von einer Pariser Gruppe. Nachdem der Sohn aus dieser Geschichte sein hoffnungsloses Abenteuer in der Welt vollendet hatte, und beschliesst wieder nach Hause zurückzukehren, zu seinem immer wartenden Vater, kriecht er herum an dem Zaum des Gartens seines Vaterhauses. Wenn dann der Vater aus dem Hause kommt, und seinen Sohn gewährt, und er mit offenen Armen auf ihn zu schnellt, springt dieser erwachsene Mann in seinen Armen und wird dort wie ein kleines Kind gehütet. Wie damals als er klein war. Ein Tanzer bewirkt das Wunder, daß er gleichzeitig groß und klein sein kann: ein Erwachsene der das Leben versucht zu leben, und ein Kind das nur danach verlangt um wieder zuhause zu sein; um es wieder gut zu haben mit allen die sich dort befinden.

Was der kleine Pelle aus unserer Weihnachtsgeschichte eigentlich dennoch will, - und wie der Sohn der sich verloren dacht in einer unwirtliche Welt dennoch wußte, daß er irgendwo zuhause war, - vielleicht suchen wir alle etwas vergleichbares wenn wir Weihnachten feiern. Es ist nicht für uns alle selbstverständlich um Weihnachten zu feiern. So wie es früher selbstverständlich war, mit allen vertrauten und geliebten Menschen. In einer Atmosphäre die gut und friedlich war. Mit Geschenken die passend waren, auch wenn sie nicht immer teuer waren, aber mit Aufmerksamkeit und Liebe ausgesucht und geschenkt. Und mit Freude und mit Dankbarkeit aufgenommen, und bewahrt. Manchmal ein Leben lang.
Können wir noch so Weihnachten feiern?
In der Geschichte der kleinen Pelle passiert etwas das in fast alle normale Familien passiert: daß Menschen böse auf einander sind, weil etwas passiert ist: ein zu scharfes Wort, eine zu hart ausgefallene Gebärde. Niemand hat die Absicht die Liebe in Frage zu stellen die es auch gibt, auch weiter; die aber vielleicht ein bisschen unsichtbar geworden ist, in aller Nähe, in aller Selbstverständlichkeit.
Auch Pelle lernt diese Liebe wiederzuentdecken: die Liebe seiner Eltern, seine eigene Liebe zu ihnen. Er lernt das mit Weihnachten: durch seine Tränen hindurch, durch alles hindurch was er zu verlieren droht. Und auf einmal weiß er wieder, daß es eine andere Möglichkeit gibt: über alle Bosheit und über die damit zusammenhängende Einsamkeit hinweg, macht er die Erfahrung daß es wieder gut sein kann zwischen Menschen. Wieder gut, für jetzt, für die kommende Zeit, für immer.
Er wird, um sozusagen, "gerettet". Gerettet in seiner Liebe.
Es ist wichtig diese Erfahrung schon zu kennen wenn man ein Kind ist. Auch wenn man nicht die Große Worte dafür kennt, die auch dafür benutzt werden können. Wir leben in eine Welt wo es soviel Menschen gibt die nicht wissen was es ist um 'es wieder gut zu machen'. Die nichts von einer grundlegende Geborgenheit wissen die wesentlich ist für Kinder und Erwachsene. Die nicht wissen was Gastfreundschaft bedeutet und Nächstenliebe. Die für eine kalte und lieblose Welt stehen, und nicht verstehen daß anderen darüber anders denken, und fühlen.

Die Geschichte die wir jedesmal mit Weihnachten lesen, die Geschichte der Geburt Jesu, ist die Geschichte dieser anderen Möglichkeit. Auch die unwirtliche Welt wird darin sichtbar, wie die Kinder das auch heute in ihren Krippenspiel deutlich gemacht haben: die unfreundliche Wirte die das Unterkunft-suchende junge Ehepaar schroff abweisen. Vielleicht geht es so öfter in unserer Welt als wir annehmen. Aber es gibt, wie gesagt, die Möglichkeit daß

es anders geht: daß Menschen gerettet werden, eine Unterkunft bekommen, Liebe begegnen, von so etwas wie Versöhnung wissen, und eine immerwährende Hoffnung in Menschen; daß es wirklich gut gehen wird.
Diese andere Möglichkeit, die es immer gibt, wird in der biblische Geschichte im Namen Gottes den Menschen von den Engeln zugesungen: wenn erst einer von ihnen von einem "Retter" spricht, der jetzt geboren ist. Wenn sie alle später singen von "Friede auf Erden, bei den Menschen Gottes Gnade".
Diese Worte der Engel von damals klingen jedesmal mit Weihnachten, die Jahrhunderte hindurch, durch unsere Welt. Sie klingen so ungefähr, wie der Vater in unsere kleine Weihnachtsgeschichte seinen Sohn ruft: "Wo ist mein kleiner Pelle?"
Von diesem Vater angemütigt, können wir alle unsere eigenen Namen ausfüllen: "wo ist mein kleiner ... " Und wir können alle sagen: "Hier!"
Ob wir Kinder sind oder Erwachsene, jung oder alt, mit Weihnachten ruft uns Gott auf eine neue Weise, in der Hoffnung daß wir ihn antworten können: "hier bin ich", als Kinder die für ihn anwesend sind.
Amen.

Gebet:

Lieber Gott,
wir bitten dich
für alle Menschen die Weihnachten zusammen verbringen
in der Hoffnung auf eine Atmosphäre
von Aufmerksamkeit und Friede;
daß wir alle etwas erfahren können
vom Wunder gerufen zu werden,
etwas zu vernehmen von deiner Stimme,
in der Stille unseres Herzens,
die uns ruft um einfach da zu sein
wo Menschen uns brauchen,
wo sie etwas erwarten von Gott und und von Menschen,
und das Beste hoffen für einander.
Wir bitten dich
für alle Menschen die Weihnachten alleine sind,
einsam in ihren Häusern,
einsam in ihren Herzen;
gib daß sie etwas erfahren können
von deinem Licht in ihrer Finsternis,
von deiner Stimme in ihrer Stille.
Wir bitten dich
für alle Menschen die auch mit Weihnachten
leben in Angst für ihre Zukunft,
die nur Krieg sehen und Verwüstung,
nur Hass und Zerstörung;
gib daß auch sie etwas erfahren können
von einer andere Möglichkeit, eine Geste von Hoffnung,
eine Gebärde von Frieden, ein Zeichen von Liebe;
gib daß wir alle auf unsere Welt
etwas sehen können von deinem Reich das kommt,
wie ein Himmel auf Erden.
Vater unser.
Amen

Gottesdienst 25 Januar 2015.

Psalm 105: 1 – 9.

Gebet.

Lieber Gott,
auch wir brauchen deine Wunder, Gott,
so wie die Menschen sie damals erlebt haben,
auch wir brauchen es von dir gerufen zu werden
um in ein neues Land zu gehen,
eine unbekannte Zukunft entgegen;
auch wir brauchen es um Vertrauen zu haben,
um Vertrauen von dir zu empfangen,
um unbekannte Wege zu gehen,
um in Freiheit Menschen zu begegnen
      und die Freude des Lebens zu erfahren;
auch wir brauchen es, wie deine Knechte von damals,
um in die Kraft eines Glaubens zu stehen,
um zu wissen daß unser Weg ins Leben sinnvoll ist,
daß wir eine Aufgabe erfüllen können
die von dir geleitet wird,
die zu dir führt,
zu einem Leben voller Frieden zwischen Menschen,
wo Gerechtigkeit möglich ist, und Liebe,
wo wir einander harmlos und einfach begegnen können.
Auch wir brauchen es dir zu danken und zu rühmen
für all das Gute das in unserem Leben passiert,
für das Glück das wir erfahren,
für die Menschen die es gibt.
Sei du bei uns allen, Gott,
mit deiner Kraft, mit deiner Aussicht,
damit wir deine Menschen sind
in einer Welt die dich sosehr braucht.
Amen.

Bibellesungen:

Genesis 15: 1 – 7.
Hebräer 11: 8 – 11.

Predigt.

Viele Gespräche von Menschen gehen heutzutage über die schreckliche Gewalttaten, die in Paris und in andere Städten stattgefunden haben. Oder über die eigene Angst dafür, daß so etwas auch bei uns stattfinden könnte. Viele Menschen sind auch empört darüber daß so etwas in unsere Gesellschaften, in unsere Zeit, passiert. Sie zeigen das in Demonstrationen und in Gegen-Demonstrationen, in viele Städten in diesem Lande, und anderswo in Europa. Dadurch findet auch eine Eskalation statt, mit Beschuldigungen hin und her, Theorieen über die Ursachen dieser Gewalt, über die notwendige Maßnahmen die getroffen werden müssen. Auch über die Religionen die hieran beteiligt sind, wird viel gesprochen, es wird anderen den Schuld dieser fast unentwirrbaren Konflikte gegeben die schon so lange existieren, mit immer weniger Aussicht auf so etwas wie Versöhnung, und Frieden. Was kann man dann jetzt darüber sagen, in einer Kirche die immer großen Wert auf Toleranz und eine einfache Frommheit gelegt hat?
Ich mußte denken an ein kleines Büchlein das ich je gelesen habe, und das einen unauslöslichen Eindruck auf mich gemacht hat. Es heißt "Vom Frieden zwischen den Religionen"; auf Lateinisch "De pace fidei", und wurde in 1453 (!) geschrieben von Nikolaus von Kues, damals Bischof von Brixen, und später Kardinal der Katholische Kirche. Gleichzeitig war er ein bedeutender Philosoph, vielleicht einer der wichtigsten der Kirche überhaupt. Es war schon ein Wunder daß dieser Mann, aus dem kleinen Moseldörfchen Kues, in der damaligen Kirche bekannt wurde, und das auch später geblieben ist. Über seine andere Bücher kann ich heute nichts sagen, nur über das schon genannte möchte ich gerne etwas erzählen.
Es wurde, wie gesagt, geschrieben in 1453, unter den Eindruck der Berichte über die Eroberung Konstantinopels und die Ermordung der ganze Bevölkerung dieser Stadt, die in diesem Jahr stattgefunden haben. Nikolaus von Kues kannte die Stadt; er hatte, 15 Jahr davor, versucht die wichtigste Theologen der Ost-Kirche zu bewegen zu einem Konzil zu kommen um über die Einheit der Kirche zu sprechen. Er liebte die Stadt und war erschüttert, mehr noch als anderen vielleicht, über die schreckliche Gewalttaten die dort stattgefunden hatten. Ist es möglich um zu denken daß man so etwas in der Zukunft verhüten kann?
In der Einleitung seiner Schrift schreibt Nikolaus von Kues:

" Vor kurzem hat der türkische Sultan bei Konstantinopel grausam gewütet. Die Nachricht davon kam auch einem frommen Mann zu Ohren, dem die Sache mehr zu Herzen ging, weil er einst selbst in der Gegend gewesen war. Darum bat er den Schöpfer aller Dinge inständig darum, gnädig etwas gegen die Verfolgung zu tun, die grausamer war als sonst üblich, weil sich der Konflikt an der Ausübung verschiedener Religionen entzündet hatte. Nach einigen Tagen hatte dieser fromme Mann, wohl weil er ununterbrochen in Meditation versunken war, eine Vision, die ihn zu der Überzeugung gelangen ließ, daß es einige wenige sehr weise Menschen gebe, die äußerst genau über die Unterschiede zwischen den Religionen der Erde Bescheid wüßten, und man daher einen sicheren Weg finden würde, auf dem man leicht zu einer Versöhnung und zu einem haltbaren Frieden zwischen den Religionen gelangen könne."

In seinem Buch findet dieser Konferenz von weisen Menschen nicht auf Erden statt, sondern im Himmel, in einer Vision. Diese weise Menschen sind die Vertreter sehr vieler Völker, die Gott selber zu ihnen gesandt hatte um sie über die Geheimnisse des einen Gottes zu unterrichten, aber so, daß sie die nach ihrer Art und Weise, nach ihr Auffassungsvermögen, verstehen können. Das erklärt auch die Verschiedenheit der Religionen.
Dieser Konferenz im Himmel wird (um so zu sagen) geöffnet von einem Erzengel, der Gott in einer lange Rede zuspricht, und ihn beschwört sich zu zeigen. Er sagt:
" Doch auch wenn du, allmächtiger Gott, unbegreiflich bist, kannst du dich jemendem, von dem du willst, daß er dich begreift, in der Weise zeigen, wie du begriffen werden willst. Verbirg dich also nich länger, Herr! Sei gnädig und laß dein Angesicht leuchten. Dann werden alle Völker erlöst, dann werden sie vom Quell des Lebens und der Lebensfreude, von dem sie am Anfang schon ein wenig gekostet haben, nicht mehr lassen wollen. Denn nur wer dich nicht kennt, kann auf dich verzichten.
Wenn du dich in deiner Güte zeigst, werden Schwert und haßerfüllter Neid und alles Böse verschwinden. Dann werden alle erkennen, daß es trotz der verschiedenen Formen des Gottesdienstes nur eine einzige Religion gibt."

Diese letzte Worte sind berühmt geworden, und geblieben, auch wenn sie nicht so allgemein angenommen sind daß Gewalt weiterhin überflüssig war. "Una religio in rituum varietate", eine Religion in den verschiedenen Riten, in den verschiedenen Glaubenslehren auch. Das wurde hier von einem späteren Kardinal behauptet! Könnte der Glaube so einfach sein? Sind alle Religionen der Welt, auch wenn sie manchmal sehr verschieden sind, in Wesen eigentlich einander gleich, gleichwertig? Einer von uns wurde sagen: "gleich-gültig", im tieferen Sinne des Wortes, also genau das Gegenteil dessen was vielen Menschen manchmal gleichgültig ist.

Es ist eine Vision des Cusaners, worin ein Erzengel, stehend vor Gott, ihn beschwört sich den Menschen zu zeigen, damit Menschen sich in einander erkennen, auch wenn sie sehr verschieden sind. Damit Menschen den Glauben auch von anderen als ein eigener Glauben erkennen können, das Gemeinsame darin, das Einfache vielleicht, den Kern warum es geht. Der Erzengel betet zu Gott, damit er sich zeigt,- vielleicht geht es darum: daß Menschen einfach beten können zu Gott, und das Vertrauen haben daß sie gehört werden; daß Gott sich an Menschen kennbar macht. Damit es Frieden gibt, als ein Wissen auch um das Gemeinsame, in aller Verschiedenheit von Riten, Denkbilder, Gewohnheiten.

Vielleicht könnte man sagen daß – biblisch gesprochen – der Erzvater Abraham die Person-gewordene Einheit ist in aller Verschiedenheit der Religionen; auf jeden fall für Judentum, Christentum, und Islam. Bei ihm sind diese Religionen angefangen, in ihm können sie etwas gemeinsames zurückfinden.

In der Geschichte die wir heute gelesen haben, - aus dem Buch "Im Anfang", Genesis, - darin können wir etwas lesen von einer einfachen Glaubenserfahrung, die dann weiterhin grundlegend geworden ist für viele verschiedene Völker, Menschen, Religionen. Kurz gesagt: es ist die Erfahrung eines trüben Mannes, der, sitzend in seiner Zelt, sich hemmungslos an seiner Trübseligkeit übergibt; nur bedenkt daß er keine Zukunft hat, keinen Sohn; seinen Besitz wird sein Sklave beerben; der aber dann die Erfahrung macht aus seinem Zelt hinausgeführt zu werden, im freinen Himmel die Sterne sieht, und damit auf seine eigene Zukunft hingewiesen wird: so wird es auch für dich sein.

Hier wird etwas gesagt über eine Erfahrung die Menschen manchmal machen, der eine öfter als der andere: daß wir aus unserer Trübseligkeit geführt werden; die Erfahrung eingeladen zu werden einen Schritt nach draußen zu setzen. Auch wenn wir nicht immer wissen wer es ist der uns dazu einlädt; oder ob es jemand ist. Aber wir können manchmal etwas erfahren von einer wesentlichen Befreiung: aus unserer Trübseligkeit, aus unseren Gefühle von Angst und Hass, aus unserer Unmündigkeit. Wir können uns wieder frei fühlen, befreit von was uns bedrückt.

Das Besondere dieser Geschichte ist daß sie diese menschliche Erfahrung gleichzeitig als eine Erfahrung von Gott beschreibt. Es wird eine Vision genannt, nicht eine Offenbarung woran nichts mehr zu ändern ist. Eine Vision, der Schwerpunkt liegt auf dem was wir erfahren, denken, wissen können; worüber wir erzählen können, damit auch anderen in einer vergleichbaren Freiheit stehen können. Wenn das Schlimmste vorüber ist.

Laut dem Brief an den Hebräer wohnte Abraham auch später "nur in Zelten" (Hebr. 11: 9). Vielleicht (wie dort steht) in der Erwartung einer Stadt die von Gott selbst gebaut wird. Vielleicht aber auch in der Erinnerung an die grundlegende Erfahrung, daß es nur eine kleine Scheidewand gibt zwischen drinnen und draußen, damit wir uns nicht so leicht versperren können, in uns selbst, in unseren eigenen Gedanken, abgeschlossen vom Leben das draußen ist. Vielleicht wohnte Abraham auch später "nur in Zelten", weil er wußte daß alles was wir tun und denken, was wir glauben auch, etwas Vorläufiges hat, noch änderbar ist, noch Zukunft hat.

Weil Gott uns noch weiterführen kann, in unserem Leben mit Menschen, und zum Frieden in der Welt.
Amen.

Gebet.

Lieber Gott,
wir bitten dich
für all die Menschen die nicht wissen
wie sie ihre Traurigkeit aufheben können,
ihre Trübheit ums Leben,
die Ernst der Verluste,
das Gefühl einer Sinnlosigkeit das immer droht;
sei du bei ihnen, Gott, als einer
der sie hinausführt aus sich selber,
sie wieder das Leben draußen entdecken tut.
Wir bitten dich
für all die Menschen die nur denken
daß Gewalt die einzige Lösung ist für al unsere Probleme,
die sich eingesperrt haben in Hass und Macht,
und kaum mehr wissen wie sie anderen begegnen können,
was die Freude des Lebens bedeutet;
sei du bei ihnen, Gott, als einer
der Menschen öffnet für einander,
der uns lieben tut wie anders Menschen sind.
Wir bitten dich
für all die Menschen die versuchen um glücklich zu sein,
mit den Menschen mit wem sie leben,
mit der Arbeit die sie machen,
mit der Reichtum des Lebens auch
      die uns tröstet und genießen tut;
sei du bei uns allen, Gott,
in der Einfachheit des Lebens,
in der Freude mit Menschen,
in einem Wissen was uns alles möglich ist
um Glück und Frieden zu bewirken.
Vater Unser
Amen.

Gottesdienst 22 Februar 2015

Psalm 122

Gebet.

Lieber Gott,
auch wir verlangen nach Frieden,
wie die Pilger von damals,
Frieden für das Land worin wir wohnen,
Frieden in die Welt um uns herum,
Frieden in unseren Häuser;
gib, Gott, an uns Menschen einen Begriff dessen
was Frieden sein kann, in all unsere Verhältnisse,
daß dieser realisiert wird, überall wo Menschen wohnen,
    überall wo Menschen kämpfen.
Auch wir verlangen, Gott, daß es Gerichte gibt,
und andere Versammlungen von Menschen,
wo Recht gesprochen wird, Gerechtigkeit getan wird,
wo Menschen darauf aus sind einander Recht zu tun,
damit sie ihre Eigenwert behalten, das Beste für einander tun,
ihr Auftrag im Leben erfüllen können.
Auch wir können danach verlangen, Gott,
daß es so etwas wie ein Zentrum gibt
für all unsere Gefühle und Gedanken,
von wo aus wir sinnvol handeln können,
das Richtung gibt an unserem Leben,
das uns verstehen tut wie andere Menschen leben, und denken;
daß es so etwas gibt wie eine Geborgenheit, für uns alle,
wir anderen nicht mehr zu bekämpfen brauchen.
Wir beten dich, Gott, darum
daß du für uns alle ein Halt sein kannst
der uns fest stehen tut in unsrem Leben,
uns unbesorgt um uns selber sein läßt in unsren Begegnungen mit Menschen,
uns Vertrauen gibt für die Zukunft der Menschheit.
Sei du bei uns allen, Gott,
damit wir deine Menschen sind
in unsere Welt.
Amen.

Bibellesungen:

Levitikus 24: 17 – 22.
Matthäus 5: 38 – 42

Predigt

Es gibt jetzt kaum ein Thema das so aktuell ist wie das der Gewalt. Wir sehen Äußerungen der Gewalt in fast alle Richtungen wohin wir sehen, in der Ferne und in der Nähe. Ich höre Menschen zu einander sagen daß die Welt in Feuer steht. Wenn Menschen das sagen, dann fragen sie auch was unsere Zukunft sein kann, und die Zukunft unserer Kinder und Enkelkinder. Sie fragen damit auch was sie selber daran tun können, um diese Gewalt zu verhindern, um unsere Welt weniger bedrohlich zu machen. Sie fragen damit auch ob der Glaube, von Christen, Juden und Muslime, daran beitragen kann um diese Welt sicherer zu machen, damit wir in Frieden mit einander leben können, und eine Zukunft vor uns sehen worin es möglich ist um einfach glücklich zu sein, in unsere Länder, und in der Welt.
Diese Fragen nach der Gewalt, und damit auch nach Zukunft, Frieden, Glauben, kann man in der heutigen Zeit sinnvoll auseinander legen in Fragen rund Vergeltung und Versöhnung. Ist es möglich ein Ende zu machen an der Gewalt ohne neue Gewalt zu üben? Ist es möglich aus diesem Teufelskreis zu treten? Ist die Rache, oder die Ruf um Rache, die einzige Lösung um die Gewalt der anderen zu beenden? Oder gibt es, im Denken und Glauben der Menschen, auch andere Lösungen um mit einander wirklich weiter zu kommen; um wirklich in Harmonie und Frieden zusammen wohnen zu können?
All diese Fragen sind fast so alt wie der Menschheit selbst. Fast von der Anfang an (wenn es eine Anfang gegeben hat...) haben Menschen einander verwundet, getötet, einander das Leben unmöglich gemacht, ihre Zukunft vernichtet. Vielleicht aber kann man auch sagen, daß man seitdem auch versucht hat so etwas wie eine Gegenbewegung zu gründen, worin es undenkbar war daß es immer nur diese Gewalt gäbe; wo es mindestens auch die Möglichkeit auf einen Ausweg aus diesem Teufelskreis der Gewalt geben könnte. Vielleicht könnte man sagen daß diese Gegenbewegung an sich schon ein Zeichen des Glaubens ist: ein Widerstand gegen die Wirklichkeit der Gewalt. So kann es doch nicht immer weiter gehen!

Einer der älteste Texte der versucht hat sich mit dieser Problematik auseinanderzusetzen ist der Text über das "Auge um Auge, Zahn um Zahn", aus dem Bibelbuch Levitikus. Es ist ein ebenso bekannter wie berüchtigter Text. Sehr oft wird dieser gelesen als eine Rechtfertigung der Rache: wenn jemand mir etwas angetan hat, bin ich berechtigt auch ihm etwas anzutun. So geht es auch manchmal in der Welt; so geht es vielleicht auch manchmal in unseren

Eigene Köpfe. Sowohl in unserem persönlichen Leben wie in die politischen Verhältnisse worin wir leben gehen wir von dieser Idee der Vergeltung aus. Wir tun an anderen was sie uns angetan haben; und auch wenn wir das nicht tun, denken wir doch manchmal in solche Termini. Und wir bekümmern uns kaum um die Frage wie es dann weiter gehen kann.

Einer der sich intensiv mit diesem Text beschäftigt hat ist der jüdische Philosoph Emmanuel Levinas. Er gilt als einer der wichtigsten Philosophen des zwanzigsten Jahrhundert, stammte aus Kaunas in Litauen, und war letztendlich Professor an der Sorbonne in Paris. Kurz gesagt versucht er sein Leben lang zu denken wie die Begegnung von Menschen ein Wissen von Gut und Böse in sich trägt. Er versuchte nachzuweisen wie die Philosophie selber, genau durch ihre Nachdruck auf dem Denken vom Selbst heraus, als Egologie, den Weg zum Gewalt möglich gemacht hat die eine so hervorragende Rolle in der Geschichte des Westen gespielt hat. Man muß bei der Begegnung von Menschen anfangen, beim Denken darüber, und dann versuchen zu entdecken wie Gebote wie Respekt und Gerechtigkeit damit gegeben sind. Obwohl er in seiner Philosophie diese Denkbewegung ganz theoretisch versucht zu verfolgen, spielt sein Glaube eine wichtige Rolle, als Quelle seines Denkens. Außerhalb seine philosophische Bücher hat er auch viel geschrieben über Fragen des Glaubens und über Interpretationen des Bibels und des Talmuds. So auch über den Abschnitt des Bibels über das "Auge um Auge, Zahn um Zahn".
Er benachdruckt daß es dabei nicht geht um (wie er schreibt) " ein Prinzip des methodischen Terrors". Es geht nicht um "ein heroïsches Leben woraus Herz und Mitleid ferngehalten werden"; nicht um "eine Art Wohlgefallen in Rache und Grausamkeit". Es geht viel mehr darum eine neue Gerechtigkeit zu stiften; wobei ein Gerichtsurteil möglich ist das darauf aus ist die Kettenreaktionen der Gewalt zu durchbrechen. Er schreibt:

" Gewalt ruft Gewalt auf. Aber diese Kettenreaktion muß beendet werden. So will es die Gerechtigkeit. Das ist wenigstens ihre Berufung, wenn das Übel einmal stattgefunden hat. Menschlichkeit entsteht in den Mensch in dem Maße worin er die Kunst versteht um ein tödliches Vergehen zurückzubringen zu einem Konflikt innerhalb der gesellschaftlichen Ordnung, und um das Strafen untergeordnet zu machen an eine Wiederherstellung dessen was noch gut zu machen ist, und an eine Wiedererziehung des Verbrechers. Der Mensch braucht nicht nur eine Gerechtigkeit ohne Leidenschaft. Was wir brauchen ist eine Gerechtigkeit ohne Henker."

Diese Worte eines weisen und tiefsinnigen Denkers geben noch immer zu denken. Sie haben auch in unsere Zeit eine große Aktualität. Festzuhalten ist daß es bei dem "Auge um Auge, Zahn um Zahn" nicht um ein Prinzip des Terrors geht, sondern um eine Beschränkung der Gewalt: man darf selber nicht mehr nehmen als genommen wurde. Und es geht immer auch um die Frage ob man dasjenige nehmen will, was man – vor dem Richterstuhl stehend – nehmen darf.

Ein fast unglaubliches Beispiel dieser Gerechtigkeit als Beschränkung der Gewalt sah ich im Fernsehen, eien Aussendung aus Teheran. Eine Frau war schrecklich verwundet von einem Mann den sie verweigert hatte zu heiraten. Er hatte sie gefragt seine Frau zu werden, und sie hatte 'Nein' gesagt. Im dort herrschende Recht hatte er das Recht sie zu verwunden und das hatte er auch getan: er hatte Salzsäure über ihr Gesicht geworfen, sie damit blind gemacht und schrecklich um anzusehen. Sie hatte sich beim Gericht darüber beklagt, und es wurde ihr erlaubt, konform dem Prinzip des "Auge um Auge, Zahn um Zahn", auch ihn zu verwunden. Weil aber eine Frau dort nur für die Hälfte gilt der Wert eines Mannes wurde es ihr gestattet ein Auge dieses Mannes zu blenden. Dazu wurde das Gericht bei einander gerufen, mit einem Henker der das Urteil ausführen sollte. Auch die Frau war dabei anwesend. Der Mann schrie, bat die Frau auch jetzt noch mit ihm zu heiraten. Die Frau aber verweigerte das abermals, sagte aber auch daß sie ihm sein Verbrechen vergab, daß er nicht geblendet werde dürfte, und ging nach Hause. Sie hatte gezeigt daß es eine Gerechtigkeit geben kann die weit hinausgehen kann über die Rache, die Vergeltung. Nicht aus Liebe, sondern aus einem Gefühl für Gereichtigkeit, vor dem Gericht, und für die Zukunft der Menschheit.

Vielleicht kann man sagen daß was diese Frau getan hat, in der Nähe kommt dessen was Jesus sagt über das "Auge um Auge, Zahn um Zahn". Ohne das zu kennen wahrscheinlich. In der Übersetzung die wir heute lasen, wird das "Auge um Auge" von Jesus auch schon als eine Begrenzung der Rache angedeutet. Er sagt: "Man hat gesagt: Begrenzt die Rache, zum Beispiel für ein ausgeschlagenes Auge nur das eine Auge des Täters, für einen ausgeschlagenen Zahn nur einen Zahn des Täters". Dieses Prinzip gilt also schon als eine Errungenschaft; man darf nicht dabei zurückbleiben. Dennoch ist es denkbar darüber hinauszugehen, wie Jesus sagt. Es gibt auch noch andere mögliche Versuche um die Kettenreaktionen der Gewalt zu durchbrechen. Um überhaupt zu verzichten von der legitimen Gewalt, auch wenn die Richter das erlauben. So wie die Frau aus Teheran das getan hat. Um nicht einen Prozeß zu führen über ein Hemd. Um nicht zurückzuschlagen wenn man geschlagen ist. Um mehr zu geben als was die anderen fragen, um einen langeren Weg mit ihnen zu gehen als sie erwarten. Wenn man so etwas tut, dann öffnet man ein Prozeß der Verwunderung das vielleicht niemals endet. Nie ist man mehr erstaunt als wenn ein anderer etwas tut das wir nicht erwarten, und vielleicht nie erwarten können.

Nie denkt man mehr über das Betragen von Menschen nach als wenn sie etwas völlig unerwartetes tun. Vielleicht ist das auch so mit der Gewalt: muß man diese nicht mit Gewalt beantworten, mit neuen Bombardementen, sondern mit einer Einladung zum Gespräch, mit einer überraschende Annäherung, eine Geste die Zukunft eröffnet.

Für diesen Weg der Verwunderung und der Annäherung von Menschen, für diese Haltung einer Wehrlosigkeit die Zukunft eröffnet, hat Jesus sich sein Leben lang eingesetzt, und ist letztendlich dafür gestorben. Weil das Leben von Menschen ihn kostbar war. Nicht nur wenn es leicht und glücklich ist, aber auch wenn es von anderen bedroht wird. Dann ist es immer der Mühe wert um nach Lösungen zu suchen die Zukunft eröffnen. Dann ist es immer wichtig um die Selbstverständlichkeit der Gewalt hinter uns zu lassen. Dann ist es lebenswichtig um 'original' zu sein, und das heißt immer auch: um zurückzugehen zum Ursprung , zum Ursprung des Lebens der in Gott ist.
Amen.

Gebet

Lieber Gott,
wir bitten dich für alle Menschen
die die Opfer drohen zu werden im Gewalt von Menschen,
überall wo Krieg geführt wird, oder damit gedroht;
wo Menschen getötet werden, und verwundet,
wo die Zukunft von Menschen vernichtet wird,
wo Generationen von Menschen beschädigt werden
und sie keinen Sinn mehr ins Leben entdecken können.
Sei du bei ihnen, Gott, als einer
der die Gewalt von Menschen beendet,
der uns besinnen tut, und neue Wege suchen
um in Freden mit einander zusammen zu leben.
Wir bitten dich für all die Menschen
die den Mut haben auf eine neue Weise
nachzudenken über das Leben von Menschen,
die versuchen zu entdecken warum es geht,
was wirklich wichtig ist und gut, und Menschen weiter bringt;
die so eigen sind, und so selbständig
daß sie auf die eigene Wege vertrauen,
die so umsichtig sind daß sie genau bemerken was in anderen umgeht;
die Zukunft öffnen in den Herzen von Menschen,
die Verbindung mit dir lebendig halten;
sei du bei ihnen, Gott, als einer
der uns alle auf fruchtbare Wege leitet,
wo Liebe möglich ist, und Glück,
wir alle erfahren können wie gut das Leben ist.
Sei du bei uns alle, Gott, in unserem Leben,
bei den Entscheidungen die wir nehmen müssen,
bei den Menschen die wir lieben,
in unserem Vertrauen ins Leben.
Vater Unser...
Amen

Inhaltsverzeichnis

Gottesdienst 29 Januar 2012	5
Gottesdienst 26 Februar 2012 – Taufgottesdienst	10
Sorgfalt mit Ostern	15
Gottesdienst 25 März 2012	16
Gottesdienst 5 April 2012 – Gründonnerstag	21
Gottesdienst 8 April 2012 – Ostersonntag, Konfirmation	25
Gottesdienst 28 April 2012	31
Gottesdienst 27 Mai 2012 – Pfingssonntag	36
Gottesdienst 24 Juni 2012	41
Gottesdienst 26 Augustus 2012	47
Gottesdienst 30 September 2012	52
Gottesdienst 28 Oktober 2012	58
Gottesdienst 25 November 2012 – Ewigkeitssonntag	64
Die Uhr im Advent	69
Gottesdienst 24 Dezember 2012 – Heiligabend	70
Gottesdienst 27 januar 2013 – Taufgottesdienst	76
Gottesdienst 24 Februar 2013	81

Gottesdienst 28 März 2013 - Gründonnerstag	87
Gottesdienst 31 März 2013 – Ostersonntag	91
Gottesdienst 28 April 2013	99
Gottesdienst 19 Mai 2013 – Pfingstsonntag	105
Gottesdienst 30 Juni 2013	111
Gottesdienst 25 August 2013	116
Gottesdienst 29 September 2013	122
Gottesdienst 27 Oktober 2013	128
Gottesdienst 24 November 2013 – Ewigkeitssonntag	134
Weihnachten 2013	139
Gottesdienst 24 Dezember 2013 – Heiligabend	141
Predigt beim Neujahrsempfang der Gemeinde Friedrichstadt	146
Gottesdienst 26 Januar 2014	149
Gottesdienst 23 Februar 2014	154
Gottesdienst 28 September 2014	160
Gottesdienst 26 Oktober 2014	166
Gottesdienst 23 November 2014 – Ewigkeitssonntag	172
Lichterheilig	178
Gottesdienst 24 Dezember 2014 – Heiligabend	180

Gottesdienst 25 januar 2015 187

Gottesdienst 22 februar 2015 193

Printed by Books on Demand GmbH, Norderstedt / Germany